本书受 G20 反腐败追逃追赃研究中心资助，为司法部中青年课题"外国投资移民政策对我国反腐败追逃追赃的影响"（项目编号：19SFB3051）、国家社会科学基金重大项目"构建中国特色境外追逃追赃国际合作法律机制研究"（项目编号：17ZDA137）及其子课题"腐败犯罪防逃机制的构建与完善"的阶段性研究成果。

腐败犯罪治理暨国际追逃追赃研究系列丛书7

THE RESEARCH ON THE LAW SYSTEM
OF INVESTMENT IMMIGRATION
ON THE PERSPECTIVE OF PERSON SOUGHT
AND ASSET RECOVERY OVERSEAS

投资移民法律制度研究
——以境外追逃追赃为视角

杨　超◎著

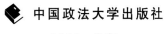

中国政法大学出版社

2021·北京

图书在版编目（ＣＩＰ）数据

投资移民法律制度研究：以境外追逃追赃为视角/杨超著.—北京：中国政法大学出版社，
2021.3

ISBN 978-7-5620-9910-9

Ⅰ.①投…　Ⅱ.①杨…　Ⅲ.①移民法－研究－中国　②反腐倡廉－国际刑法－国际合作
研究　Ⅳ.①D998.32　②D997.9

中国版本图书馆CIP数据核字(2021)第072063号

出　版　者　　中国政法大学出版社

地　　　址　　北京市海淀区西土城路 25 号

邮寄地址　　北京 100088 信箱 8034 分箱　邮编 100088

网　　　址　　http://www.cuplpress.com (网络实名：中国政法大学出版社)

电　　　话　　010-58908289(编辑部) 58908334(邮购部)

承　　　印　　北京九州迅驰传媒文化有限公司

开　　　本　　720mm×960mm　1/16

印　　　张　　15.75

字　　　数　　255 千字

版　　　次　　2021 年 3 月第 1 版

印　　　次　　2021 年 3 月第 1 次印刷

定　　　价　　67.00 元

序

根据亚非银行（AfrAsia Bank）和新世界财富（New World Wealth）共同发布的《2019年全球财富迁移报告》的统计，2018年全世界移出本国人数最多的富豪来自中国，大约有1.5万人，这些人从中国带出的资产不计其数，因而中国也成了全世界最大的资产流出国。且不说美国、加拿大、澳大利亚等移民大国，就连一些非传统移民国家也出现了令人关注的情况，几天前希腊移民局发布的官方数据显示，自2013年至2019年年底，希腊已向12 318位中国申请人发放代表着投资移民身份的"黄金居留"签证（Golden Residence Permit for Investment Activities），占已发放"黄金居留"签证总数的近七成，从国别角度看位列第一。"投资移民"是中国大批富豪及其巨额资产向国外迁移的主要方式之一。

大约在五年前，我在理财顾问的介绍下参加了国内某银行举办的一场投资移民宣介会，会上专家们的宣讲令我"顿开茅塞"，专家们告诉富豪们如何把资产从公司名下转移到个人名下，如何通过股东借款的方式从银行取得资产合法来源的证明，如何在境外设立一个空壳银行账户，然后把境内银行账户中的巨额人民币转换为这个境外账户中的外币，等等。这次会议引起我对投资移民问题的浓厚兴趣。随后，我以"高净值资产人士"身份不断参加一些海外公司和金融机构组织的投资移民宣介活动，了解到越来越多的关于向外国投资移民的方式、方法、行情以及那日益汹涌的人员与资产外移洪流中更多、更深层次的东西。

客观地说，投资移民是一种鼓励投资的法律制度，特别是当一些国家经济陷入萧条或困境时，投资移民可以对经济和就业发挥一定的拉动作用；对于勤劳致富的人士来说，投资移民也不失为一种财富使用和生活环境选择的权利；从这样的意义上讲，投资移民制度本身无可厚非。同样不可否认的是，一些腐败分子也把投资移民看作是实现其所憧憬的骄奢淫逸生活方式的一种途径，而且是一种看起来很安全、合法的途径，利用投资移民的手段公开或秘密地向境外转移违法所得并逃往外国，躲避法律的追究。"百名红通人员"第3号乔建军就是伙同其前妻赵世兰，通过在西雅图、纽约等地购买房产的方式实现投资移民，在美国等多个国家取得合法身份并将大量违法所得转移境外。另一名"百名红通人员"第2号李华波也是利用所贪污的巨额公共资金，以购买新加坡投资基金的方式取得新加坡的永久居留权，并凭借非法转移境外的资金及所取得的合法移民身份对抗遣返。这样的实例还有许多，并且至今仍然不断发生。

投资移民也令相关国家的反洗钱制度面临检验和审视。虽然许多国家的投资移民制度对于资金的合法来源以及资金转移的合法途径有着明确的要求，比如，美国的EB-5投资移民项目要求投资人必须通过经核准的正规银行转移资金并要求对投资资金实行专门的托管，但是，大量的违法所得资产或非法资金也正是通过这样的正规途径转移到国外并经过一定期限后归还给投资人。事实上，相对于通过投资移民正规资金转移途径进行的洗钱活动而言，通过地下钱庄等渠道开展的洗钱活动简直就是小巫见大巫。正是基于这样的考察，笔者曾在向主管部门提交的研究咨询报告中指出：在我国，商业银行和正规金融机构仍然是向境外非法转移资产和洗钱活动的主渠道，反洗钱工作任重而道远。此外，为了狭隘的经济利益，一些外国的银行和金融机构也对流入本国的境外违法所得资产睁一只眼闭一只眼，相关的监管措施和反洗钱制度流于形式，甚至于有些国家的使领馆公然违反中国的相关法规，以"黄金居留"签证或永久居留权为诱饵，在中国境内兜售本国的投资基金或特别国债。

解决投资移民带来的上述问题需要投资移民的移出国与移入国加强合作，共同努力；相互抱怨指责、相互推诿责任并不能真正发现问题所在并采取有效措施堵塞漏洞。从投资移民的移出国一方来讲，应当认真研究有关国家投资移民政策和法律制度，加强对本国公职人员及其亲属向外投资移民情况的监测和管控，加强反洗钱制度和外汇管理制度，强化商业银行对转出资产的来源合法性的审查工作，从源头上防止犯罪嫌疑人、被告人利用投资移民的机会外逃和转移违法所得及非法资产；在发现通过投资移民方式外逃和非法转移资产的情况下，应当及时与有关国家进行沟通和联系，借助移入国的投资移民管理和反洗钱制度吊销有关人员的居留身份并追缴被非法转移的资产。

对于投资移民的移入国一方来讲，应当加强对移民申请人身份及背景的甄别和审查，加强对投资移民所使用资金的来源合法性的甄别和审查，加强对各种移民公司和相关中介机构的监管，打击与投资移民有关的欺诈活动和秘密交易活动；在发现利用投资移民机会外逃和非法转移资产的情况后，应当及时根据本国法律采取行动，追究有关人员的法律责任，积极与移出国相互配合开展遣返工作和资产追缴工作。

由此看来，关于投资移民法律制度的研究，对于反腐败境外追逃追赃工作，对于加强关于人员和资产流动的监管以及防逃工作，对于维护金融安全和经济秩序，都具有重大的现实意义。这部专著《投资移民法律制度研究——以境外追逃追赃为视角》为这一研究提供了素材，也是近几年来这一研究的初步成果。本书系统地梳理和分析了一些国家投资移民的形式、方式、特点、程序及管理制度，并结合当前反腐败追逃追赃工作的现实介绍了一些可以借鉴和采用的法律措施。"知己知彼，百战不殆。"从事反腐败追逃追赃及防逃实务工作的人员，尤其是办理已在逃匿地国家取得合法移民身份的外逃人员案件的工作者，最好能够静下心来阅读这本书，先对外国的移民法以及投资移民制度有一些基本的、切实的了解。

本书作者杨超是我七年前指导的博士研究生，博士生在读期间曾赴意大利罗马大学深造两年，取得博士学位后，在中国政法大学杨宇冠教授的指导与合作下从事博士后研究工作；"G20反腐败追逃追赃研究中心"成立之后，杨超博士成为我们中心的专职研究人员。凭借敏锐的学术眼光和不断增长的研究能力，杨超迅速捕捉到投资移民法律制度这一具有重大意义的研究议题，不仅参加了国家监察委员会关于此议题的研究工作，还很快完成了这部专著的撰写。作为杨超博士当年的导师和"G20反腐败追逃追赃研究中心"主任，欣慰之余，特作此序。

黄　风

2020 年 1 月 9 日

于太仆寺街

引　言

投资移民作为移民的一种在全球范围内的正常流动，一定程度上表现为社会开放、全球化融合的一个方面。引入投资移民对目的国而言是十分重要的，通过商业人才的引入，一方面，在当地进行经营管理，通过商业运作推动当地经济发展；另一方面，投资者本人带来一定数额的投资资金，直接注入目的国，从而提高了一国外国投资资金的总额，对接收国的经济推动力让人无法忽视。而对投资移民的母国而言，投资移民的流出并不完全是负面的影响，许多投资移民者虽然通过移民获得了接收国的身份，但是其经商活动往往仍然保留在原籍国，移民不移居的现象较为普遍，与原籍国仍然保持一定的联系。

然而，近些年来，不少贪腐人员对投资移民产生了极大的兴趣，试图以投资移民的方式外逃至其他国家继而转化身份，通过洗钱将投资移民的相关资产进行漂白。一旦贪腐人员通过投资移民渠道获得了外籍身份，并将随同转移的资产在他国进行挥霍，就容易造成腐败能够逃脱法网的假象，并使普通百姓产生错觉，认为贪腐人员只要逃出境内，就如进入法外之地，能够"享受人生"。同时，贪腐人员利用投资移民的方式外逃，不仅仅对原籍国的正常法律、金融秩序造成负面影响，同样也会给移民流入国带来诸多不利影响。特别是通过投资移民渠道外逃的贪腐人员，由于本身并不具备投资经商的能力，用于投资移民的资产也是非法所得，在获得投资移民身份，到达目的国之后，也将继续一系列的违法行为，如洗钱等，这对移民接收国的正常社会秩序和法律制度也将带来不良影响。事实上，以投资移民方式外逃的贪腐人员在到达移民流入国后，绝大多数都未能给当地法律、经济及社会秩序带来正面影响。贪腐人员通过投资移民的方式给移民流入国带来的负面影响主要包括：其一，外逃人员往往需要通过地下钱庄或其他方式进行大量洗钱行为，对流入国的金融秩序造成不利影响。其二，外逃人员通过投资移民方式移民之后，绝大多数并不会进行正式投资移民所要求的经商活动，更谈不上推动当地经济的积极良性发展。其三，外逃人员携大量资产进入移民流入国后，往往会急于购置房产，以此方式进行洗钱，这对当地房地产业也会带来不良影响。其四，外逃人员以投资移民的方式移民入籍，对移民流入国的移民体系以及移民法律体系都会造成冲击，影响正常的移民流入和移民秩序。总体而言，贪腐人员以投资移民方式出逃，对母国而言，意味着出逃人员会将大量非法资产转移出境；而对流入国来说，未经过严格审核的投资移民资金，夹杂犯罪资产的可能性很大。在进入移民流入国后，出逃人员还将会持续进行洗钱等一系列的犯罪行为，侵扰当地的法律、社会秩序，给移民国的经济和法律秩序都会带来不良影响。而出逃人员一旦获得移民流入国永久居民身份或加入该国国籍，又将给追逃工作增加难度。可以说，加强对投资移民政策的管理，不仅仅是针对可能发生的腐败犯罪现象，也与一国宏观经济的平稳发展有着十分密切的关系。

事实上，放眼全球，利用投资移民渠道外逃并向外转移非法资产的案例并不罕见。例如，美国联邦调查局（FBI）在 2017 年 4 月破获的一起虚假投资移民案涉及中国外逃的贪腐人员；又如，韩国被判贪污罪的前总统的家人利用 EB-5 投资移民签证获得了美国永久居民身份绿卡。在这些案件中，外逃的贪腐人员都涉嫌利用非法所得资金作为投资移民的投资资金，并获得了外籍身份。再如 2014 年 10 月，当时的葡萄牙移民及边境局负责人马努埃尔·保罗斯（Manuel Palos）因涉嫌在"黄金居留"签证发放中贪污受贿，被葡萄牙警方逮捕。警方同时宣布，葡萄牙各地移民局中的数十名官员因涉嫌接受外国投资移民申请者的贿赂、影响力非法交易行为以及洗钱行为被逮捕。从全球角度看，通过投资方式获得他国永久居留权和外籍护照的贪腐官员也不是个案，如葡萄牙的"黄金居留"涉及了大量腐败官员，同时也牵涉到了葡萄牙移民局内部的腐败。腐败犯罪与投资移民的联系可以说是双向性的。双向性体现在：一方面，许多国家出台了十分宽松的投资移民政策，只希望能够在短时间内引入大量的外来资金，这使得贪腐人员能够十分轻易地利用投资移民渠道出逃境外；另一方面，贪腐人员或是有组织犯罪等其他涉及违法犯罪的人员希望通过投资移民渠道进行洗钱，"洗白身份"更是不择手段。因此，他们有更高的可能性对目的国移民官员或是相关公职人员实施贿赂，使得行贿贪污等违法犯罪行为在投资移民的流入国蔓延。

就我国目前的情况而言，通过投资移民渠道外逃的贪腐人员不在少数，通过网络资料的搜索就能发现，获得美国投资移民身份的有徐进、刘芳、乔建军、贺业军，获得中国澳门地区临时居住资格的有吴权深，获得圣基茨和尼维斯护照的有任标，获得加拿大投资移民永久居民身份的有储士林和蒋强，而李华波则是通过投资移民获得新加坡护照。

贪腐人员利用投资移民外逃，无论对于母国还是流入国而言，都会对一国正常的社会、法律、金融制度造成不小的负面影响。因此，加强对投资移民法律制度的研究并不局限于投资移民政策的研究，作者期望通过对投资移民法律政策的研究与分析，找到贪腐人员利用投资移民渠道外逃的联系，提出预防与遏制投资移民被腐败犯罪所利用的建议，一方面，构建起防止我国贪腐人员外逃的日常化机制；另一方面，也通过对外国投资移民政策的深入研究，加强对外逃人员在移民过程中非法行为的调查，更为精准地收集外逃人员的违法证据，提高我国国际反腐败追逃追赃工作的针对性。

党中央明确提出，现阶段我国的反腐败斗争已取得压倒性胜利，将持续保持惩治腐败的高压态势，巩固反腐败取得的成果。在当前背景下，腐败犯罪的手段日新月异，逃避法律制裁的方式层出不穷，犯罪分子的谋划多变，我们应当通过立法的及时完善以构建起对贪腐人员的围堵之墙。

本书正是期望通过开展投资移民法律制度的研究，对投资移民现象及发展趋势进行分析，梳理出目前各国已经建立的移民法律体系，特别是投资移民的法律与政策，熟悉各国的法律制度，发现各国投资移民制度可能出现的监管空白点，厘清我国目前在投资移民法律制度方面的监管漏洞与空白，就此对应性地加强我国相关监管手段和机制；通过对投资移民法律制度的研究，清晰地掌握贪腐人员通过投资移民方式外逃的渠道和方式，实现《二十国集团反腐败追逃追赃高级原则》中提出的打击腐败犯罪"零容忍""零障碍""零漏洞"的原则，依靠国际刑事合作，彻底湮灭贪腐人员企图以外国身份逃避国内法律制裁的幻想。

杨 超

2020 年 1 月

目 录
CONTENTS

第一章

投资移民法律制度及基本概况

第一节 概 念

投资移民是指具有一定资产并且符合其他一些限制性条件的投资者,为换取投资移民身份,将资金投资到目的国政府批准的投资基金或合适的商业项目的一种人。投资移民也被称为"经济型公民"(Economic Citizenship, Citizenship Investment Program)。有学者认为,在目的国投入了该国移民法所规定的一定数额的资金,或者在该国创业并为当地人提供了规定数额的工作机会,从而获准移民该国的外国人,即"投资移民"。[1]美国《移民与国籍法》(Immigration and Nationality Act, INA)第 203(b)(5)条规定,美国政府提供投资移民签证,颁发给希望通过投资美国企业来获得在美永久居留权的合格人士。澳大利亚贸促会在解释澳大利亚政府于 2015 年推出的投资移民新政时指出,澳大利亚希望能够接收推动澳大利亚经济发展的投资移民。[2]从投资移民的设置目的来看,接受投资移民是希望通过他们的经济能力,对目的国经济发展起到带动和创造作用;在母国积累了一定财富的商业人士在移民国也能寻求到更好的发展机会和生活环境。在这种流动中,发达国家凭借良好的社会环境、经济优势吸引源源不断的移民前来,同时也依靠移民红利,获得经济发展的加速动力。

投资移民政策是投资政策和移民政策的结合,设立的目的是提供永居权

---

〔1〕 李明欢:《国际移民的定义与类别——兼论中国移民问题》,载《华侨华人历史研究》2009年第 2 期。

〔2〕 《2015 年澳洲投资签证上涨》,载 https://wenku.baidu.com/view/3c82608879563c1ec5da71b9.html,最后访问日期:2019 年 5 月 2 日。

或护照吸引外籍富人在流入国进行实质性投资，创造就业机会，促进经济发展，或是强制移民富人须在本地投资，防止资产外流。投资移民所强调的是移民申请人的投资行为应达到移民目的国的要求。一般而言，与其他移民类型相比，投资移民对申请人自身，如申请人的学历、语言等要求较低。通过一名主申请人进行投资移民，就能将配偶、子女，有些国家甚至允许虽已成年但符合一定条件的子女作为附属人员一同获得移民身份。因此，投资移民在近年来成为颇受欢迎的移民方式。这其中有的申请人希望提高生活质量，通过移民获得更好的生活环境，也有合理配置财产的因素，如利用第二个或第三个护照以转移、配置财产。

从全球来看，当今许多国家都开放了投资移民政策，试图通过投资移民吸引更多的高净值人士、高端商务人士或资金流入本国。各个国家结合本国经济状况、法律制度等因素对投资行为设置了不同的要求。

投资移民对世界经济发展的重要性不可忽视，如《英中时报》报道，每7家英国企业中就有1家属于移民企业家。来自155个国家的海外移民在英国创办了企业，创业者人数接近50万。[1]事实上，投资移民对于一些小国的经济发展的影响力更是不容小觑。例如，在大力推行投资移民政策的加勒比地区，投资移民可谓是决定本国经济指数的一个重要因素，投资移民带来的资金流对当地房地产行业及相关产业都起到了决定性的作用。但是，由于不少国家的投资移民政策只强调资金的唯一性和重要性，对申请人的能力没有提出专业性和技能性的要求，使得这些国家的投资移民项目被调侃为"护照商店"。这种政策被视为只要移民申请人支付一定费用，就能够"购买"移民流入国的护照或永久居留身份，而不再需要其他的实际投资或经商活动。

从中国国内来看，近年来投资移民受关注度逐渐升温，这一原本只限于"高净值"人群的移民方式开始走进社会的各个层面，越来越多的人接触到投资移民的概念，也有更多的人选择或考虑选择进行投资移民。投资移民成为社会生活中的一个热点。对此，我国在保持经济发展与加强反腐败工作中如何应对大量移出性投资移民的局面，如何吸引其他国家人员前来成为投资移民申请者，如何防止贪腐人员利用投资移民的便利性外逃，都值得思考与研究。

---

〔1〕 王辉耀、苗绿：《2015中国国际移民报告》，载《光明日报》2015年4月8日，第16版。

第二节 投资移民类型

投资移民项目根据不同标准可以划分为不同类别，以投资行为为标准可分为以下四大类：一是金融投资移民。以投资资金的流入为投资移民政策的核心要求，申请者只要符合投资资金的门槛要求，如将一定数额的资金汇入移民流入国，在银行定期储蓄或购买金融资产，就能获得居留权或护照。这种类型的投资移民政策对投资行为的实质性要求较低，或完全不对投资或是经商行为作出要求。英国、匈牙利、安提瓜和巴布达、圣基茨和尼维斯及其他加勒比地区国家设有此类别。二是不动产投资移民。不动产投资移民是指申请者需要在移民接收国购买一定价值的不动产，该不动产在一定期限内不得转让。通过购买房产，移民申请者能够获得一定期限的居留权或直接获得公民身份。这种类型的投资移民政策以南欧地区为典型代表，如希腊、西班牙和葡萄牙。希腊是首个推出购买房产获取居留权之政策的国家，并命名为"黄金居留"签证。南欧地区其他国家看到希腊政府通过"黄金居留"签证获得的大量资金流及对当地房产业的推动，鉴于南欧地区相似的经济形势，凭借同属欧盟区，拥有同样便利的跨境往来自由，这些国家在希腊推出"黄金居留"签证之后，纷纷出台了类似的政策并沿用了"黄金居留"签证的命名。三是创业者移民。申请者创立或者购买一项生意项目，并直接参与该生意的经营管理，同时这一项目的经营须达到移民流入国规定的指标要求。美国、德国、澳大利亚、新西兰等设有此类别。四是高级管理人员及企业主投资移民。申请人须证明自己已经在一定规模的企业中担任最高级管理职位达到一定年限，并承诺在获得永久签证后，还将积极地以主要股东的身份参与移民流入国的一项生意管理；或者申请者已经是一个成功的企业主，拥有一定净资产和一定年限的经营管理经验，承诺在获得永久签证后，将持有移民流入国一定数额生意的实质性股权。加拿大、澳大利亚设有此类别。

通过对主要国家投资移民政策的简单梳理，能够看出传统投资移民国家，即经济相对发达国家，出台投资移民政策会持相对谨慎的态度。以上文所述的创业者移民、高级管理人员及企业主投资移民为例，这两类投资移民政策都对投资移民申请者的实际经商活动提出了明确要求，体现了对投资移民申请者商业技能的要求，申请者应当是具备一定商业素质的人员。此类投资移民政策对投资移民申请者、投资经商行为都规定了更为严苛的标准和要求，体现出移民流入国希望通过投资移民的筛选，甄别出更为优秀的移民者，以期投资移民在将来的移民生活中，能够切实推动移民流入国经济的增长，从而真正符合投资移民政策设立的核心目的。

投资移民政策以是否能够直接获得护照和永久居留权为标准，又可划分为两大类：一是投资移民申请者能够直接获得护照或永久公民身份。这种投资移民项目以加勒比地区国家为典型代表，如安提瓜和巴布达、格林纳达等。投资移民政策规定，只要投资移民申请者符合投资资金要求，就可直接获得护照，申请者依靠投资移民渠道得以快速获得第二个或第三个身份。这种投资移民政策注重资金金额要求，一般不对申请者自身和经商活动作出要求。二是投资移民申请者并不能直接获得流入国的公民身份或永久居留权，而是需要符合一定标准的投资或经商行为，才能够申请永久居留权或公民身份。这一类型的投资移民签证根据不同的投资行为标准又可划分为两类：其一，要求投资移民申请者必须先进行一定期限的投资经商活动。在此期限内投资移民申请者获得的是附条件的居留身份。期满后，由主管机关对投资移民的经商活动进行审核，符合标准的给予永久居民身份。这种投资移民方式以美国的 EB-5 签证为代表。其二，投资移民申请者向流入国政府递交投资移民的经商计划，移民流入国政府通过审核，直接向申请者发放永久居民身份以进行投资经商活动。这一投资移民方式以经济发达的北欧地区国家为代表。这些国家多为经济发达国家，对投资移民的要求较高。移民流入国政府对投资移民申请者提交的计划遵循严格审查标准，投资移民申请者所提交的经济计划只有达到确实具有推动本国经济发展的可能性才予以批准。总体而言，申请者通过审核获得投资移民签证的难度较大。并且此类投资移民政策对投资移民签证一般都设定了年总量限额，达到数量限额后，移民流入国政府不再接收新的申请或不再批准正在审核中的申请，由此避免投资移民对本国经济可能带来的负面影响。

第三节 投资移民政策主要特征

投资移民的政策特征包括以下几个方面：

首先，以本国经济情况的发展为标准。经济较发达国家一般对投资移民要求较高，具体包括对经商活动、申请者本人素质，以及投资资金的要求，而经济次发达国家则是把投资资金的要求放在首位，之后再列明是否对投资者本人及经商活动的要求。

其次，面对全球众多国家都推出投资移民政策的情形，不少国家都意图抢占投资移民市场。经济状况、社会制度相近国家之间的投资移民政策往往会互相影响，以求能够吸引更多更为优质的投资移民前来。比如，希腊饱受欧洲经济危机困扰，为复苏国内经济，刺激本地房地产业发展，希腊政府推出购买房产获得居留权的政策。在希腊推出这一投资移民政策并将投资移民签证命名为"黄金居留"签证后，同样受欧洲经济危机影响，经济处于谷底的一众南欧国家纷纷效仿，推出了各自的投资移民购房项目。"黄金居留"签证给南欧国家带来的资金和影响不容忽视，特别是伊比利亚半岛的两个国家——葡萄牙和西班牙凭借优越的气候条件及相对完善的社会制度和房产价格，成了"黄金居留"签证最受欢迎的国家。"黄金居留"签证所带来的大量资金成为这些国家经济复苏的重要推动力，如葡萄牙通过"黄金居留"签证在2014年获得的资金占据当年外国直接投资额的13%。2017年，葡萄牙的房地产销售量上涨25%～30%。葡萄牙专业经纪人协会主席路易斯·利马（Luís Lima）认为，这波上涨主要得益于外国投资者。[1]放眼国际社会，相近国家间出台同类投资移民政策的情况还包括加勒比地区国家。加勒比地区各国发行的投资移民政策十分类似，如依靠现金捐赠、购买房产等方式就能够直接获得护照。2017年，随着投资移民市场在全球的升温，投资移民政策在加勒比地区国家得到了进一步放开，安提瓜和巴布达、格林纳达等国纷纷推出了投资移民优惠政策。优惠具体表现在降低投资移民资金门槛，扩大家庭附属成员的年龄范围，试图以更为快捷的方式吸引投资移民申请者和投资

---

[1] 《"黄金签证"爆发 十年间开放国家数量翻了七倍》，载 https://baijiahao.baidu.com/s？id=1616012482732459601&wfr=spider&for=pc，最后访问日期：2019年5月2日。

资金，以推动本国 GDP 的提升。

最后，投资移民的审核标准和谨慎监管是投资移民政策落实合法审查的核心因素，投资移民是否能够切实推动移民目的国经济的发展，关键在于是否建立了合理科学的审核标准以及谨慎的监管态度。贪腐人员利用投资移民渠道外逃，转移非法资产的案例，正是利用了投资移民政策的监管空白，或是缺乏科学审核标准和谨慎监管程序。

从法律角度来看投资移民政策是否完善，需要从以下几个角度进行分析：一是是否对投资资金的来源合法性有说明要求。建立投资移民资金来源合法的强制性说明是防止投资移民被犯罪人员所利用的第一道防线。实践中，缺乏对资金来源合法性的要求使得投资移民项目频频被贪腐人员、恐怖分子或其他非法人员所利用，犯罪人员借投资移民渠道转换身份，漂白资产。二是是否有对投资者本人身份进行背景审核的要求。投资移民政策应当对申请人的身份进行详细的审核，特别是申请人可能涉及公职人员、国有企业人员，或是其直系家属、配偶时，还应当强化审核标准。三是是否具有透明度监管的要求。投资移民程序中的透明度监管是确保社会和公众对投资移民政策进行监管的重要措施。投资移民流入国政府应及时向社会公众公开投资移民的相关信息，压缩投资移民程序中暗箱操作的空间。四是是否有对投资资金长期监管的要求。现行的主流投资移民政策，在投资移民申请者获得有效居留权或公民身份后，大多无法有效监管投资资金的走向，无法确保投资移民申请者用以申请移民的资金仍然是在移民流入国中实施投资商业活动。五是是否有对投资商业行为的监管要求。投资移民政策的核心目的是投资移民者利用自身的商业技能在投资移民流入国开展商业活动，推动流入国经济发展。有效落实对投资经商活动的监管是实现投资移民推动移民流入国经济发展的基础，也是甄别真假投资移民的重要方法。六是是否有对相关行业行为准则的监管要求。投资移民的涉及面十分广泛，如房地产业、金融业都是投资移民中不可或缺的行业。相关行业的从业人员能否有效履行法定监督与报告义务及相应的惩处措施，也是影响一国投资移民政策是否会被犯罪人员利用的重要因素。

第四节　全球视角下的投资移民版图

当前，全球投资移民的流入版图可分为几大区域，分别为北美地区、澳大利亚和新西兰、欧洲地区以及加勒比地区。

首先，以美国、加拿大、澳大利亚为代表的传统移民国家仍然具有很高的受欢迎度，美国投资移民项目自 2013 年起逐渐延长了移民申请的等待时间，加拿大政府在 2014 年关闭了联邦投资移民项目，澳大利亚提高了对投资移民资金的要求，但限制条件的变化并没有给上述传统投资移民国家的申请带来绝对的负面影响。这些国家凭借其良好的整体环境，仍然是全球投资移民的重要目的国。

其次，欧洲地区对投资移民的吸引力逐渐增强。自金融危机以来，大部分欧洲国家的经济还没有完全恢复，为振兴国内经济市场，特别是房地产业，不少欧洲国家推出了通过房产购置形式进行投资移民的政策。这种投资移民方式既没有对申请者商业能力的要求，又基本对投资资金来源合法性没有说明要求，加之欧洲国家本身较为完善的社会保障制度，使得欧洲地区的投资移民获得了不少的关注度，如葡萄牙于 2012 年推出"黄金居留"签证，在短短的两三年间，投资移民签证数量就迅猛增长，且在随后的三四年中基本保持了快速增长的签证数量。另外，加勒比地区也是一个值得关注的投资移民目的地区域。加勒比地区国家普遍为国土面积较小的国家，不属于经济绝对发达国家，但这些岛国利用自身的地理优势并推行低税率，成了世界离岸金融中心，并在这些年成为全球投资移民新的崛起之地。特别是在 2017 年，数个加勒比国家进一步颁布了投资移民的优惠政策，通过降低投资移民资金门槛，力图吸引更多的申请者前来。根据加勒比地区国家的投资移民政策，申请者普遍能够直接获得护照，而从对申请者的要求和操作程序角度来看，不仅对投资资金要求低，相比于传统移民国家，办理速度又相对迅速，操作程序更为便捷。事实上，投资移民政策也正是起源于加勒比地区的圣基茨和尼维斯联邦共和国。早在 1984 年，圣基茨和尼维斯就成为世界上首个允许通过投资获得公民身份的国家。总体而言，加勒比地区作为投资移民的新兴国家，对投资资金和投资移民申请者的自身要求也相对更低，加上离岸金融的优势，对全球投资移民申请者持续产生强大的吸引力。

一、代表性国家移民法律发展脉络

从全球的视角来看，美国、加拿大、澳大利亚等是典型的移民国家，这些国家颁布投资移民政策的时间相对较久，投资移民政策及法律制度与本国社会、经济状况的变更与发展联系显著。对典型国家或地区移民法律发展的脉络进行梳理，并对比不同国家移民法律的发展脉络，有利于深入了解投资移民政策的变化和演变原因。

（一）美国

1776 年美国宣布独立，此时美国土地上有三大类族群：第一类族群是美国原住民，这些原住民在两万年前，从亚洲迁徙到美洲大陆，并世代居住于此，但在随后欧洲人所带来的天花病毒和枪炮中，大多数原住民都被消灭。第二类族群是欧洲的早期移民，他们主要是英国人，基于宗教和经济上的原因来到美国，并在今天的美国社会仍扮演着重要角色。第三类族群则是作为奴隶被贩卖到美国的非洲人，黑奴在当时成为美国经济的主要劳动力，也是美国内战爆发的主要原因，奴隶制度在南北战争结束后正式废除。

1776—1875 年，美国实施了近一百年的门户开放政策，这一阶段对移民没有任何限制，美国也在此阶段吸收了欧洲工业革命后的剩余劳动力，以及19 世纪 40 年代中期因为大饥荒出走的爱尔兰移民。1875—1890 年，美国的移民法开始出现部分限制条款，美国国会在 1875 年开始限制部分移民，大多是针对罪犯。到了 20 世纪 20 年代，美国开始转为关闭门户政策。1965 年《移民法》允许美国公民不受任何限制地携带直系亲属，并且引进优先权制度，但这套制度是针对以家庭团聚理念为基础的亲属移民与一部分的职业移民。

美国目前的移民制度基于 1990 年颁布的《移民法》，此法于 1990 年 10月 1 日生效，这项《移民法》大幅度增加了职业移民的数量。同年，通过外国企业家身份移民美国的政策也被写入《移民法》，即美国国会通过的《移民与国籍法》的主要修改法案——Immigration 1990（IMMACT 90），其目的在于通过外国投资者投入资金和创造就业刺激美国经济。目前，美国移民法律体系由《美国法典》《移民与国籍法》及联邦政府法规、司法解释和其他执行条例共同组成。《移民与国籍法》是美国移民法律制度的基本法，确立了移民法律制度的基本原则和一般规则，具体规定了负责签发、审核等涉及移民签证具体事务的美国国家机构及分工职责。美国《联邦宪法》在第一章第八节中授予美国国会对《移民与国籍法》进行制定、修正、编纂的权力，美国国会拥有《移民与国籍法》的立法权，美国《联邦宪法》授权国会制定统一的外侨入籍规定的权力和外交、移民等事务的权力。联邦法规是指由美国联邦机构针对移民问题出台的相关法案，美国联邦立法机关享有制定移民法的这一专属权限，也一直受到联邦最高法院的认可。司法解释是最高法院在对移民案件进行个案审查时，针对具体的移民法律条款作出的司法解释，同样具有法律效力。其他执行条例则是指负责移民事务的执法机构所规定的具体程序细则，一般作为执行机构的内部行为指导手册，并不具备法律约束力。执行条例同时也对公众开放，公众能够在相关机构获取这些资料。除上述法律之外，美国作为英美法系国家，判例在移民法律体系中也具有法律效力，但是只有联邦区域法庭、上诉法庭和美国最高法院这三类法庭及法院在遇到移民法律的适用争议时具有解释权。

1996年，时任美国总统的克林顿共签发了三部移民法案，分别为《反恐怖主义及有效死刑法案》《非法移民改革和移民责任法案》及《个人责任和完善工作机会法案》。前两部移民法律反映相同的移民法律政策走向，进一步严格对非美国公民入境以及在美期间的管理，如限制对驱逐令提出司法复审的范围，扩大"恶性重罪行为"的范围等。

2013年，以就业为基础的职业移民需求进一步深化，美国政府面对新形势下的世界移民潮，也对《移民与国籍法》进行了相应改革以应对不断变化的世界移民浪潮。这一时期的美国移民法律体系，致力于在鼓励亲属团聚与促进美国经济发展之间寻求平衡点。

2016年，特朗普在当选美国总统后出台了一系列缩紧移民政策的改革，如"零容忍"遣返非法移民，使得大批儿童与其父母分离，不得不长期居住在移民安置点，这引起了世界人权组织的关注和批评。2017年1月27日，特朗普颁布政令，暂禁全球难民和西亚非洲七国公民入境，尽管在美国法律系统中遇到了巨大挑战，但最终在6月26日，美国联邦最高法院裁定，这一移民限制令符合总统职权范围。特朗普政府所推行的移民政策试图将打击非法移民与国家安全相联系，一方面加剧了美国国内的社会分裂，另一方面也使得移民政策的走向更为复杂。

在投资移民政策方面，EB-5法案每三年由美国众议院进行一次投票以决定延期适用或进行修订。根据美国众议院在2018年5月1日提交的《综合拨款提案》（Omnibus Appropriation Bill），现有 EB-5 法案不作任何修订，延长至 2018 年 9 月 30 日，即 2018 财政年年末。目前 EB-5 签证法案暂时得以延期保留，但美国国内政党对 EB-5 投资移民的争议不断，美国政府和国会都有观点认为投资移民政策促进了欺诈，而不是帮助团结社区以实现更好的未来。黛安·范士丹（Dianne Feinstein）（美国参议员、加州民主党员）主张应通过立法停止投资移民项目，查尔斯·格拉斯利（Charles Grassley）（美国参议员、爱荷华州共和党员）提出了相近的建议，他认为"投资移民政策给美国国内带来了极高的安全隐患，投资移民签证使得恐怖分子、经济间谍、洗钱犯罪及投资欺诈能够更加方便地在美国活动"[1]。此外，美国国内对投资移民法案的改革呼声还包括从投资移民的技术层面增加要求，进一步实现投资移民对美国经济的推动力。改革提案包含加大对专属地区的保护，确保专属地区即美国经济相对落后地区的投资移民配额。在特朗普当选美国总统后，政府推动的移民政策改革始终剑指非法移民和所谓破坏美国价值体系的移民，但特朗普也多次表示美国始终欢迎能够创造价值的移民。我们由此能够预见，美国的投资移民政策并不会消失，而是会朝着有利于真正促进美国经济发展的方向完善。

（二）加拿大

根据加拿大宪法的规定，加拿大联邦与省级单位之间有着较为严格的权力划分。联邦立法权力体现在公共债务、跨省的商业贸易、税制、邮政等领域，省级单位的立法权力体现在本省的税务、公共建设等领域。双方共管的领域则包括移民、农业等。加拿大公民暨移民部是负责移民事务的联邦机构。

依据 1867 年宪法和《移民及难民保护法》（Immigration and Refugee Protection Act），省级立法机构在移民等事务管辖上享有一定的立法权，但其制定的政策不得违背《移民及难民保护法》及条例。加拿大 1867 年宪法第 95 条规定："每个省立法机构可以就流入该省的移民进行立法，加拿大国会可随时就流入所有省或任何省的移民进行立法；省立法机构制定的任何有关移民的法律，当且仅当不与加拿大国会制定的任何法律相抵触时，应在该省且仅

---

[1] Kyra Gurney, "Suspected of Corruption at Home, Powerful Foreigners Find Refuge in the U. S.", available at https://www. propublica. org/article/corrupt-foreign-officials-find-refuge-in-united-states, last visited on 2019-5-2.

对该省有效。"依据法律规定，加拿大联邦机构，即国会和各省的立法机构都享有移民法律的制定权，只是在管辖地域的效力上有所不同，省立法机构制定的移民法律仅在本省范围内生效，国会作为联邦机构则可以统领移民法律的制定，包括对省级移民法律的修改。可见，联邦政府通过国会立法总体上引导国内移民法律走向，而建立在联邦和省之间的权力划分，能够更加有效地促进移民在当地社会的融入和消化。当联邦与省政府就移民问题出现管辖冲突时，应以联邦政府为准，联邦政府拥有最终的决定权。

加拿大的《移民及难民保护法》于 2002 年 6 月 28 日正式生效，法律明确规定"本法为移民到加拿大以及受到放逐、迫害或处于危险之中的人员提供难民保护相关的法律。制定更为清晰、现代的立法以确保加拿大移民以及难民保护体系能够适应新的挑战及机遇"。这部法律共分为五个部分共 275 条。五部分的内容分别为：第一部分主要规定了迁移加拿大的外籍人员的条件及办理手续，包括入境加拿大的条件，将出入本国的外国人分为移民、临时出入境人员和永久居民，重点对移民进行了规定，并将移民分成三大类——家庭亲属类、独立移民类和难民类移民。另外，还规定了外籍人员的入境、居留、不准入境、驱逐遣返等手续。第二部分是难民保护，主要规定了加拿大拟保护的难民范围，即公约难民和其他需要保护的人员、申请难民资格的程序、对难民资格的审查、遣返手续等。第三部分为执行，对违反移民法律的行为进行打击和处罚，包括打击运送非法移民和贩卖人口的行为、伪造出入境证件的行为等、处罚措施及执法程序。第四部分为移民及难民委员会。移民及难民委员会包括难民保护法庭、难民上诉法庭、移民法庭和移民上诉法庭，规定了各法庭的组成、运作、诉讼程序等。第五部分为各种名词术语的解释、说明等。加拿大还根据《移民及难民保护法》制定了《移民及难民保护条例》，对《移民及难民保护法》进行了细化规定，共分为 21 章，包括出入境手续的具体办理、申请永久居民的条件和选拔办法、遣返、拘留手续、各种费用等。同时，加拿大属英美法系国家，判例在移民法中也具有法律效力。

（三）英国

英国 1971 年《移民法案》（The Immigration Act）是英国移民法系统中的基础性法律，奠定了英国移民法体系。这一法案不仅涉及实体法内容，还对程序性事项作出了相关规定，如《移民法案》规定由英国上下众议院所行使的"否定方案"，任何对移民法律、规则作出的修改，只要上议院或下议院有议员对这一修订提出行使"否定方案",那么这项修改就无法获得法律认可的效力。除 1971 年《移民法案》之外,截至目前,英国上下议院还通过的移民法律包括 1988 年《移民法》、1993 年《庇护和移民上诉法》、1996 年《庇护和移民法》、1997 年《特别移民上诉委员会法》、1998 年《人权法》、1999 年《移民和庇护法》、2002 年《国籍、移民和庇护法》、2004 年《庇护和移民法》、2006 年《移民、庇护和国籍法》、2007 年《英国边境法》、2008 年《刑事司法和移民法》、2009 年《边境、护照和移民法》及 2014 年《移民法》。英国是判例法国家,因此判例在移民法中的地位同样得到认可。在移民案件审理中,英国法庭应当遵循上级法庭或是本法庭之前对于同一条款所作出的判例。

与英国其他法律相同,《移民法案》的立法也是由英国议会负责,《移民法案》想要正式成为立法同样必须获得上下众议院的批准。反言之,如果只是对《移民法案》中的规则进行修改,虽然能够在实际执法中获得效力认可,但只要上下众议院中有对此修改的规则提出反对意见,那么无法将这一修改视为具有法律效力。

英国属于非传统投资移民国家,1999 年英国针对欧盟国家公民推出了投资移民项目,直到 2010 年后,才开始向非欧盟国家公民开放。投资移民签证为高价值移民(Tier 1)。Tier 1 类别签证持有人拥有在英国无限期居住的权利,即定居权。Tier 1 移民从经济角度而言,意味着申请者不需要有赞助人(Sponsor),本人就有独立的经济能力在英国生活、经营、定居。

2014 年 2 月,英国移民咨询委员会(Migration Advisory Committee,MAC)递交给英国政府一份调研报告,建议将投资移民资金额度从 100 万英镑增加至 200 万英镑。该方案经英国政府修改,于 2014 年 10 月出台,并于 2014 年 11 月 6 日正式实施。英国投资移民部门通过评分系统对申请者进行筛选,目前英国投资移民 Tier 1 可分为企业家(Entrepreneur)和投资者(Investor)两大类,英国政府分别制定了不同的投资经商及对申请人个人背景的要求。

(四)德国

2005 年德国颁布新的《居留法》,这标志着全球第三大移民接收国进入了一个新的移民时代,德国是一个移民国家的事实得到了承认。德国的移民法律以《居留法》和《公民身份法》为核心。一直以来,德国政府对移民流入秉持较为宽松的政策,这体现在对外国人购房资格的规定中。德国是世界上少数几个向外国人完全开放房地产市场的国家,不需要考虑购买人的来源地和国籍情况，无论自然人还是法人都可以在德国购买房产。

（五）西班牙

西班牙法律属于大陆法系，宪法是国内最高位阶的法律，之后依次为欧盟法律、国际公约、基本法、平时性法律、皇家法令、皇家立法性规定及政府颁布的规范法律，上述法律效力依次递减。与移民相关的法律主要包括1992年的基本法《公共安全法》、2000年的基本法《外国人在西班牙的权利与自由融入法》、2013年的平时性法律《支持企业家和国际化法》及欧盟的《申根协定》。除此之外，判例也具有一定的法律效力，但仅限于作为上诉理由向最高法院提出上诉。

《支持企业家和国际化法》是西班牙政府出台的一项吸引外国企业家的基本法，通过减免税收、加快外国企业家入境手续、减轻行政负担等一系列方式，明确地表达了西班牙政府吸引外国投资者的目的。为吸引更多的外国投资者，2015年6月28日西班牙政府颁布了《支持企业家和国际化法》的修正案，全文共11个条款。修正案加快了投资移民申请程序，对申请者而言更为便捷。

（六）澳大利亚

澳大利亚《宪法》授予澳大利亚议会以移民法律的立法权，澳大利亚最高法院则拥有移民法律的司法解释权，具体执法由联邦政府管辖。澳大利亚现行移民法律体系由1958年《移民法》、1994年《移民条例》、澳大利亚移民部门颁布的程序条例以及涉及移民事务的公报共同组成。1958年出台的《移民法》是澳大利亚移民法律体系的基础，直接反映出澳大利亚政府对移民问题的政策走向，体现了澳大利亚长期及短期的经济需求和利益。1958年《移民法》共分为四大部分，分别规定了入境、居留及离境，签证的性质，授予签证的条件及移民评分体系。为进一步加强移民法律的行政执法，1977年联邦政府出台了《行政决定（司法复审）法案》，并建立了联邦法庭和上诉法院。1989年澳大利亚政府对1958年《移民法》作出重大修订，将警察执法手册编入《移民条例》。在此之后，随着澳大利亚社会及移民的发展，《移民法》和《移民条例》都经历了数次修订，分别新增了数个重要修正案。1992年《移民改革法》建立了澳大利亚三个移民上诉法庭对移民事务进行双层审理的制度，即第一层的事实审理程序由移民局官员负责，第二层的法律审则由独立于移民局的移民法庭负责。1994年《移民条例》以字母和数字排序，规定了不同类别的签证，内容包括各种签证的定义、条件、要求、审理程序，移民行为涉及违法犯罪的处理，入境程序及难民问题，并附有申请不同签证的 12 种表格。程序条例称为"程序指导手册"，这一手册是专门解决执行移民法律当中的程序性问题，当遇到法律不清晰或没有明文规定时，就由行政执法部门出台相应的程序规范，以解释的形式指导法律的具体执行，同时也为立法者提供修订移民法律的发展方向。

澳大利亚同为英美法系国家，遵循英美法系的传统，判例法也是移民法律的组成部分，当移民法律、条款或规则不明确时，判例能够起到补充、解释移民法律的作用，具有法律效力。当澳大利亚国内移民法与国际移民公约产生冲突时，应履行国际公约的义务，适用国际公约，包括《关于难民地位的公约》《禁止酷刑和其他残忍、不人道或有辱人格的待遇或处罚公约》《公民权利和政治权利国际公约》《儿童权利公约》。

澳大利亚的国际移民计划分为永久居留移民和临时居留移民两大类。永久居留移民可以在澳大利亚永久性居住、工作和生活，直接享受除了选举权和被选举权以外所有澳大利亚公民待遇。澳大利亚的技术类移民是以申请人在澳大利亚找到工作的可能性或投资经商能力为主要资格审核标准的移民类别，主要吸引拥有特定的技术和能力，可能为澳大利亚的经济发展作出贡献的申请人。此类申请人的直系家属也被划分为技术类移民。技术类移民又可以细分为"商务（投资）移民"和"技术移民"两种。"商务（投资）移民"指有从事工商业或投资经验和技能的移民。澳大利亚的投资移民签证种类较多，以不同的投资额、不同的投资行为为标准，规定了要求各异的投资移民签证。

作为热门的移民国家，澳大利亚政府在接收移民方面始终保持开放性态度。近些年，澳大利亚接收了数量庞大的移民。为进一步加强对移民的管理执法，2015 年 1 月 1 日，澳大利亚整合移民局、海关部门、海岸执法部门，成立了新的澳大利亚边境警察局，以集中力量管理移民。澳大利亚的移民法律体系较为先进，以记分制为基础对移民进行甄别。同时，澳大利亚政府始终根据社会的发展变化，积极地修订移民立法。在投资移民方面，澳大利亚自 1996 年 8 月实施有效期为 3 个月~4 年的长期商务签证政策，投资移民和长期商务签证密切相连。长期商务签证是投资移民的第一步，给予有意向投资者签发的一种多次往返，有效期为 3 个月~4 年的工作签证。但是，长期商务签证持有者及其家庭成员无法享有签证签发国的社会福利。长期商务签证申请时只需一个合理的商业计划和计划投资的数额，并非真正需要申请者投资。

对于投资移民，澳大利亚政府一方面欢迎外国投资者前来澳大利亚，联邦政府对移民引入十分重视；另一方面采取理性且科学的立法态度，不断对投资移民制度进行改革、更新和修订，确保投资移民制度能够与时代发展保持一致。澳大利亚政府明确表明澳大利亚需要的是能够推动本国经济发展的投资移民。澳大利亚重视投资者的经商能力，对投资资金来源合法性和实际经商活动的要求严格，拒绝非法投资者通过投资移民渠道换取澳大利亚的国籍或永久居民身份。2016 年年底，澳大利亚移民和边境保护局宣布，澳大利亚政府正在研究一种全新的投资移民类别（即"企业家签证"），以期帮助投资移民更容易入境并且生活在澳大利亚。这一新的投资移民签证强调商业计划的创新性，投资资金将由第三方账户进行管理。澳大利亚政府对投资移民的选择呈现精细化发展，期望能够通过制度化的筛选程序，选择具备一定素质和能力的投资者前往澳大利亚定居和经商，以切实推动澳大利亚经济的发展。

（七）加勒比地区国家

这一地区实行投资入籍的投资移民政策在近些年引发了全球较高的关注度，主要原因在于加勒比地区的投资移民政策普遍缺乏有效监管措施与必要的透明度管理手段，导致投资移民渠道频频被不法人员利用。事实上，圣基茨和尼维斯是全球最早推出投资移民政策的国家，它的投资移民政策于 1984 年通过《公民身份法》确立。该地区的其他国家在 2010 年之后陆续推出政策相似度极高的投资移民政策。实行投资移民政策主要是为了振兴本国低迷的经济状况。目前，加勒比地区国家投资移民政策普遍是通过捐赠或购买当地房产的方式直接获得护照，同时，这些国家普遍推行无税负制度，是世界闻名的离岸中心，使得通过投资移民方式获得加勒比地区国家的护照有更大的可能性卷入犯罪活动。圣基茨和尼维斯的投资移民政策正是一个典型，美国财政部在 2014 年明确警告"圣基茨和尼维斯的投资移民项目被非法利用，通过投资行为换取护照是助长了金融犯罪"，并且美国财政部还特别对获得圣基茨和尼维斯护照的几名伊朗人发出警告，美国政府认为这些持有圣基茨和尼维斯护照的伊朗人参与了袭击英国驻德黑兰使馆的活动。对此，圣基茨和尼维斯政府自 2011 年 12 月以来暂停接受来自伊朗的投资移民申请，在此之前，圣基茨和尼维斯投资移民项目的主要申请者来源地即为伊朗。

二、代表性国家投资移民流入特征

(一) 美国

表 1　美国公民和移民服务局 2008—2018 各财政年受理投资移民 I-526 受理及审批数据统计[1]

单位：份

财政年	新接收申请	已处理申请				待处理申请
		签证批准	拒　签	总计处理	通过率/%	
2008	1258	642	120	762	84.3	853
2009	1013	1265	208	1473	85.9	514
2010	1953	1369	165	1534	89.2	1125
2011	3805	1571	372	1943	80.9	3347
2012	6041	3677	957	4634	79.3	5018
2013	6346	3699	943	4642	79.7	7131
2014	10 928	4925	1169	6381	80.2	12 453
2015	14 373	8756	1051	9807	89.2	17 367
2016	14 147	7632	1735	9367	81.4	20 804
2017	12 165	11 321	922	12 243	92.4	24 992
2018	6424	13 571	1551	15 122	89.7	14 394

表 2　美国公民和移民服务局 2008—2018 各财政年受理投资移民 I-829 受理及审批数据统计[2]

单位：份

财政年	新接收申请	已处理申请				待处理申请
		签证批准	拒　签	总计处理	通过率/%	
2008	391	161	69	230	70.0	454
2009	437	350	57	407	86.0	735

---

〔1〕　"Immigration and Citizenship Data", available at https://www. uscis. gov/tools/reports-studies/immigration-forms-data/data-set-form-i-526-immigrant-petition-alien-entrepreneur, last visited on 2019-5-10. 本书当中所有 EB-5 签证数据都是包括主申请人及附属申请人。

〔2〕　"Immigration and Citizenship Data", available at https://www.uscis. gov/tools/reports-studies/immigration-forms-data/data-set-form-i-829-petition-entrepreneur-remove-conditions, last visited on 2019-5-10.

财政年	新接收申请	已处理申请				待处理申请
		签证批准	拒　签	总计处理	通过率/%	
2010	768	274	56	330	83.0	1167
2011	2345	1067	46	1113	95.9	2395
2012	712	736	60	796	92.5	1013
2013	1217	844	44	888	95.0	1345
2014	2516	1603	178	1781	90.0	2075
2015	2726	1607	11	1618	99.3	4046
2016	3474	1758	102	1860	94.5	6309
2017	2625	2589	55	2644	97.9	6735
2018	3283	2610	104	2714	96.1	7660

表 3　USCIS 历年批准区域中心数量

单位：个

年　份	区域中心数量	年　份	区域中心数量
2007	11	2011	174
2008	25	2012	194
2009	72	2013	393
2010	114	2014	601

表 4　2014 财政年 EB-5 签证数据统计[1]

单位：个

	直接投资		区域中心		总　计	百分比/%
	非目标区域	目标区域	非目标区域	目标区域		
中　国	67	95		8966	9128	85.4
韩　国	8	10		207	225	2.1
墨西哥	11			118	129	1.2
中国台湾	4			122	126	1.2
越　南				121	121	1.1

---

〔1〕 "2014 EB-5 Statistics", available at http://www.eb5investors.com/blog/state-department-publishes-fy2014-eb5-statistics-immigrant-origin, last visited on 2019-5-10.

续表

	直接投资		区域中心		总　计	百分比/%
	非目标区域	目标区域	非目标区域	目标区域		
俄罗斯	8			92	100	0.9
印　度	5	8		83	96	0.9
伊　朗	10	1		65	76	0.7
加拿大	6	3		43	52	0.5
尼日利亚	5			45	50	0.5
日　本		2		47	49	0.5
英　国	3	4	1	33	41	0.4
埃　及				37	37	0.3
中国香港		1		29	30	0.3
巴　西		2		28	30	0.3
南　非				22	22	0.2
所有其他国家或地区	34	29		317	380	3.6
总　数	161	155	1	10 375	10 692	100.0

表 5　2015 财政年 EB-5 签证数据统计 [1]

单位：个

	直接投资		区域中心		总　计	百分比/%
	非目标区域	目标区域	非目标区域	目标区域		
中　国	38	61	9	8048	8156	83.5
越　南	4	4		272	280	2.9
中国台湾		1		138	139	1.4
韩　国	1	1		114	116	1.2
印　度	3	6		102	111	1.1
俄罗斯	4			84	88	0.9

---

〔1〕 "Visa Statistics", available at http://travel.gov/content/visas/en/law-and-policy/statistics.html, last visited on 2019-5-10.

续表

	直接投资		区域中心		总　计	百分比/%
	非目标区域	目标区域	非目标区域	目标区域		
英　国				84	84	0.9
墨西哥	7			70	77	0.8
伊　朗				62	62	0.6
加拿大	2	5		44	51	0.5
尼日利亚				45	45	0.5
中国香港		1		36	37	0.4
埃　及		8		28	36	0.4
巴　西				34	34	0.3
南　非				30	30	0.3
巴基斯坦	2			27	29	0.3
日　本				22	22	0.2
孟加拉国				19	19	0.2
乌克兰				18	18	0.2
法国及其属地				16	16	0.2
所有其他国家或地区	3	5	2	357	367	3.8
总　数	64	92	11	9597	9764	100.0

表6　2016财政年 EB-5 签证数据统计[1]

单位：个

	直接投资		区域中心		总计	百分比/%
	非目标区域	目标区域	非目标区域	目标区域		
中　国	143	367	9	6997	7516	75.6
越　南	9	5		320	334	3.4
韩　国	10	16		234	260	2.6

---

〔1〕 "Visa Statistics", available at http://travel.gov/content/visas/en/law-and-policy/statistics.html, last visited on 2019-5-10.

续表

	直接投资		区域中心		总计	百分比/%
	非目标区域	目标区域	非目标区域	目标区域		
中国台湾	7	10		186	203	2.0
巴　西	8	14		128	150	1.5
印　度	6	32		111	149	1.5
俄罗斯	4	6		96	106	1.1
英　国	6	4		66	76	0.8
中国香港	2	7		56	65	0.7
加拿大	5	6		48	59	0.6
尼日利亚				58	58	0.6
墨西哥	3	2		52	57	0.6
埃　及				57	57	0.6
法国及其属地	14	4	2	34	54	0.5
伊　朗		4		36	40	0.4
南　非	3	5		32	40	0.4
德　国	2	9		27	38	0.4
孟加拉国	4	2		30	36	0.4
阿根廷	4	3	2	27	36	0.4
日　本	1	1		33	35	0.4
哥伦比亚		11		24	35	0.4
巴基斯坦		10		21	31	0.3
乌克兰		6		18	24	0.2
新加坡		2		21	23	0.2
意大利		4		17	21	0.2
所有其他国家或地区	42	43		359	444	4.5
总　数	273	573	13	9088	9947	100.0

美国是国际社会中投资移民流入的第一大国，这与美国的经济实力、教育制度、社会状况有着密切的联系。通过美国政府的统计数据能够看出，近些年来自中国的申请者是美国投资移民的绝对主力，其占据了总体申请者

70%以上的数据。这一比例在 2016 年之后略有下降，其原因包括欧洲国家推出了条件更为宽松的投资政策，使得不少来自中国的投资移民申请者将目的国转向了欧洲地区。但美国较为成熟的法律、教育和医疗体系，仍对来自中国的申请者具有强大的吸引力。除中国的申请者之外，来自亚洲其他国家或地区的申请者也是美国投资移民的主要来源，在近些年的统计数据中，来自亚洲国家或地区的申请者，已经超越墨西哥、俄罗斯等国家，占据申请者排行前列。

（二）欧洲地区国家

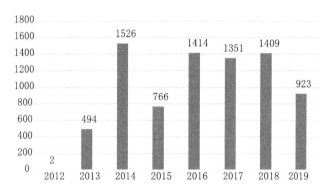

图 1　葡萄牙"黄金居留"签证数据（2012.10.8—2019.8.31）[1]

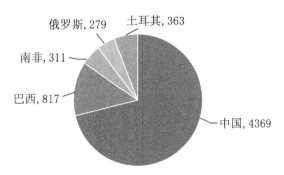

图 2　葡萄牙投资申请者主要来源国（2012.10.8—2019.8.31）

葡萄牙投资移民数量在 2014 年之后增长迅速，"黄金居留"签证起到了

[1] "Portugal's Golden Residence Permit Programme（ARI）", available at https://www.sef.pt/en/Documents/Mapa_ARI_EN_august19.pdf, last visited on 2020-1-10.

巨大的推动作用，依靠投资移民带来的外国直接投资资金不可小觑。中国是
葡萄牙重要的移民流入国，来自中国的投资移民占到了投资移民总数的 76%。
事实上来自中国的投资移民，大部分处于不在葡萄牙实际居住的状态：一方面，
这种购买获得居留权的政策十分符合中国购置不动产的投资理念。另一方面，
也有观点指出这些投资移民认为获得居留身份是作为一种后备计划。[1]除了来
自中国的投资移民之外，其他流入地则带有一定的文化和语言趋同性，如巴
西和葡萄牙语言相同，是葡萄牙投资移民的主要来源地之一。另外，俄罗斯
也是葡萄牙投资移民的重要来源国。

希腊投资移民政策在 2013 年 7 月推出，面向非欧盟公民，方式是通过购
买房产获得居留权。2016 年希腊通过"黄金居留"签证获得了将近 28 亿美
元，占当年 GDP 的 1.5%。截至 2019 年 6 月 4 日，希腊共颁发了 4537 份"黄
金居留"签证（以主申请人计算），在这其中，2757 份授予中国公民，428 份授
予俄罗斯公民，413 份授予土耳其公民，132 份授予埃及公民，125 份授予黎巴

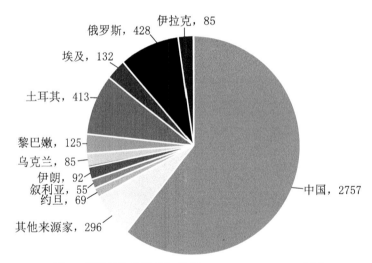

图 3　希腊投资移民签证数据（2013—2019.6.4) [2]

---

〔1〕 Luuk van der Baaren, Hanwei Li, "Wealth Influx, Wealth Exodus: Investment Migration from China
to Portugal-IMC-RP 2018/1", available at https://investmentmigration.org/download/wealth-influx-wealth-
exodus-investment-migration-china-portugal/, last visited on 2019-5-10.

〔2〕 Prabhu Balakrishnan, "Golden Visa Greece Investment Reaches €1 Billion", available at https://
corpocrat.com/2017/06/11/golden-visa-greece-investment-reaches-e1-billion/, last visited on 2019-5-10.

嫩公民，92 份授予伊朗公民，85 份授予乌克兰公民，85 份授予伊拉克公民，69 份授予约旦公民，55 份授予叙利亚公民，其他来源国公民共计 296 人。[1]

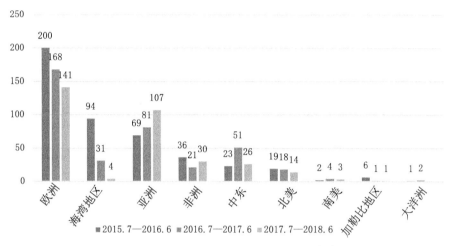

图 4 马耳他投资移民来源地区分布图[2]

2015 年 7 月—2016 年 6 月，在这一年中马耳他政府共收到 450 份投资移民申请，214 人通过审核，134 名投资移民申请者进入归化程序。据统计，在这些申请者当中，有 55 名申请者已经持有 2 个护照，4 名申请者已经持有 3 个护照。这一期间，马耳他政府凭借投资移民共获得了超过 33 亿欧元的资金，占全年 GDP 的 2.4%。2016 年 7 月—2017 年 6 月，马耳他政府共收到 377 份投资移民申请，相比较于 2015 年 7 月—2016 年 6 月的 450 份投资移民申请，[3]下降了 17%。这一期间，通过投资移民项目，马耳他政府共得到了 1 058 460 万欧元，占全年 GDP 的 2.74%。2017 年 7 月—2018 年 6 月，马耳他政府共收到 330 份投资移民申请，其中 223 份获得批准。自马耳他投资移民项目推出以来，共计有 1431 份申请。申请者当中男性占了绝大多数，为

[1] 《2019 上半年希腊购房移民数据统计：中国投资人占比再创新高》，载 https://mp.weixin.qq.com/s/FeZlVY_PBxddaDgrLTgvfw，最后访问日期：2019 年 8 月 10 日。

[2] "Malta Individual Investor Program Statistics for 2017", available at http://citizenshipbyinvestment.ch/index.php/2017/12/20/malta-individual-investor-program-statistics-for-2017/, last visited on 2019-5-11.

[3] Antonie Saliba Haig, "Malta Citizenship Programme Statistics Covering July 2015 – June 2016", available at https://www.ccmalta.com/publications/malta-citizenship-programme-statistics-2016, last visited on 2019-5-11.

79%。截至 2019 年 6 月，共有 1054 人通过审核获得马耳他投资移民身份。[1]

2015 年马耳他投资移民签证发放数为 75 份，2016 年为 241 份，2017 年继续上升至 422 份。截至 2017 年年底，通过投资移民申请获得马耳他护照的人数已经达到了 566 人。[2]从马耳他近两年投资移民的申请来看：一是绝大多数申请者来自欧洲地区。当然，这些欧洲地区的申请者都不属于欧盟成员国或欧洲经济区成员国公民。欧洲申请者数量多与马耳他本身的地理位置有很大关系。二是来自于亚洲地区的申请数量明显上涨。特别是在其他地区申请人数下降的情况下，来自亚洲和中东地区的申请人数都出现了显著上升的趋势。

马耳他投资移民集中来源于欧洲，与此类似的国家还有巴西。2012 年巴西共签发了 817 份投资移民签证，申请者大多来自于葡萄牙、西班牙和意大利，申请者来源也是以欧洲为主。投资移民来源集中与这两个国家地理分布以及语言文化都有着密切的关系。

拉脱维亚议会拥有立法权，是国家最高立法机构。2008 年拉脱维亚受经济危机影响，经济陷入低谷，为打破低迷的经济困境，2010 年 7 月拉脱维亚政府推出投资移民政策，吸引了不少投资移民申请者的注意，在两年半的时间内，拉脱维亚政府已经收到了 5171 份投资移民者的申请，这些申请者大多来自于俄罗斯和苏联国家。拉脱维亚通过投资移民项目获得了累计近 6 亿美元的外资。投资移民政策的三个方式中，房产投资是最受申请者欢迎的方式，房产投资也成为拉脱维亚投资移民的主要资金来源，2012 年共有 2435 名外国人通过在拉脱维亚境内购买房产获得居留权。截至 2013 年 1 月，依靠房产投资移民，拉脱维亚政府获得了将近 4.74 亿美元。而通过其他两项投资移民方式，拉脱维亚政府仅获得了 220 万美元的资金。申请者倾向于通过不动产投资方式进行移民，有便于在流入国拥有固定居所的原因，还有一个不可忽视的原因即拉脱维亚政府未对大额不动产交易实施严格的金融监管。投资移民项目的申请者来自于全球各国，包括中国、伊朗、黎巴嫩、埃及、尼日利亚、多米尼加共和国、菲律宾、

---

〔1〕 "IIP Statistics: 1054 Successful Applicants Up till the End of June 2019", available at https://www.independent.com.mt/articles/2019-12-31/local-news/IIP-statistics-1-054-successful-applicants-up-till-the-end-of-June-2019-6736217923, last visited on 2020-1-10.

〔2〕 "ORiip's Fourth Annual Report (2017)", available at https://oriip.gov.mt/en/Pages/Home.aspx, last visited on 2019-5-11.

越南、塞尔维亚、阿富汗、美国、斯里兰卡、澳大利亚和韩国。[1]

（三）大洋洲地区国家

表7　澳大利亚重大投资者签证申请及通过数（2012. 11. 24—2018. 6. 30）[2]

申请前五位 国家或地区	百分比/%	授予签证前五位 国家或地区	百分比/%
中　国	88.2	中　国	87.0
中国香港	3.4	中国香港	3.2
马来西亚	1.2	马来西亚	1.5
南　非	0.9	南　非	1.3
越　南	0.9	越　南	0.9

澳大利亚的投资者申请来源基本集中在亚洲地区，来自中国的申请和发放签证数占到了90%以上。2016—2017年，澳大利亚保留了190 000个投资移民的名额，数据较去年并没有发生变化，其中投资移民共发放了7260份签证。2017—2018年，共发放重大投资者签证1932份，澳大利亚政府通过重大投资者项目累计获得9.66亿澳元资金。[3]另一项投资移民——卓越投资者申请签证需要拥有澳大利亚政府发放的邀请函，自政策推出直到2016年9月，还未有卓越投资者的签证发出，但这一项目仍保留开放状态。

〔1〕 "Residence Permit in Latvia: Facts and Results", available at http://www.baltic-legal.com/news-residence-permit-latvia-facts-results-eng.htm, last visited on 2019-5-11.

〔2〕 "Visas, Immigration and Citizenship", available at https://www.homeaffairs.gov.au/about/reports-publications/research-statistics/statistics/work-in-australia/significant-investor-visa-statistics#, last visited on 2019-5-11.

〔3〕 Maryke Wylde, "2016-2017 Australian Migration Programme: Key Statistics for the Year in Immigration", available at https://www.tssimmigration.com.au/migration-news/blog/2016-2017-australian-migration-programme-key-statistics-for-the-year-in-imm/, last visited on 2019-5-11.

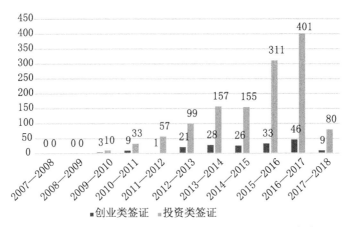

图 5　新西兰投资移民签证数据（2007.1—2017.9) [1]

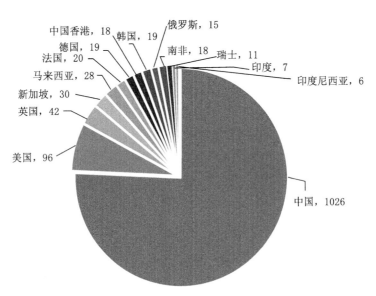

图 6　新西兰投资移民来源地数据（2007—2018) [2]

---

〔1〕 "Statistics ｜ Immigration New Zealand"，available at http:// www. newzealandnow. govt. nz/in-vestiing-in-nz/visas/investor-visa, last visited on 2019-5-11.

〔2〕 "Statistics ｜ Immigration New Zealand"，available at https://www. immigration. govt. nz/about-us/research-and-statistics/statistics, last visited on 2019-5-11.

近年来，新西兰的投资移民签证数量有明显上升，特别是从 2015 年开始，投资移民人数呈现几何倍数的增长，这一方面与全球投资移民的发展有关，另一方面也得益于新西兰政府进一步推动投资移民政策。近十年来，来自中国的申请者是新西兰投资移民的主力，达到了一半以上的比例，对此，新西兰政府在投资移民资金的转移上，对来自中国的汇款作出了专门的规定，作为针对洗钱及其他犯罪资金和人员流入的防范措施，笔者将在后面章节对新西兰政府针对中国申请者发布的具体措施进行分析。

（四）加勒比地区国家

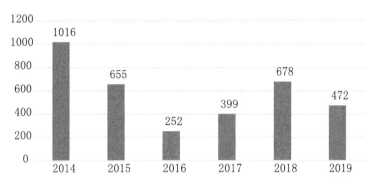

图 7　安提瓜和巴布达投资移民申请签证数据（2014—2019）[1]

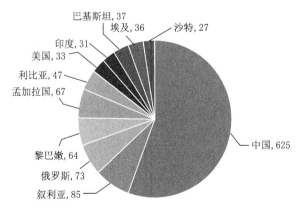

图 8　安提瓜和巴布达投资移民主要来源国（2014—2018. 6. 30）

---

　　〔1〕 "Antigua and Barbuda Citizenship by Investment Programme", available at https：//cip.gov.ag, last visited on 2020-1-11.

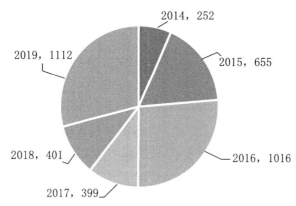

图9　安提瓜和巴布达投资移民发放护照数（2014—2019）

　　安提瓜和巴布达政府在投资移民政策刚推出之际收到大量申请，随后几年间，申请数量呈缓慢下降趋势，直到2017年又重新上升。通过数据可见，中国是投资移民申请者的主要来源国。在过去，安提瓜和巴布达的外资流入主要来自欧美地区，但最近四五年受欧美地区经济危机的影响，加之巴西、俄罗斯、印度和中国市场的崛起，安提瓜和巴布达的外资流入来源地有了明显的变化，这一变化同样反映在投资移民领域。

　　投资移民对安提瓜和巴布达经济发展具有一定的推动力。根据国际组织的测算，2016年通过投资移民可能给安提瓜和巴布达带来超过3000万美元的资金。安提瓜和巴布达于2004年引入个人所得税，对收入高于3500美元的公民征收8%的个人所得税，对收入超过25 000美元的公民则征收15%的个人所得税。2016年1月21日，安提瓜与巴布达政府宣布将从4月开始废除其个人所得税的征收。[1]安提瓜和巴布达政府全面取消个人所得税，正是得益于其近年来推出的投资移民项目，该项目为政府提供了可靠的收入来源。

　　通过格林纳达政府公布的数据能看出，现金捐赠人数所占比例在近两年呈明显上升趋势。现金捐赠申请者数量上升的原因主要包括以下几点：一是投资资金门槛低。相比于美国、澳大利亚等国对投资移民的大额资金要求，格

────────────────

　　〔1〕《安提瓜全面取消个人所得税 移民安提瓜优惠多》，载 http://www.sohu.com/a/60094881_383454，最后访问日期：2019年5月11日。

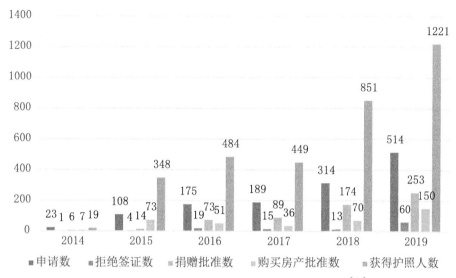

图10　格林纳达投资移民签证数据（2014—2019）[1]

林纳达及加勒比地区国家的投资移民资金门槛仅为10万美元~20万美元；二是欠缺资金转账方式的具体要求，格林纳达政府没有对申请者资金转账作出明确的规定；三是没有对资金来源合法性说明的详细程度作出强制性要求。

　　从投资移民的流入特征来看，中国是加勒比地区国家投资移民重要的申请者来源地。从中国转入的资金有大幅增长，从160万美元增长至270万美元，增长了76%；从亚洲其他地区转入的资金从620万美元上升至860万美元，上升了39%。[2]

〔1〕　CBI, *Grenada*: *Citizenship by Investment Statistics*, available at http://finance. gd/docs/2ndqtrCBI %20Statistics2018. pdf, last visited on 2019-5-11.

〔2〕　Trevor Alleyne, "Sustainability of Caribbean Citizenship by Investment Programs", available at ht-tps://cn. bing. com/search？ q=Sustainability+of+Caribbean+Citizenship-by-Investment+Programs+Trevor+Alleyne&go=Search&qs=n&form=QBRE&sp=-1&pq=sustainability+of+caribbean+citizenship-by-investment+programs+trevor+alleyne&sc=0-77&sk=&cvid=9E5C26F644B74ECCB7E266FC4A1AC6B1, last visited on 2018-10-11.

第五节 中国向外投资移民基市发展态势

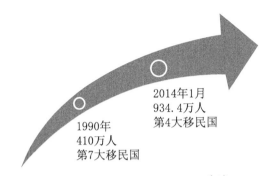

2014年1月
934.4万人
第4大移民国

1990年
410万人
第7大移民国

图 11 中国人口移民海外情况[1]

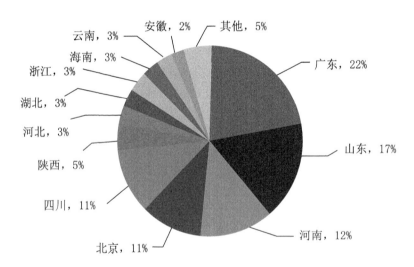

图 12 2015 年中国申请塞浦路斯投资移民的省市分布[2]

---

〔1〕 戎刚：《2015 年投资移民新观察》，载《大众理财顾问》2015 年第 4 期，第 73 页。

〔2〕 《揭秘 2015 年欧洲投资移民大数据》，载 http://www.noahvisa.com.cn/html/xingyeredian/353.html，最后访问日期：2019 年 6 月 11 日。

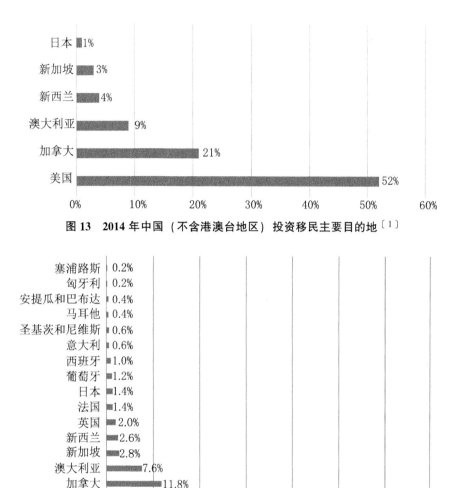

图 13 2014 年中国（不含港澳台地区）投资移民主要目的地[1]

图 14 2015 年中国（不含港澳台地区）投资移民主要目的地[2]

〔1〕《中国国际移民报告（2014）》，载 http://edu. 163. com/special/yimin/ymbg. html，最后访问日期：2019 年 6 月 1 日。

〔2〕《2015 中国投资移民白皮书》，载 http://www. visas. to/visasexpo#suoqu，最后访问日期：2019 年 5 月 19 日。

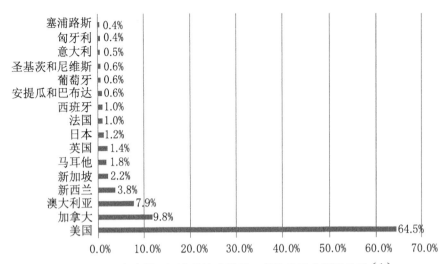

图 15　2016 年中国（不含港澳台地区）投资移民主要目的地[1]

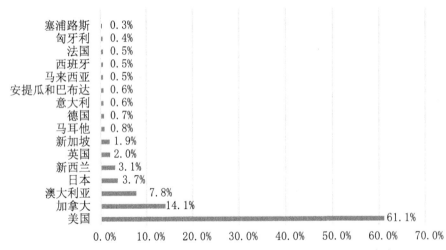

图 16　2017 年中国（不含港澳台地区）投资移民主要目的地[2]

---

〔1〕《2016 中国投资移民白皮书》，载 https://www.sohu.com/a/120955061_334205，最后访问日期：2019 年 5 月 19 日。

〔2〕《2017 中国投资移民白皮书》，载 http://hurun.net/CN/Article/Details？num＝A42F47981E13，最后访问日期：2019 年 5 月 11 日。

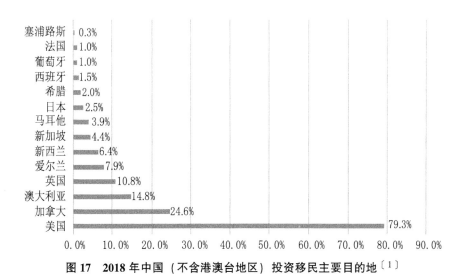

图 17   2018 年中国（不含港澳台地区）投资移民主要目的地[1]

事实上，这些年中国已经成为全球投资移民的最大来源国，从 2010—2015 年，来自中国的投资移民申请数翻了 3 倍，中国的申请者占据 75% 的美国投资移民签证、70% 的葡萄牙投资移民签证及 85% 的澳大利亚投资移民签证，同时还是加拿大、英国、新西兰、英国、匈牙利和马耳他投资移民申请者的最大来源国。

美国是传统移民国家，也是当今世界的经济强国，对投资移民的吸引力不言而喻。美国自推出投资移民政策以来，对中国投资移民申请者就有着极强的吸引力。特别是近些年，随着中国国民经济实力的提升，投资移民进一步升温，通过投资签证移民美国的中国公民迅速增长，自 2009 年中国首次超过韩国成为美国 EB-5 签证获得者最大来源国起，连续 6 年中国都是美国的第一大投资移民来源国。2014 年 8 月，美国国务院宣布 2014 财政年度给中国投资签证申请者的 EB-5 签证配额已全部用光，这是美国从 1990 年实施这项法案以来，第一次出现名额在财政年度结束前就用完的情形。美国公民和移民服务局发布的报告显示，2010 财政年度来自中国投资移民申请最多，占全年

---

[1] 《2018 中国投资移民白皮书》，载 http://www.199it.com/archives/744341.html，最后访问日期：2019 年 5 月 11 日。

发放 EB-5 签证总数的 41%，共计 1016 人。[1] 到 2011 年共有 2969 名中国公民申请了投资移民 EB-5 签证，2505 人获得批准，占 EB-5 签证总数的 75%。[2] 2014 财政年度，美国发放的投资移民签证为 10 692 份，其中，来自中国的投资移民签证有 9128 份，比 2013 年度增加 2878 份，增长 46.0%；比 2012 年度增加了 3 倍多。[3] 截至 2016 年 3 月，美国移民局共颁发 5217 份 EB-5 签证，其中 4194 份都发给了中国申请者，占总数的 80.39%。中国公民获得 EB-5 签证的人数比例从 2008 年的 26.7% 增长到 2014 年的 85.4%，并且连续 3 年均保持在 85% 以上。在美国，中国人已成为美国第二大海外房地产买家。至 2013 年 3 月底之前的一年里，中国人在美国购房总价值达 123 亿美元，占当年外国人在美国购房总额的 18%，仅次于加拿大，年增幅高达 66%。而在 123 亿美元的购房款中，有 69% 为全额现金支付，且购房的中位价格为 42.5 万美元，高出全美中位房价 1 倍。在美国房地产市场的海外买家中，中国购房者的排名从 2007 年的第五名上升到 2013 年 3 月的第二名。[4] 根据《华尔街日报》的报道，在美国 50 个州中，中国人已在 44 个州跻身当地外国投资者的前 5 位。

加拿大投资移民政策开展较早，加拿大联邦及省政府依靠投资移民都获得了巨额的资金。2014 年初加拿大联邦政府宣布，由于联邦投资移民政策未能达到促进本国经济发展的理想效果，就此关闭了联邦投资移民渠道。但在过去的 10 年中，加拿大通过投资移民政策已经从中国吸引了超过 2.4 亿加元的资金。由于加拿大实行联邦与省分立的立法制度，加拿大各个省仍有权依据本省经济发展的状况与要求，出台本省投资移民政策，例如加拿大的魁北克省、爱德华王子岛等，各个省份目前仍保留了投资移民渠道。值得注意的是，加拿大不少省份都针对中国申请者发放了专门的投资移民配额。例如，

---

〔1〕 王妍：《我国超 15 万人去年移民海外 富裕阶层成主力军》，载 http://finance.sina.com.cn/360desktop/china/20121217/164814028409.shtml，最后访问日期：2019 年 5 月 18 日。

〔2〕 黄瑶：《2011 年美国 EB-5 签证申请者中国人占总人数 75%》，载 http://www.chinanews.com/hr/2011/11-22/3478826.shtml，最后访问日期：2019 年 4 月 3 日。

〔3〕 "Number of I-526 Immigrant Petitions by Alien Entrepreneurs by Fiscal Year, Quarter, and Case Status 2008－2014", available at https://www.uscis.gov/sites/default/files/USCIS/Resources/Reports% 20and% 20Studies/Immigration% 20Forms% 20Data/Employment－based/I526 _ performancedata _ fy2014 _ qtr4.pdf, last visited on 2019-4-5.

〔4〕《中国每年超 30 万人海外购房 超 40% 是为移民》，载 http://news.sohu.com/20140213/n394896414.shtml，最后访问日期：2019 年 5 月 11 日。

根据魁北克省政府的统计数据，通过投资移民政策，其至少从中国吸引了 1.9 亿加元的资金。[1]根据加拿大移民部 2017 年第一季度的工作报告，第一季度有 7770 名中国人以永久居民身份登陆加拿大，比去年同期上升了 85%。同期数据显示，2016 年第一季度来自中国的新移民人数是 4195 人。[2]名为《加拿大投资移民计划的经济影响》的报告显示，1986 年以来，共有 13 万人获准通过投资移民方式进入加拿大，其中约 28% 的投资移民来自中国。[3]

澳大利亚也是传统的移民国家，开放投资移民政策的历史也比较久，接受投资移民的数量众多。随着澳大利亚经济与社会发展的变化，澳大利亚政府也在不断调整投资移民政策，具体体现在进一步提高投资移民资金的门槛要求，对不同类别的投资移民细化了不同的条件和要求。中国是澳大利亚最大的投资移民来源国，2012 年 11 月澳大利亚政府在商业创新与投资项目中新增重大投资者签证，其中 90% 的签证都发给了中国公民。澳大利亚政府的数据显示，自 2012 年 1 月至 2014 年 9 月共有 286 份重大投资者签证被颁发给来自中国的申请人，这些申请者给澳大利亚经济注入了 14.3 亿澳元的资金。近 4 年来，通过投资移民政策，澳大利亚吸引了来自中国超过 6 亿美元的资金。[4]

从欧洲移民版块的视角来看，欧洲地区成为近些年投资移民的热门地区，成了中国投资移民申请者的热点关注地区。2012 年英国政府批准了 419 份投资移民签证，中国公民获得了 95 份投资移民签证，位居总量第二，仅次于俄罗斯的 101 份，相比于 2011 年的 39 份签证，增加了约 1.4 倍。[5]根据葡萄牙"黄金居留"签证的数据统计，自购房移民政策颁布以来，葡萄牙政府共发放了 5876 份投资移民签证，其中 3709 份签证发放给了来自中国的申请者。

---

〔1〕　Chris Yuan：《独家｜2018 加拿大投资移民项目年度盘点》，载 https://zhuanlan.zhihu.com/p/53102261，最后访问日期：2018 年 9 月 21 日。

〔2〕　《大数据｜2017 一季度中国移民加拿大人数暴涨 85%》，载 http://www.sohu.com/a/141602721_660750，最后访问日期：2018 年 9 月 21 日。

〔3〕　于大波等：《中国移民现象调查：精英及富裕人士比例逐年增大》，载 http://www.chinanews.com/hr/2010/11-10/2645447.shtml，最后访问日期：2019 年 11 月 11 日。

〔4〕　中国与全球化智库：《中国国际移民报告（2015）》，载 https://wenku.baidu.com/view/b10f7104168884868762d691.html，最后访问日期：2018 年 9 月 14 日。

〔5〕　中国与全球化智库：《中国国际移民报告（2015）》，载 https://wenku.baidu.com/view/b10f7104168884868762d691.html，最后访问日期：2018 年 9 月 14 日。

同样推行"黄金居留"签证的希腊，在 2016 年通过投资移民签证获得了将近 2.8 亿欧元的资金，占到了当年国家 GDP 的 1.5%。截至 2016 年，希腊政府累计颁发 1573 份投资移民签证，其中 42% 即 664 份签证发给了中国人，来自中国的申请者成了最主要的投资移民人群。[1]

同样，得益于加勒比地区投资移民低廉的资金门槛，以及对投资移民申请者自身接近于"零要求"的态度，不少中国投资移民申请者都将眼光投向这一地区。根据安提瓜和巴布达投资移民签证的数据统计，2017 年上半年，安提瓜和巴布达政府依靠投资移民签证获得了 1475 万美元的资金，累计收到 1121 份投资移民申请，其中来自中国的申请者占到了 51%。[2]

通过上述各国投资移民签证的相关数据不难看出，中国已经成为投资移民及移民的输出大国，投资移民的向外输出在一定程度上会对我国产生积极影响，一部分"高净值"企业家移民不移居，在获得外国国籍或永久居留身份后仍然会为我国经济发展作出贡献。但是，相对于积极影响，大量投资移民的流出不可避免地会给社会带来负面冲击。特别是涉及贪腐人员可能会利用投资移民渠道外逃并向外转移非法资产，无疑会给我国法律制度、社会秩序造成重大冲击。因此如何完善我国国内相关行业的监管措施，确保移民流动的良性发展，减少监管空白点，避免贪腐违法人员利用投资移民渠道外逃正是投资移民法律制度研究的重要内容。

---

〔1〕 "Golden Visa Program Raises ∈ 4 Billion", available at http://www.news.cyprus-property-buyers.com/2017/05/30/golden-visa-program-raises-e4-billion/id=00152496, last visited on 2018-7-5.

〔2〕 Prabhu Balakrishnan, "Antigua and Barbuda Citizenship by Investment Statistics", available at https://corpocrat.com/2018/01/15/antigua-and-barbuda-citizenship-by-investment-statistics/, last visited on 2018-7-5.

第二章
主要国家投资移民审核机制及主管机关

第一节　审核机制之一：对投资行为的监管

一、审核的主要标准

（一）投资行为第一类：进行实际的投资活动

对实际投资活动进行监管，是指投资移民申请者通过满足一定条件的投资、经商活动，满足移民目的国制定的标准，从而能够通过投资移民获得移民目的国的永久居留身份或护照。一般而言，移民主管机构要求申请者应在规定期限内完成投资活动。如果一定期限后，投资移民申请者未能达到投资要求，则可能无法获得永久居留身份和丧失投资资金。达到规定的投资要求，一般是指投资行为要具有持续性，并且投资移民申请者的投资行为应当符合一定时长。期限届满时，由政府或其他主管机构对投资移民申请者的投资移民进行评估，投资移民所创立或投资的企业、公司是否达到一定的营业额，是否满足了创造或保留一定数量的工作职位。相对于其他的移民事项评估，对投资要求的评估是投资移民特征的典型性代表。移民流入国政府或主管机构通过对投资行为的评估以确定投资移民申请者是否具备合格投资的能力，换言之，对投资移民的投资行为进行评估也是对投资移民进行监管的一种重要方式。事实上，主管机构在要求投资移民申请者进行投资活动时，都会通过技术性的要求以确保申请者所进行的投资行为是经商（包含风险性的）行为，由此作为鉴别申请者是否真正具有经商投资能力的一种方式。目前，实施这种分阶段审核制度的国家以美国的 EB-5 签证和澳大利亚的 188 签证和 888 签证为代表。

1. 北美地区

（1）美国。EB-5 投资移民签证要求，投资移民签证项目每年约发放 10 000 张签证，具体分为两个类别：一个是直接投资项目，另一个是区域中心项目，也被称为传统非区域中心项目与区域中心项目（Traditional Non-Regional Center v. Regional Center）。EB-5 传统非区域中心项目不需要美国移民局的审核批准，从投资行为的角度而言更为独立，只需符合运营、创业的条件即可。区域中心项目则必须有美国移民局的同意，在获得资质许可之后，才能够开始吸收 EB-5 投资移民申请人，接收投资移民的申请。

首先是直接投资项目。该项目规定于《移民与国籍法》第 203（b）(5)条。[1] 直接投资项目的要求十分简单明确：其一，在 1990 年 11 月 29 日以后，投资移民申请者已经或正在投入 100 万美元或 50 万美元的资金，所需的投资金额取决于所投资区域的失业率，符合美国政府认定的高失业率地区只需要 50 万美元的投资资金；其二，投资者在美国境内进行商业企业的运营，有利于美国经济的发展；其三，商业企业在两年的期限内维持运营并创造至少 10 个全职工作职位，即雇佣 10 名具有美国国籍、美国永久居留权或得到合法授权的外国人，投资移民申请者须在商业企业中承担决策者的角色。

其次是区域中心项目。该项目是指申请人须向联邦政府已经授予"指定的区域中心"资格的地区或企业投资。区域中心的定义是位于某一特定地理区域内并通过增加出口、提高地区生产力、创造新的就业机会或增加国内资本投资方式，谋求促进经济发展的、公共的或私人的经济实体。[2]

具体而言，通过区域中心这种实体形式进行投资移民，需要符合以下三个要件：

第一，创造工作职位要求。在投资者被批准附条件永久居留权 2 年内（或者在某种特定情形下，在 2 年后的某段合理时间内），为美国创造或者保持至少 10 个全职工作职位。直接或者间接创造或者保持工作职位：①直接工作职位是指由投资人直接投资的商业企业，为合格的雇员所创造的，实际上能

---

　　〔1〕 Ayodele Gansallo, Judith Bernsein-Baker, *Understanding Immigration Law and Practice*, Wolters Kluwer Press, 2017, p. 375.

　　〔2〕 ［美］王可必：《投资者通往美国绿卡之路：投资移民 EB-5 签证计划》，法律出版社 2015 年版，第 6 页。

够确认的工作职位；②间接工作职位是指因为合作所创造的，或者是由 EB-5 投资者投资一个附属于区域中心的商业企业所创造的。只有当附属于一个区域中心时，外国投资者才能将该间接工作职位计算在内。这个工作职位必须是永久的、持续的、全职的。

第二，资金投入要求。资金是指现金、设备、存货、其他有形资产、现金等价物，并规定用于申请的新商业企业的资产不能用来担保债务，外国企业家对此承担个人和主要责任。《移民与国籍法》第 203（b）（5）条规定，通过直接或者间接非法方式所获得的资产，如犯罪活动，是不能作为以投资移民为目的的资金。另外，借贷的资金也不能用于投资。

第三，最低投资要求。原则上，美国的最低投资额是 100 万美元，而在目标就业区（高失业率或者偏远地区），美国的最低投资额是 50 万美元。[1] 目标就业区是指在投资的时候为偏远地区，或者失业率是全国平均失业率的 150%。偏远地区是指在大都市统计区以外的地区（预算和管理办公室划定），或者根据人口普查，任何具有 20 000 人口以上的城市和镇界限以外的地区。[2]

对投资的定义，EB-5 投资的一个核心要求就是投资者的资金应处于风险状况之下。以实体和证券为标准，对风险的要求不同。对区域中心而言，只要申请者将资金转移至区域中心，就视为进行了合格的投资；但是根据 EB-5 签证的规定，投资者必须真正投入资金，贷款不能满足"真正投资"的要求，并且会认为投资者的资金有"风险"，因此，投资区域中心只有在无法保证归还投资者本金与利率的条件下，才符合签证中对"风险"规定的要求。证券的风险要求则表现为不能兑现所购买的证券。

区域中心申请文件中的经济报告，必须对创造工作职位的计算方法作出详细而有说服力的解释。但目前而言，计算创造工作职位的方法是美国移民局和区域中心申请人最具争议之处。作为区域中心的申请人，希望能够尽可能创造更多的工作职位，以能够吸引更多的投资申请人和投资资金，但创造工作职位的方法能否得到移民局的认可则是关键。美国移民局若认为区域中

---

[1]　2019 年美国移民局正式宣布上调 EB-5 投资移民的投资金额，于 2019 年 11 月 21 日生效。EB-5 的投资金额，目标就业地区从 50 万美元上涨至 90 万美元，非目标就业区从 100 万美元上涨至 180 万美元。同时，美国国土安全部将根据通货膨胀率，每 5 年进行一次价格调整。

[2]　郭智慧主编：《投资美国：中国人投资美国成功指南》，机械工业出版社 2014 年版，第 2 页。

心计算创造工作职位的方式有夸大的嫌疑，就会拒绝批准申请。甚至在有的区域中心已经获得批准，投资者已经提出有条件"绿卡"的申请并获得批准的情形下，移民局倘若对区域中心创造工作职位的计算方式表示怀疑，则会因此撤销申请人已经获得批准的有条件"绿卡"。可见，区域中心如何计算工作职位的方式是一个十分重要的环节。创造工作职位不但是区域中心在申请阶段能否获得批准的重要因素，而且在区域中心已经获得批准之后仍具有溯及力，这个溯及力不仅对区域中心有效，对投资申请者个人也具有效力。换言之，美国移民局有权审核区域中心申请成立阶段的计算创造工作职位的方式，还有权在区域中心获批成立之后，再次对其进行重新核定，由此产生的效力同时对区域中心的成立建设和投资申请者绿卡身份都有影响。由此可得知，区域中心并不是在获得移民局的批准之后就拥有了绝对保障权，在运营过程中仍然可能面临美国移民局的审查。移民局的审查包括：其一，投资者资金是否处在风险之下。其二，创造工作职位的数目是否属实。移民局对区域中心重新审查之后，若认为区域中心的建设存在虚假或夸大嫌疑，有权推翻之前的审批决定。

通过美国投资移民签证获得永久居留权或美国国籍需要分两个步骤进行，并不是进行投资就能立即获得永久居留权或美国国籍。美国移民局对 EB-5 申请人要进行两次审核。首先，申请人提出 I-526 签证申请，获得两年附条件的绿卡。其次，两年期满后再提出 I-829 申请转为永久居民，获得美国永久居留权。美国移民局第一次审核的对象是投资行为是否具有可行性；投资资金来源合法性证据链是否完整，以优势证据为标准，须证明资金来源合法性的可能性大于相反的可能性。美国移民局第二次对 I-829 申请的审查是针对申请人是否在两年期间内确保投资资金的投入，是否实现了企业的正常运行并且创造了相应的工作职位。在这当中，工作职位的要求可体现为非固定化要求，允许通过对当地经济水平的提升从而换算工作职位，即运营的企业是否达到等值经济效益，体现出美国移民局对投资移民的审查十分注重投资行为带来的经济效益。

总体而言，美国 EB-5 投资移民签证可以简单概括为一半是投资一半是移民，但相比于普通经营行为，EB-5 签证中的投资者进行投资，更为看重的营利点显然在于获得移民身份。其特征可包括以下几点：

首先，EB-5 投资移民签证的政策随美国政府对移民问题政策的走向而变化，作为特殊类型的经济移民，创建投资移民的目的就是为了带动美国国内经济的发展，美国政府始终对吸引外国资金持欢迎的态度和较为宽松的监管标准。

其次，EB-5 投资移民增长迅速主要得益于区域中心项目的推出，通过区域中心项目，投资者不再是以本人单一的力量在美国进行创业或创造工作职位，而是通过加入合伙企业的形式，以合伙企业完成在美投资，虽然投资金额的要求没有降低，但在实操层面的难度却降低不少。并且，区域中心项目对申请者的要求也随之降低，通过区域中心项目申请投资移民，不要求投资人在企业中承担具体的管理职责，这也是其区别于直接投资项目的重要一点。对于投资人没有具体管理职责的要求，等同于对申请人没有了经商专业性的要求。在区域中心项目出现之前，投资移民之所以反映较为冷淡，很大一部分原因即在于要求外国投资者在规定的期限内，在美国当地成功运行企业还是有一定难度的。区域中心项目删除了对投资者实际进行管理企业的要求，换言之，投资者只要进行合法的资金投入，通过区域中心的整体正常运行，就可达到投资移民的基本要求。

最后，从投资移民的角度而言，美国移民局审核的重点主要在于投资移民项目的可行性，包括：其一，是否具备在 2 年期限内创造 10 个工作职位的可能性，着重于对投资行为可行性的判断；其二，投资移民投资行为的风险性，要求投资者实际在美国运行商业企业，并且所投资的商业企业应符合商业活动规律，即投资可能面临营利或亏损；其三，投资收入来源的合法性。所投资的资金应当是合法的收入。

（2）加拿大。根据加拿大《移民及难民保护法》的规定，经济类移民分为三种，即企业主、投资者以及创业人员（具备特殊才能）。①企业主。这类移民指申请者具备经商经验并达到一定的资产净值。经商经验的定义是申请者提出移民申请 5 年之前具备管理合格企业的能力，并在 2 年时间内实际控制合格企业中一定比例的股票。加拿大《移民及难民保护法》第 98 条规定，作为企业主身份申请投资移民，应实际控制至少 33.3% 合格企业的股票，有实际运营的企业且至少创造了一个全职工作职位。申请者在获得永久居民身份 3 年内，至少应有 1 年时间达到上述要求，须提供相应的证明材料。同时，如果申请者提供的证明材料无法证明资金是来自合法渠道的，申请将会被拒绝。②投资者。这类移民指申请者拥有经商经验，至少有 80 万加元的合法净资产进行或已经作出投资。此处经商经验的定义是在以投资者身份申请移民的 5 年之前，至少有 2 年时间管理一家合格企业并实际控制合格企业中一定比例的股票，或是在申请 5 年之前管理一家平均每年至少拥有 5 个全职工作职位的企业至少 2 年。③具备特殊才能。这类移民指申请者有相关经验，有意愿和能力在加拿大工作并能够创造出显著的贡献，这是专门针对运动员、文艺人士及具备特殊经济才能的人。对不同领域的人有不同的评判标准，但根据加拿大联邦移民打分规则，至少需要获得 35 分的积分才具备移民资格。

2014 年年初，加拿大政府关闭联邦投资移民渠道。2015 年 1 月，加拿大联邦政府重新推出风险投资移民实验项目（Immigrants Investors Venture Capital Pilot Program），要求申请人净资产需达 1000 万加元，并投资 200 万加元作为风险基金（Venture Capital Fund），期限为 15 年。此外还要求申请人具备相应的语言、教育背景及一定的从商和投资经验。该项目实验的第一年推出 50 个名额，在 2015 年 1 月底向全球开放。加拿大联邦公民及移民部原计划最多接收 500 份新申请，随机挑选并审核资格，直到完成 50 个合格申请人和家庭的审批。一年之后，联邦政府宣布这一实验方案失败，原因在于该项目规定的移民条件过于严格且风险较大，未得到全球投资移民申请者的认可。一年内加拿大政府只收到了 7 份移民申请。目前，加拿大联邦投资移民项目仍处于停止状态。

在联邦投资移民之外，加拿大的各个省拥有一定权力制定独立的投资移民法律规范，并且因近些年加拿大联邦投资移民渠道关闭，省提名项目数量增长显著，逐渐成为加拿大投资移民的一个重要方式。

魁北克省是加拿大联邦的一个自治地区，1978 年加拿大联邦与魁北克省签订移民协议，魁北克省可自主选择移民，拥有独立的甄选程序权力：首先，魁北克省政府能设计独立的投资移民计划；其次，魁北克省在加拿大设立的使领馆中单独派遣工作，进行独立的投资移民申请审核。

魁北克省接收投资移民的历史十分悠久，早在 1986 年魁北克省就开启投资移民项目。当时的要求为家庭净资产达到 80 万加元，若全款投资则为 40 万加元。2010 年 12 月魁北克省重新调整了投资移民项目的资金要求，家庭净资产要求达到 160 万加元，全款投资额为 80 万加元。但是单纯的资金限制调整并没有达到有效控制投资移民申请的目的。2012 年 3 月，魁北克省开始采用限额制以应对大量的投资移民申请，政府规定只发放 2700 个名额，达到名额数量即不再接收新的申请。2016 年 5 月 30 日，魁北克省政府再次在全球发放了 1900 个投资移民的名额。投资移民的申请条件包括：一是对资产的要求，即全家拥有不少于 160 万加元的净资产（包含房产、股票、存款、公司所有者权益），并且这一资产应是通过合法商业行为所得，包括赠予的资产；二是对申请人商业能力的要求，即为最近 5 年中有 2 年以上企业管理经验。投资行为的要求分为两种投资方式：投资 80 万加元，5 年后政府归还本金无利息或一次性投资 22 万加元且不返还。[1]魁北克省的投资移民政策自 2012年开始，始终以名额限制为基础，从开放申请到结束都取决于名额的使用情况，这一方面能够避免大量申请者提交申请，签证审查无法有效进行审理；另一方面也能够与当地经济发展保持相对一致的基调，不鼓励过多投资者的涌入，以融入并促进当地经济发展为目的。[2]

除魁北克省拥有自治权能够单独制定投资移民政策之外，加拿大其他省的投资移民计划都需要由加拿大联邦政府统一安排。各省只拥有单独设计评分标准的权力，以甄选所想要移民到特定省的投资移民。一旦申请人符合省提名项目的标准，则不再需要其符合联邦标准，移民官员认可其符合入境标准并通知具体移民的省。

加拿大萨斯喀彻温省，被誉为加拿大的"产粮之篮"，以牧场和麦田而闻名。萨斯喀彻温省位于加拿大中心地带，东西与马尼托巴省和艾伯塔省为邻，南部与美国的蒙大拿州和北达科他州接壤。里贾纳是萨斯喀彻温省的省会，人口约 30 万，是全省的政治、经济、文化中心。里贾纳市是加拿大两大重要工业城市之一，主要有炼油、机械制造、农机设备、金属加工、化工、食品工业。如果萨斯喀彻温省提名投资移民，程序上由移民法官负责对申请人进行评估意愿打分，申请人达到最低合格分数后申请并获得工作签证，并以工作签证前往加拿大萨斯喀彻温省，在该省内实施并完成投资，实际经营企业 6个月后再提出申请省投资移民提名。申请人在获得省投资移民提名之后才能够取得加拿大永久居民身份。2015 年 3 月 23 日，萨斯喀彻温省政府公布了投

---

〔1〕 陈杰、郑艺佳：《加拿大魁北克投资移民项目重开：全球 1990 个名额中国占近七成》，载《北京商报》2016 年 5 月 31 日，第 4 版。

〔2〕 2019 年 10 月 30 日，加拿大魁北克省移民局宣布暂停投资移民计划至 2020 年 7 月，2020 年7 月后将公布新的投资移民政策。

资移民的最新条件：其一，申请人应具备 3 年以上经商管理经验及 50 万加元家庭净资产；其二，家庭净资产须通过合法手段积累所得，即申请人应提供相应的完税证明和资料以证明资金来源合法性；其三，申请人须在萨斯喀彻温省内全额投资 20 万加元~30 万加元，除非所建立的生意总投资超过 100 万加元；其四，申请人必须持有 33% 以上的股份；其五，申请人须积极、持续参与该生意的日常管理；其六，如果申请人建立的生意在里贾纳或者萨斯卡通，需在萨斯喀彻温省创造两个加拿大公民或者永久居民的工作职位。[1] 萨斯喀彻温省的程序较为严格，先发放工作签证，并要求申请者提供资金来源合法性证明，在其有实际经营活动和结果之后才能够申请投资移民。

不列颠哥伦比亚省是加拿大西部的一个省，又称 BC 省，是加拿大四大省之一。该省南与美国华盛顿州、爱达荷州及蒙大拿州接壤，是加拿大通往亚太地区的门户。不列颠哥伦比亚省投资移民的申请要求为：一是申请人须拥有至少 60 万加元的资产且至少投资 20 万加元；二是申请人具有 3 年以上管理经验；三是申请人应至少具有 2 年以上的专科学历。

不列颠哥伦比亚省和萨斯喀彻温省这两个省份的申请程序较为类似，申请人须先向省政府递交申请，由省政府进行初步审核，审核通过后由省政府发信给联邦政府，申请人再向联邦政府申请工作签证。申请者通过工作签证入境加拿大后，按照省政府的要求进行创业，成功运营后再申请省提名，最终获得联邦投资移民签证。

爱德华王子岛省是面积最小、人口最少的省份。该省移民项目历史悠久，在申请程序上申请者能够直接获得省提名书和移民签证。对投资移民申请的实质性要求包括：一是申请者应到爱德华王子岛进行至少 5 天的商务考察；二是申请者在近 5 年内有至少 3 年以上的管理经验，股东和高管均可；三是申请者合法获得 60 万加元家庭净资产且雅思成绩达到 4 分；四是获得省提名后，向爱德华王子岛政府缴纳 15 万加元的商业保证金及 5 万加元的居住保证金。爱德华王子岛省投资移民的特点在于先获得绿卡后进行投资。[2]

---

〔1〕 曾纯敏：《加拿大萨省推出 25 万加币投资移民计划》，载《深圳商报》2017 年 8 月 3 日，第 B05 版。

〔2〕《2016 加拿大各省投资移民政策大盘点》，载 https://www.sohu.com/a/49297738_132398，最后访问日期：2018 年 6 月 5 日。

马尼托巴省于 2015 年 2 月 4 日正式推出本省的投资移民项目。投资移民的申请条件也包括：①资产要求，主申请人或夫妻双方至少拥有 35 万加元的净资产；②申请人的商业背景要求，应具有 3 年以上管理经验，包括高管和股东；③应获得移民系统打分 60 分以上；④通过投资移民项目，申请者需要向政府缴纳 10 万加元的创业押金，获得移民签证后再至少投资 15 万加元在当地进行企业经营或商业活动，如果是以合伙形式，则要求申请人的持股不低于 1/3 或不低于 100 万加元。[1]

不同于不列颠哥伦比亚省，虽然马尼托巴省可以一步拿到移民签证，但在实践中，马尼托巴省政府对投资移民的材料审核仍奉行严格态度，近些年的拒签率都达到 70% 以上。可以说，这也符合加拿大政府近年来对投资移民的态度。鉴于加拿大较为发达的经济状况，加拿大政府对投资移民甄选要求较高，不一味依赖投资移民带来资金的短期经济效应，而追求长期经济增长的效果。

新不伦瑞克省的提名投资移民自 2013 年 8 月关闭后一直未开放。

纵览加拿大各省投资移民项目的申请程序就能发现，投资移民往往需要以工作签证为基础，工作签证所授予的居留期限往往是 1 年时间，1 年期满没有发生违反移民法的相关情形时，能够申请延期，再获得 2 年有效期的居留期限。加拿大政府认为投资移民应当只是短期居留在加拿大境内进行商业活动，并不应长期生活在加拿大。因此，实践中通过投资移民项目，申请人较难获得加拿大永久居留身份。

总体而言，加拿大联邦及各个省对投资移民的一般性要求为：其一，证明申请人具有合法资金来源。2006 年，一名来自中国的投资移民申请者的申请被拒绝。申请人陈述资金来源是其工资收入，但是工资是通过现金支付且无法提供更多的来源证明文件。由此移民法官认为申请者无法提供完整的资金来源合法性证明，拒绝申请。申请被拒后，申请人提出了司法复审，法庭进行审理后认为，移民法官的要求是合理的，在通过现金发放工资的情形下，应提供进一步证据证明来源的合法性，最终支持了移民法官的拒绝决定。[2]

---

〔1〕《2016 加拿大各省投资移民政策大盘点》，载 https://www.sohu.com/a/49297738_132398，最后访问日期：2018 年 6 月 5 日。

〔2〕 Li v. Canada（Minster of Citizenship & Immigration），［2006］F. C. J. No. 760, 2006 FC 599（F. C.）.

其二，申请人具备相关的经商经验。这是加拿大投资移民一个十分重要的评判因素，指申请人应当对在加拿大经商有详细的计划。例如，申请人对加拿大经济环境有基本的了解或清楚加拿大与其本国经商环境的区别。经商经验在投资移民方面，基本是通过量化数额来体现，即行为人具有多少年的经商经历，拥有的公司具有多少资金，由此评判申请者的经商经验。其三，申请人具有独立生活的能力。申请者有足够的资金，能够负担在加拿大社会的持续生活。其四，申请人具有一定的语言能力。各个省的要求不同，有些省将语言能力作为移民评分的一项内容，有些省则是作为一项附加能力，有语言能力可以在配额之外。申请者具备一定语言能力是被视为其融入当地社会的重要因素。

作为传统移民国家，加拿大已经形成较为完善的移民法律体系，移民法律体系主要有以下几点特征：首先，加拿大法律属英美法系，判例在移民法中同样具法律效力，通过移民法庭司法重审的案例具有约束力，可以成为之后类似案件的指导。从移民法律体系的整体而言，加拿大联邦和省都有权制定移民法律，联邦出台适用于加拿大全国的移民法，并对移民立法方向及移民政策等作指导性立法。省颁布适用于本省的移民法律规范，若出现法律冲突时，以联邦法律为最终标准。当然，各个省制定的吸引投资移民的法律规范也不得与联邦法律相违背。魁北克省作为加拿大的自治地区，享有较高程度的独立自主权，体现在投资移民上则是其建立了相对独立的甄选体系。其他各省也出台了较为细致的投资移民计划和申请要求，基本都有根据本省经济和人口特征制定的专门要求。其次，移民立法技术精细化。与美国、澳大利亚等同为传统移民国家类似，经过移民法的长期实践，加拿大已经形成了一套由法律法规及具体程序规范共同组成的移民法律体系。加拿大移民立法较为先进，记分考查制度正是加拿大在移民立法领域的创举，这一制度也被其他国家所效仿和适用。在移民法律领域中，加拿大不仅进行了比较细致的签证及移民类别划分，还对甄选移民形成了比较科学的选拔体系，以记分制作为选拔移民对象的重要工具，能够相对科学且公正地进行移民的甄别。同时，为有效平衡移民与本国国民之间的关系，加拿大对投资移民多适用配额制以限制移民的流入，一年的名额用完之后，不再接收新的移民申请。例如，加拿大魁北克省的移民项目，正是采用配额制以合理控制移民的数量，防止出现移民过多可能对本国社会带来的负面影响。

2. 欧洲地区

（1）英国。企业家（Entrepreneur）投资移民是指移民申请者想要在英国境内建立、运营或接管一家或多家商业企业。依据英国《移民法》的规定，企业家申请者应通过评分体系获得以下分数，才有资格取得投资移民签证：其一，须至少拥有20万英镑的资金或通过特定投资渠道至少拥有5万英镑的资金（25分）；其二，资金存放于合法的金融机构（25分）；其三，资金应在英国境内可支取（25分）；其四，具有一定的英语水平（10分），可以通过不同方式予以证明，包括取得英国所认可的大学本科以上学位、英语考试成绩或是英语为官方语言国家的公民；其五，独立生活的能力（10分），申请人须证明在申请开始前的连续90天中，至少持有3310英镑的资金，以作为在英国日常生活开销的支出；其六，应提交一份商业计划，并通过一项名为"真实企业家测试"的考核，以保证申请者确实能够满足特定的要求并有作为企业家投资者的意愿进入英国。[1]首次授予一般会给申请者3年4个月的居留时间，再次居留基本会给予2年~3年的时间。

（2）西班牙。根据西班牙法律规定，商业移民包括自雇商业移民、企业家移民及投资者移民。企业家移民所开办的企业必须是创新型企业或具有特殊的经济利益。如果申请者是在西班牙境外提出申请，首次只能获得1年期限的居留签证，且签证目的只能是准备开办企业的相关材料。企业家移民申请者应提交申请者及其家人在西班牙境内生活的资金及商业计划报告。在商业计划中，申请者须证明商业投资行为对西班牙经济有特殊的促进作用。材料应分别提交至西班牙经济和商业办公室及商业和投资总委员会。

根据西班牙法律规定，投资者移民指申请者在西班牙进行重大投资。重大投资除购买房产外，还包括以下几种投资行为：其一，至少投资200万欧元到公共债务；其二，至少投资100万欧元到西班牙的私有企业进行持股或参与企业经营，或是在西班牙银行或其他金融机构存入至少100万欧元的资金；其三，在西班牙境内开展商业项目，这一项目能够创造工作职位，向社会提供的资金能够与社会发展目标相符，有着显著的科学或技术创新特征；其四，通过位于西班牙境外的公司进行投资，只要这家公司不是在离岸金融

---

〔1〕 "Entrepreneur Visa（Tier 1）"，载 https://www.gov.uk/tier-1-entrepreneur，最后访问日期：2018年6月5日。

市场内即可，同时申请者直接或间接拥有绝对投票权，有权任命或免除大部分的公司董事会成员。[1]

（3）塞浦路斯。申请人至少投资 200 万欧元至塞浦路斯公司或机构的投资资金或金融资产，如债券、证券，投资行为至少持续 3 年。申请人还应提交一份详细的商业计划，以及塞浦路斯证监会的确认信。接受投资的公司和机构应拥有塞浦路斯政府发放的执照，公司的投资行为应当只能用于促进塞浦路斯的经济发展。塞浦路斯财政部对投资移民申请者的商业计划拥有审批权。基金经理或审计人员应每年向财政部提供一份年度报告，财政部负责评估。

（4）塞尔维亚。经商投资移民的规定是投资移民申请者须向塞尔维亚经济部提交一份详尽的商业报告，通过经营企业年均至少应获得 10 万欧元的工资，并至少雇用 4 名塞尔维亚公民。项目通过政府的审核后，申请者能够直接获得塞尔维亚护照。[2]

（5）希腊。希腊投资移民中的投资活动是指战略性投资超过 40 万欧元并创造 120 个新的工作职位，或通过投资活动能够至少创造 150 个新的工作职位或保留 600 个工作职位，战略性投资超过 150 万欧元在产业园区或战略投资超过 5 万欧元用于发展商业园地。若在希腊境内的战略性投资超过 1 亿欧元，申请人则能够获得有效期超过 10 年的居留权。[3]

3. 大洋洲地区

（1）澳大利亚。投资移民 188 签证是第一阶段的商业创新与投资临时签证［Business Innovation and Investment（Provisional）Visa］，这都属于临时商业签证。申请条件包括申请者年龄小于 55 岁，特殊情况需得到澳大利亚政府的批准，移民分数至少达到 65 分，申请者具有成功的商业管理和投资背景及良好的英语沟通能力，且需要获得澳大利亚一个州或地区政府的担保。188 签

---

〔1〕 "Law To Support Entrepreneurs and Their Internationalization", available at http://www. exterior-es. gob. es/Embajadas/ABUDHABI/es/VisadosVisas/Documents/Ley% 20de% 20Emprendedores% 20 （Ingl% C3%A9s）. pdf, last visited on 2018-6-5.

〔2〕 "Donation Serbian Citizenship by Investment", available at http://serbiancitizenship. com/investm-ent-options/donation/, last visited on 2018-6-9.

〔3〕 "Greek Migration Policy-Laws", available at http://www. immigration. gov. gr/nomoi-metanasteu-si, last visited on 2018-6-9.

证包括两个类别：商业创新和商业投资。签证持有者在满足一定条件后，可以申请永居签证。商业创新与投资永居签证（888 签证）是第二阶段的商业创新与投资签证，也是澳大利亚永居签证。申请者不需要提出新的移民意向书，但必须是商业创新与投资临时签证（188 签证）主要持有人且没有参与任何不可接受的商业投资活动，同样，也需要由澳大利亚的一个州或地区政府提名。

商业创新类别，指申请者打算在澳大利亚建立和管理一个新的或现有的商业企业，申请者应亲自参与企业的管理，承担管理者的职责。申请要求包括：①申请者本人或与配偶共同合法拥有的家庭资产不少于 80 万澳元，并且在获得签证 2 年内通过合法途径转移到澳大利亚境内；②申请者在申请签证之前的 4 个财政年度中至少有 2 年其企业年营业额不低于 50 万澳元；③申请者在年营业额小于 40 万澳元的企业里至少占有 51% 的股份，在年营业额高于 40 万澳元的企业里至少占有 30% 的股份，在上市的企业里至少占有 10% 的股份；[1] ④申请者需要有成功的商业背景，没有参加过任何非法的商业活动。

商业创新类别的第二阶段签证要求申请者在递交申请前 2 年里至少有 1 年在澳大利亚并持有商业创新与投资临时签证，即 188 签证。其他申请要求还包括：①申请者在递交申请前，其本人或配偶至少连续 2 年在澳大利亚的一个或两个企业中担任直接管理者；②企业的年营业额不少于 30 万澳元，含消费税须超过 33 万澳元；③申请者本人在一个或两个企业里拥有股份，在年营业额小于 40 万澳元的企业里至少占有 51% 的股份，在年营业额超过 40 万澳元的企业里至少占有 30% 的股份，在上市的企业里至少占有 10% 的股份；④与申请者相关的企业都要拥有澳大利亚商务号码（ABN），向澳大利亚税务局提交全部的商业活动报告。未拥有其他 888 签证申请者或持有人企业的所有权，除非与其在该企业里有共同的利益且在递交申请前至少保持 1 年以上。另外，移民局还要求申请者满足如下条件：其一，申请者本人、配偶或者在澳大利亚共同拥有的净资产，即企业净资产不少于 20 万澳元；或申请者本人及企业在澳大利亚的净资产不少于 60 万澳元。其二，在主要的企业里雇用至少 2 名全职员工，所雇人员必须是澳大利亚公民、澳大利亚永久居民或者是持有新西兰护照者，不允许雇用申请者的家庭成员。

---

[1] 钟恺琳：《投资移民澳大利亚政策大盘点》，载《房地产导刊》2014 年第 12 期，第 92~93 页。

　　澳大利亚投资移民的另一种签证类别是投资者签证（Investor Visa）。投资者签证又可划分为三类，即投资者、重大投资者和卓越投资者。投资者签证要求申请者须在55周岁以下并有意愿在澳大利亚至少投资150万澳元，申请者应具有真实的投资意愿并且在初步投资成熟之后仍保有意愿继续在澳大利亚投资。同时，申请者还应符合以下几点要求：其一，在过去2个自然年中拥有商业或个人资产至少225万澳元；其二，在获得签证之前已经在澳大利亚联邦或州基金进行投资；其三，有3年经商或合法投资的经验，并且显示出高水平的管理技能；其四，在过去的5年中，至少具备管理一家企业并至少持有10%的股份或管理至少价值150万澳元的合法投资。[1]

　　重大投资者签证（Significant Investor Visa，SIV签证）于2015年7月1日起生效。重大投资者签证也被称为"500万投资移民"，此类签证更加侧重投资方向，对申请者没有年龄限制、英语能力要求以及移民签证系统的打分要求。该类签证要求申请者在澳大利亚至少投资500万澳元并具有至少持续4年的投资意愿。申请者应拥有至少500万澳元的合法财产并显示出真实和实际的承诺，每年至少会在澳大利亚生活40天。[2]此外，澳大利亚政府还对500万澳元的投资作出了强制性的分配，即申请者必须按照澳大利亚政府规定的比例和资金进行投资：至少150万澳元应用于管理获得澳大利亚政府认可的基金，从而投资于澳大利亚证券交易所列出的新兴公司；至少50万澳元应进行风险投资和私有企业基金投资，用于扶持刚起步的私有小企业；至少300万澳元应投资于规定范围的资金管理的基金。澳大利亚政府考虑到若无行业限制地引入外资，可能会直接冲击本地房地产业并造成价格虚高的情形。因此，规定这一类投资申请者不允许直接向房地产行业进行投资，即使是间接投资房地产行业也有十分严格的规定。

　　卓越投资者签证（Premium Investor Visa，PIV签证）同样在2015年7月1日推出。获得卓越投资者签证要求投资金额为1500万澳元，投资领域必须为风投基金和新兴企业，并且投资者应当确保在签证持有期内将投资资金用

---

〔1〕《澳洲188B投资移民（188B投资管理者临时签证）申请指南》，载 https://wenku.baidu.com/view/14b5065626d3240c844769eae009581b6bd9bda5.html，最后访问日期：2018年4月5日。

〔2〕王晓：《澳大利亚投资移民新政落地：有钱不一定就能任性 澳贸委：主动申请并不被接受》，载《21世纪经济报道》2015年7月23日，第11版。

于澳大利亚境内。[1]这一类型投资移民只能由澳大利亚贸易委员会推荐，澳大利亚政府在调查核实后向受邀人本人发出邀请函。换言之，申请者不能主动申请这一类型的投资移民。这种投资移民启动机制，一定程度上表明了澳大利亚政府并不单纯希望投资移民申请者通过大额资金换取澳大利亚的签证和身份。

综上可见，澳大利亚投资移民的类别非常广泛，包括金融、创业、高级管理人员和企业主四个子类别。根据国家经济发展的需要，澳大利亚政府每年制定商业类移民配额的计划。对投资移民的审核，也是分为两个步骤，即首先获得临时商业类别签证，申请者通过一定时期的经营活动或不断参与企业的经营管理活动后，能够证明已经拥有成功的商业经营业绩或投资记录和具有一定的经营管理水平，同时拥有企业中一定份额的股份和净资产后可申请永久居留签证。

（2）新西兰。①投资类移民第一种即投资移民 I 类（Investor Plus），适用于高额投资移民申请者，类似于澳大利亚的重大投资者和卓越投资者。申请者在新西兰投资至少 1000 万纽币，投资时间需持续 3 年，对申请者并没有无年龄、经商经验、结算资金以及语言要求。申请者进行投资后可以提交居留申请。②投资类移民第二种即投资移民 II 类（Investor）。2017 年 5 月新西兰政府对此类投资移民的投资资金作出调整，从 150 万纽币上升至 300 万纽币，要求投资时间需持续 4 年。申请者年龄须在 65 岁以下且具备至少 3 年的经商经验，语言要求为雅思成绩应达到 3 分。[2]

4. 南美地区

（1）阿根廷。根据阿根廷法律规定，投资移民申请者投资 15 万阿根廷比索（约 14 万欧元）于阿根廷的制造业、商业和服务业，申请者可获得为期 1 年的居留权，投资期限最高为 3 年，申请者在此期限内开展商业活动。投资移民申请人须提供详细的商业计划报告，具体阐述如何在阿根廷开展相关的商业活动。规定还要求商业活动须发生在阿根廷境内并且具有实际投资的性

---

〔1〕 王晓：《澳大利亚投资移民新政落地：有钱不一定就能任性 澳贸委：主动申请并不被接受》，载《21 世纪经济报道》2015 年 7 月 23 日，第 11 版。

〔2〕 "Investor Visas", available at https://www.newzealandnow.govt.nz/investing - in - nz/visas/investor-visa, last visited on 2018-3-15.

质，以排除通过泡沫行业获得投资移民身份，同时申请者进行的商业活动必须能对阿根廷经济产生实际推动力。

（2）巴西。2017 年 5 月 24 日，巴西政府通过第 13.445 号法律颁布了新的《移民法》，确立了巴西移民政策的基本原则和规则。《移民法》第 3 条对投资移民作出规定，允许接纳有利于巴西经济发展的移民。目前，巴西涉及投资移民的主要法律法规有《移民法》、2017 年第 11 号和第 13 号法令，涉及投资资金、投资活动、监管部门、惩处措施等内容。投资移民申请者若未能在规定期限内完成所要求的投资行为，没有创造一定数量的工作职位或达到一定的营业额，将会面临取消居留权的处罚。

对投资移民的审核，巴西劳工部将商业计划列为强制性规定，申请者必须提供一份为期 3 年的商业计划，其必须涵盖三部分内容：第一部分是对企业进行概括性介绍，如企业的具体地点、经营范围、所提供的服务、执行商业计划的时间和具体活动内容。第二部分是对企业实体进行详细的介绍，包括应对企业地点和经营范围进行解释、所包含的技术含量、是否已经得到联邦或地方政府的支持、合作伙伴、所希望开拓的市场以及商业发展战略。第三部分是对企业发展和营利的介绍，包括企业在未来 3 年内的发展计划，如将雇用的雇员、所支付的工资、投资计划、员工培训和资质标准。

巴西政府在 2017 年连续出台了三部涉及投资移民的法律和法令，可见政府对投资移民的重视，希望能够通过科学、合理的投资移民政策有效吸引投资者和资金以推动巴西经济发展。巴西政府依靠立法对投资作出了严格的规定，对投资领域、投资期限都有明确的限制，对投资行为的性质和实际营利列明了实质性的监管要求。

（二）投资行为第二类：设立公司或企业

通过设立公司或企业进行投资移民是指申请者应当在移民流入国建立一个新的公司或企业。企业应当实际运营，营业额须达到一定的要求，同时这一企业还应创造和保持一定数量的全职工作职位。对工作职位的要求，有些国家规定须支付雇员符合标准数额的工资，有些国家要求工作职位只能面向移民流入国的公民或拥有永久居留身份的人员，以实现通过投资移民拉动当地就业率的目的。对于设立公司或企业的性质要求，一些国家明确规定了设立公司或企业的运营领域，多为技术含量较高的新兴行业，还有国家禁止投资移民的公司运营房地产业等，避免引发房产经济泡沫，给流入国经济带来负面影响。

1. 北美地区

加拿大安大略省的投资移民政策于 2016 年 1 月 1 日实施，该省投资移民项目特点是以建立与运营公司为导向。申请者至少投资 300 万加元成立公司，至少创造 5 个全日制工作职位，且须雇佣加拿大公民或者永久居民。[1]更为重要的是，申请者需要获得一个省级机构的支持信，例如一个公司计划在安大略省某小镇建造一间酒店，需要有安大略省旅游局出具证明信支持在偏远地区建造酒店的计划，才能够开始申请。申请者是以该项目关键雇员的身份提出申请，并且这个职位必须是全日制、永久性的，即要求申请人全日制上班。申请人还要在项目中持股 33%以上或者至少投资 100 万加元，全日制参与企业管理。安大略省的投资移民政策表明安大略省政府要求申请者必须在投资活动中积极承担管理或其他具体的职责，防止申请者单纯投资资金，而没有在当地开展商业活动。

2. 欧洲地区

（1）奥地利。作为经济发达的国家，奥地利之前并没有颁发专门的投资移民法案及签证，对投资者也没有投资金额门槛和个人资质的要求，但移民申请者可以通过自我雇员方式获得奥地利居留权。根据奥地利《临时和永久居民法案》第 60 条的规定，如果其自我雇用行为能够至少持续 6 个月，可以颁发临时居住卡。[2]法律赋予了奥地利政府对投资者实施个案自由裁量的权力，如果政府认为投资行为符合奥地利利益，可以向申请者颁发临时居住卡。自我雇用人员所提交的签证材料除了基本材料之外，还应包括近期的税单、合同信、商业计划以及协议书等能够体现商业活动和保证 6 个月以上生活能力的相关材料。

而随着投资移民在全球的发展，奥地利也在移民立法上作出了相应改变，新增重大企业家计划以吸引投资移民。根据规定，申请者被奥地利政府认可，属于对奥地利经济作出重大贡献的企业家，可以作为奥地利入籍法律的例外

---

[1]《2017 加拿大安省投资移民政策或进一步完善》，载 http://www.liveinau.com/migrate/1341.html，最后访问日期：2018 年 2 月 19 日。

[2] Global Legal Research Center, *Investor Visas August 2013*, available at http://www.loc.gov/law, last visited on 2019-11-10.

性规定，不需要满足在奥地利境内连续 10 年的居留要求，即可申请获得奥地利护照。对于重大企业家申请者的审核，奥地利政府主要从以下几方面进行评估：其一，对奥地利经济发展作出显著的贡献，这种贡献并不简单地体现在捐赠了多少资金，主要在于能够给奥地利经济带来实际的推动力。其二，企业家本身必须承担积极的投资经商行为，如新开一个地理总部位于奥地利境内的企业或通过经营之前的企业并创造更多的工作职位。而一些消极的投资行为，如投资政府债券或购买房产则不会被认可。其三，企业家移民申请者应提交一份详尽的商业计划，须清晰且详尽地阐述将会在奥地利什么地方开展商业活动以及如何进行投资。其四，投资者应提供无犯罪记录证明、良好品格证明文件以及对投资资金来源合法性的说明文件。针对企业家移民，法律对申请者本人和附属家庭成员没有设定语言和奥地利国家历史知识的门槛。其五，奥地利政府对投资资金没有设定下限，但一般而言应达到 200 万欧元。[1]

企业家移民项目，一般需要 12 个月~18 个月才能够获得批准，之所以需要如此长的时间，是因为奥地利政府的每一位部长都需要亲自对商业计划进行审核，有且只有每一位部长都认可企业家移民申请者提交的报告，并相信申请者有能力推动奥地利经济发展，才得以获得批准。

（2）爱尔兰。爱尔兰政府在 2012 年 4 月 6 日出台了针对非欧盟居民的投资移民法案。申请者第一次获得 3 年的居留期限，到期后将会获得 2 年的居留期限，到期后再自动获得 5 年的居留期限且不受次数限制。投资移民的基本要求为申请者须拥有 200 万欧元的净资产以及良好品格证明，企业类投资须达到投资金额 100 万欧元。但这一投资移民法案在出台之后，由于资金要求较高，并没有吸引大量的投资移民申请者前来，未达到政府所期待的效果。2013 年，爱尔兰政府作出了相应调整，将企业投资金额由 100 万欧元下调至 50 万欧元，力图吸引更多的投资移民申请者。

爱尔兰政府颁布的投资移民手册中规定了投资移民的申请方式、类别、审批程序、居住要求、归化及撤销身份等相关规定。根据爱尔兰投资移民手册中对投资企业的规定，申请者向爱尔兰一家企业至少投资 100 万欧元或在

---

〔1〕 "Citizenship by Investment in Austria", available at http://www. investorvisa. ae/citizenship-by-investment/austria/, last visited on 2018-2-19.

至少 3 年时间内投资多家企业共计 100 万欧元以上，所投资或新建的企业须在爱尔兰建立且其总部位于爱尔兰，投资申请者的投资须达到创造工作职位或保留职位的目的，如向离岸市场转移或通过减少员工的方式来获取利润的投资都不被认可。同样，投资者通过商业或民用房产进行出租获利的行为也不被认可为合格的投资行为。通过这种投资方式申请移民，申请者还须提交一份详细的商业发展报告，明确表述如何通过企业运行获利并创造工作职位，这份报告也将公布在爱尔兰归化和移民服务局官方网站上，以向社会公众公示并接受监督。

由此可见，爱尔兰对"投资行为"的商业要求较高，通过立法形式强调了对投资移民申请者商业能力的要求，避免对投资移民申请者商业背景的要求沦为空谈。爱尔兰不允许投资移民投资房地产进行获利，以避免由于投资移民资金流入过热，诱发本地房地产出现泡沫性增长。

（3）爱沙尼亚。爱沙尼亚地属北欧，是北欧人口最少的国家，只有 13 万人口。爱沙尼亚政府认为，立足于爱沙尼亚的国家特点，投资移民政策应与本国状况相适应。[1]投资移民政策表现为更加注重本国的实际情况，并处理好吸引外资与有效管理之间的平衡关系。

目前，爱沙尼亚政府以企业家移民形式推出投资移民项目。投资移民申请程序由申请者，即企业家移民向爱沙尼亚政府发出申请信，表达希望获得爱沙尼亚有期限居留权的意愿，在申请信中应作出详细的商业计划，即将在爱沙尼亚境内建立并经营企业，表明申请者具有推动爱沙尼亚经济发展的能力。需要注意的是，申请者所创办的企业必须是外国企业的一家分公司、子公司、附属机构或其他与外国公司存在关联关系的企业。同时，在申请信中，申请者还应提供与详尽的商业计划相关的信息和文件。投资资金方面的要求是，如果申请者是通过控股方式，至少需要在企业投资 6.5 万欧元；如果申请者是企业唯一的股东，则至少需要投资 1.6 万欧元。

爱沙尼亚投资移民法律制度的特征主要有：其一，投资资金金额要求较低。通过对投资移民的资金要求能够看出，资金设定的门槛较低，这一规定与爱沙尼亚国家小、国内市场有限的状况相适应。其二，注重申请人的商业

---

〔1〕　Colin R. Singer, "Foreigners to Get New E-residency in Estonia", available at https://www.investmentimmigration. com/foreigners-get-new-e-residency-estonia/, last visited on 2018-2-19.

计划和能力。比较特别的一个要求是申请人所创办的企业应当是与外国公司有实质性联系的公司，体现出爱沙尼亚政府希望能够通过国际化的投资行为促进本国经济发展的目的。其三，申请人身份信息登记完整。爱沙尼亚政府明确提出申请人应当进行身份登记，便于政府对申请人的信息和金融交易信息进行实时监管。

（4）拉脱维亚。拉脱维亚商业投资移民要求申请者至少购买价值 18.8 万美元的股权或将 4.7 万美元资金投资于公司。如果投资者是通过投资 4.7 万美元的方式投资公司，所投资的公司须在一个财政年度中至少缴纳 3.76 万美元的税款，拥有不超过 50 名雇员且年均营业额不超过 130 万美元。[1] 申请者完成投资行为就可以通过商业投资者的身份获得拉脱维亚居留权。

（5）德国。2005 年德国《居留法》规定，德国投资移民不仅适用于注册资金 100 万欧元的股份责任制公司的大额投资人，而且适用于注册资金为 2.5 万欧元的有限责任公司的小额投资人。申请者投资资金注册成立公司，确保公司成功运作至少 3 年，创造 5 个以上工作职位并顺利完成商业计划，每年提交正式财务报表。符合上述要求，申请者可以申请 2 ~ 3 年的居留签证。这种居留并不要求投资者有实际生活在德国的时间，但每年必须至少入境一次。

以注册公司的方式进行投资移民，要求申请人的年龄应在 25 ~ 55 周岁之间，且须提供无犯罪记录。上述投资移民方式对申请人的外语水平、学历都没有硬性要求，但是超过 45 周岁的申请人只有具备与年龄相匹配的条件时，才予以发放签证。值得注意的是，德国《居留法》第 21 条第 2 段第 2a 款指出，凡在德国大学或高校完成学业的外国毕业生或持工作签证的科研人员可以获得法人签证。自主经营不需要遵循"给当地带来经济利益和满足当地（经济或就业）需求"的条件，但必须与大学所学专业或正在进行的科研领域相关。这就意味着给德国留学生提供了更为宽松的投资移民条件。

2017 年在全球投资移民浪潮的推动下，德国对投资移民法律进行了修订。修订主要体现在以下几方面：一是允许高净值的投资者在德国至少投资 20 万欧元创办一家新的公司或进行风险投资活动以获得居留权；二是允许自我雇用者或商业投资者，身份为企业主管、经理、法律顾问或公司持股人的申请

---

[1] Global Legal Research Center, *Investor Visas August 2013*, available at http://www.loc.gov/law, last visited on 2019-11-10.

者通过购买或创办公司、经营企业进行投资移民。这种投资方式的关键在于投资者的商业活动必须有利于德国经济的发展。投资资金至少为 30 万欧元~35 万欧元，投资移民主管机关拥有对具体金额的自由裁量权；在一些条件下允许投资房地产业。

（6）葡萄牙。葡萄牙《移民法》第 89 条和第 90 条第 A 款，分别规定了企业家投资移民和投资者移民申请葡萄牙居留的规定及相关权利。[1]根据葡萄牙法律的规定，企业家移民是专门针对希望在葡萄牙建立企业的申请者，证明材料应能够证明申请者是一名合格的企业孵化者。投资者移民申请方式共有如下几项：一是至少转账 100 万欧元至葡萄牙。二是至少创造 10 个工作职位。三是转账 25 万欧元以上至艺术产业，用于重建、翻新国家遗产。转账可以通过地方或中央政府、公共机构、国有企业、国有基金或是用于公共产业的私人基金、地方协会等。四是转账 35 万欧元以上用于购买合法的投资资金或风险资金用于公司投资，在购买之时或 5 年内能够实现债务偿还并且至少其中 60%的资金能够转化为位于葡萄牙境内的公司总部的商业活动；或转账 35 万欧元以上，用于建设或重建总部位于葡萄牙境内的商业公司，并至少创造 5 个永久工作职位。重建的公司应在至少 3 年内至少创造或保留 5 个永久工作职位。五是通过申请家庭团聚。以上数种申请方式，申请人都须提供无犯罪证明以及开展投资的宣誓证明。[2]证明内容为申请人将会遵守所有资金要求并在至少 5 年内在葡萄牙开展投资活动。同时，申请者应提交由税务部门出具的税单以证明没有负债，税单的开具时间须在提交申请前的 45 天以内。

（7）塞浦路斯。申请人至少投资 200 万欧元购买、建立或参加塞浦路斯的公司或商业企业。申请人须将资金依照投资计划转至塞浦路斯的公司。塞浦路斯财政部会对申请人进行评估，确定公司是否实际存在于塞浦路斯，是否有显著的商业活动并能雇用至少 5 名人员，被雇用人员须为塞浦路斯公民或欧盟公民，同时公司雇员还应在提交投资移民申请的 5 年内合法居住在塞浦路斯。从上述规定可以看出，塞浦路斯设立投资移民政策的目的是为保证投资资金在当地开展实际的商业活动，能为当地人解决工作，避免出现投资

---

〔1〕　Global Legal Research Center, *Investor Visas August* 2013, available at http://www.loc.gov/law, last visited on 2019-11-10.

〔2〕　根据葡萄牙移民法律规定，如果发现申请者在申请签证中有虚假陈述的行为，则构成伪证罪。

移民只是实现个人获利、所投资商业活动完全与当地商业实际相脱离的情形。

（8）俄罗斯。俄罗斯投资移民是指投资者对俄罗斯境内具有授权的合法俄罗斯法人进行投资，投资公司的总资产不得少于1亿卢布（约149万美元），投资者所投资的资金至少应该占到公司的10%。投资活动至少持续3年，所投资公司应依法纳税，每年缴纳税额不得少于600万卢布，并且这一缴纳税额不包括企业应缴纳税额也不包括退税额。同时，俄罗斯投资移民法律明确规定了投资移民只能以进行实际投资活动的方式开展。

3. 大洋洲地区

（1）澳大利亚。商业投资类别，属于投资移民商业创新与投资临时签证（188签证）中的一类。申请条件同样包括申请者年龄小于55岁，特殊情况需得到澳大利亚政府的批准，移民分数至少达到65分，申请者具有成功的商业管理和投资背景及良好的英语沟通能力，且需要获得澳大利亚一个州或地区政府的担保。

针对商业投资类别，要求申请者计划在澳大利亚指定的州或地区进行投资，并且在投资后继续维持商业活动。申请要求包括：①申请者本人或与配偶在申请签证前的两个财政年度里至少拥有净资产225万澳元。②申请者须具有成功的投资和商业活动记录，在近五个财政年度中至少有一年直接参与管理150万澳元以上的投资；或者直接参与管理一个合格的企业，占有其中10%的股份。[1]③申请者须没有参与过非法的商业活动且具有较高水平的投资和商业管理的能力。④申请者还需要提交承诺，在最初制定的投资期满以后能够继续维持在澳大利亚的商业活动。

商业投资类别的第二阶段签证是商业创新与投资永居签证（888签证）即澳大利亚永居签证。在第二阶段的签证材料中，申请者不需要提出新的移民意向书，要求申请者为商业创新与投资临时签证（188签证）主要持有人且没有参与任何不可接受的商业投资活动，同样，也需要由澳大利亚的一个州或地区政府提名。

商业投资类别要求申请者在递交申请前四年里至少有两年在澳大利亚并持有商业创新与投资临时签证（188签证）。申请条件包括：其一，申请者本

---

〔1〕 钟恺琳：《投资移民澳大利亚政策大盘点》，载《房地产导刊》2014年第12期，第92~93页。

人、配偶或者双方共同在澳大利亚拥有一个指定的投资至少4年；其二，主申请人4年内必须在澳大利亚居住满2年；其三，遵守澳大利亚相关的法律，包括税务、养老金、劳工保险以及其他与企业相关的法律；其四，没有参与不可接受的商业投资活动；其五，有在澳大利亚继续进行商业和投资活动的强烈愿望。

（2）新西兰。新西兰与澳大利亚同为大洋洲的代表性国家，但因国土面积小，新西兰本国常有自嘲——"这是一个容易被其他国家所忘记的国家。"但从移民角度而言，新西兰却是一个不折不扣的"大国"。2013年新西兰人口普查数据显示，"欧裔和其他"组别的新西兰移民人口占全国总人口数的75%。[1]

新西兰的投资移民包括经商创业类移民和投资类移民。两大类投资移民之下依据投资资金和投资活动的不同标准又规定了两种签证类型。

新西兰经商创业类移民中第一类为企业家工作签证（Entrepreneur Work Visa），投资金额不低于10万纽币。若投资人所创办的是IT或高新科技类的企业，则不对10万纽币的投资资金作强制性要求。这类签证适用于在新西兰进行商业经营的申请者。企业家工作签证是一个为期3年的工作签证，分两次授予，首次授予为期12个月的工作签证，开展商业活动后可再授予为期24个月的签证。持有企业家工作签证是获得经商创业类移民中第二类——企业家居留签证（Entrepreneur Residence Category）的前提。只有持有企业家工作签证且经营业务满2年的人才能申请企业家居留签证。申请人如果有破产记录或申请签证前5年内有失败的经营记录，以及任何类型的金融欺诈记录或商业违法行为都构成拒绝签证的条件。企业家居留签证适用于申请者具备了前期在新西兰经商的经历，且其所经营的生意属于具备出口潜力的、高速增长的创新型企业。申请者须投资50万纽币创造3个工作职位，在企业成功运营6个月后，申请人才有资格申请该签证。[2]

可以说，新西兰投资移民法律规范较为细致和严谨：其一，对投资行为、申请者背景与品格都提出了明确的要求；其二，对商业投资行为有明确的立

〔1〕《新西兰国家概况》，载 https://www.fmprc.gov.cn/web/gjhdq_676201/gj_676203/dyz_681240/1206_681940/1206x0_681942/，最后访问日期：2018年2月19日。

〔2〕"Entrepreneur Visas", available at https://www.newzealandnow.govt.nz/investing-in-nz/visas/entrepreneur investor-visa, last visited on 2018-3-1.

法规定，如不允许投资移民投资房地产业，以防止因投资移民的资金哄炒对房地产业造成负面影响；其三，对投资资金来源作出了强制性的合法性说明要求；其四，根据新西兰政府官网的分类，投资类投资移民签证是单独的一类签证，不属于工作签证，因此对投资类投资移民签证的审查适用单独的审核标准。标准的特殊性体现在新西兰政府根据申请者的不同国籍和居住地，所需要提供的证明材料略有不同。例如，来自中国的投资移民申请者应通过税单等文件证明投资资金收入来源合法，也同时表明资产可以通过赠予方式获得，但赠予本身应是合法的。[1]

4. 亚洲地区

（1）新加坡。作为亚洲地区的经济强国，新加坡是著名的"城市国家"，同样也是闻名的移民大国。事实上，新加坡能获得今天的经济和科技发展成就与大量移民所作出的贡献密不可分。

新加坡投资移民政策历史悠久，如今新加坡投资移民被称为"全球投资者项目"，[2]投资移民方式中进行投资行为申请的规定是申请人至少投资250万新元成立一家新的企业，而且从投资之日起5年内不得撤出投资资金或转让相关股权，公司所涉及的领域应为房地产、建筑、汽车4s店以外的行业，如新能源、教育、电子、医疗健康、娱乐、生态能源等可持续发展或社会公益性行业。申请人须有3年以上的经商和企业主经历，还应向新加坡政府提供一份详细的5年经商计划，包括所雇用的员工、如何收益。新加坡政府对计划进行审核，审核通过后，投资移民申请者将获得新加坡的永久居留权。5年之后，申请人还应达到商业计划中所阐述的企业盈利。

（2）日本。根据日本《移民法》的规定，投资移民项目允许外国投资人、配偶及21岁以下的未婚子女通过投资一定金额的资金，获得有期限的日本居留权。

投资类居留签证又被称为"投资商业管理者签证"，要求外国投资者在日本境内投资500万日元以上设立企业，在日本必须有固定的经营场所、店铺

---

〔1〕 "Meeting the Criteria", available at https://www. immigration. govt. nz/new-zealand-visas/apply-for-a-visa/criteria/investor-plus-investor-1-resident-visa? nationality=nationality-CHN&country=residence-CHN&applying=no, last visited on 2018-2-9.

〔2〕 "Global Investor Programme", available at https://www. contactsingapore. sg/en/investors-business-owners/invest-in-singapore/global-investor-programme, last visited on 2018-2-19.

或者是拥有办公室。投资行为须在规定时间内符合经营要求，即企业在运营 1 年届满前 90 天，该企业仍存在并运转正常。投资设立企业以后，必须开展正常的经营，每年必须要有一份经营决算报告，而且这个报告必须由日本政府公认的会计师出具。企业应具有良好的经营业绩，须雇用 2 个以上的日本人。同时投资移民申请者，必须有半年以上的时间在日本从事经营业务。[1] 对投资移民申请者背景的要求是，申请者应具有至少 3 年的经商经历或工作经验背景。投资企业实现正常运营并达到标准，投资移民申请者可以延期居留权，每次延期的有效期都是 1 年，连续获得 10 年延期后申请者可以申请永久居民身份。

（3）菲律宾。菲律宾政府在 1987 年通过《投资法典》正式实施投资移民政策，允许外国投资者通过投资一定金额，在菲律宾创办企业，以实现推动菲律宾经济发展的目的。投资移民签证名为 "特殊申请者居留签证"（Special Investors Resident Visa，SIRV），要求申请者年满 21 岁以上，至少投资 7.5 万美元在菲律宾新建企业或投资菲律宾境内的企业，包括购买证券交易所上市公司的股票。[2] 申请人应通过材料证明投资活动是有利于菲律宾经济发展的。法律要求投资者在菲律宾境内有实际经营活动并能产生一定效益，但是没有对衡量经济效益的具体标准作出规定。菲律宾政府明确规定，投资移民不允许投资批发业，也不允许以合伙或共有权的方式进行投资。投资移民的领域包括政府公开名单中的项目、列入政府工业优先发展计划的项目及制造业或服务行业。

（4）印度尼西亚。根据印度尼西亚《签证法》第 313 条和第 314 条的规定，[3] 通过投资移民签证，申请人最高可获得 1 年或 2 年的居留期限。2007 年印度尼西亚政府出台第 25 号法律，对投资移民的要求和条件作出了规定，投资移民只能够以商业活动的方式进行，投资者以创办或投资入股公司的形式，在印度尼西亚开展经营活动。印度尼西亚政府对投资移民公司经营审核的重点是投资活动能否达到推动印度尼西亚经济发展的实效。同时，印度尼

---

〔1〕　"Japan", available at https://www.uglobal.com/en/immigration/japan/, last visited on 2018-2-18.

〔2〕　"Special Investor's Resident Visa（SIRV）", available at http://philembassy.no/consular-services/visa/special-investors-resident-visa-sirv, last visited on 2018-4-9.

〔3〕　二十国集团反腐败工作组 "投资移民与腐败犯罪" 研究项目印度尼西亚政府提供的问卷反馈。

西亚投资移民法律明确规定不可以通过购买房产获得移民身份。

（5）韩国。韩国 D-8 签证要求申请者在韩国进行商业活动并至少投资 1 亿韩元，通过这一投资移民签证，申请者能直接获得永久居留权，申请者也只有通过这种方式才具有申请韩国护照的可能性。韩国《移民法》同时规定，如果申请人持有普通商业签证，也进行了同等金额——1 亿韩元的投资，在韩国建立一个公司并与其他韩国公司有合作关系。此公司至少雇用 5 个韩国公民且至少创造 3 个工作职位，申请者在韩国至少居住 5 年也可以申请获得永久居留权。[1]

5. 南美地区

巴西投资移民法律规定了投资移民项目中对投资企业的要求，投资者应至少投资 50 万雷亚尔（约 13.5 万美元）到巴西境内的企业，同时还应提供 15 万雷亚尔（约 4 万美元）的资金用于企业发展。所投资企业的性质须具有下列条件之一：其一，接受投资、金融支持的企业应属于政府所扶持的高新企业；其二，企业应位于科技园区内；其三，企业应属于孵化器或产业升级器；其四，企业属于政府支持的项目；其五，所投资金有利于新兴企业的加速升级。[2]

6. 加勒比地区

加勒比地区中也有国家推行投资企业方式的投资移民政策。以圣卢西亚为例，其投资移民法律规定了经政府批准的投资企业项目，申请者向经政府批准的企业项目至少投资 350 万美元并至少创造 3 个工作职位。企业项目由圣卢西亚政府指定，包括酒店业、游轮码头、农业种植业、制药业、基础交通设施建设、研究机构、大学。

（三）投资行为第三类：购置房产

当前，实施购置房产交易就能够获得居留权、永久居留身份及护照的投资移民政策的国家主要集中在欧洲和加勒比这两大地区。这两个地区的购置房产政策都具有鲜明的共同性，政策出台的目的是复苏当地低迷的经济，特别是房地产业。在细则方面，各国对所购房产的价格有不同的要求，加勒比

---

〔1〕《韩国 D-8 签证（企业投资）》，载 http://www.hanguo-qianzheng.com/suoxucailiao/308.html，最后访问日期：2018 年 4 月 4 日。

〔2〕二十国集团反腐败工作组"投资移民与腐败犯罪"研究项目巴西政府提供的问卷反馈。

地区对价格的要求相对较低，欧洲国家则会针对在境内不同地区购买房产制定不同的价格要求，对一些相对偏远的或农村地区，购置房产的价格要求更低。通过购置房产获得永久居留权或护照的国家普遍要求申请者必须持有所购房产达到一定年限，期满后不再对房产所有权作出限制性规定，允许申请者对持有的房产进行交易。欧洲地区的一些国家，如希腊则明确规定通过购置房产这种方式不能够获得永久居留权，只能获得一定年限的居留权。

事实上，购置房产获得居留权或居留身份是投资移民制度中一个重大监管漏洞。在全球范围内，有不少贪腐或其他犯罪人员利用购置房产获得移民身份，或是牵涉其他犯罪，如葡萄牙爆出全国范围的移民局受贿丑闻，又如加勒比地区数个国家都有犯罪嫌疑人通过购置房产获得护照的案例。为什么原本希望拉动当地房地产及经济复苏的投资移民政策，会频繁被不法人员利用，造成监控空白呢？笔者认为，究其原因主要在于：其一，投资移民流入国政府出台这一政策主要是为了能够更大程度地吸引外来资金，拉动本地经济发展，却对资金来源采取了放任不管或不严格管理的态度，在法律制度设计中就留下了监管空白点，使得大量来源渠道不明确的购房资金得以顺利入境。而且，不少国家不仅在立法设计上欠缺对资金来源合法性的强制说明，也没有在资金监管方面对转账和购房支付方式作出进一步规定，对资金来源、转款方式等与资金链金融交易相关联的信息完全处于空白监管或无法实现有效监管的状况。其二，对购房者的身份核实基本处于空白状态。从经商技术性角度而言，购置房产并不需要绝对的经商管理能力。因此，在购置房产的投资移民政策中，对申请者的身份背景进行严格且谨慎的调查基本上处于缺失状态。就实践而言，如果缺乏多部门的协调合作，一国移民主管机构也很难对外国购房者的身份进行谨慎调查。对外国购房者身份背景的调查是对一国的整体监管机制提出了更高的标准，要求一国相关主管机构能够建立顺畅的信息共享机制，通过制度化的合作实现对移民入境人员信息的监测。其三，相关中介行业的疏忽或放任态度，给非法资金的流入创造了更大的空间。

1. 欧洲地区

（1）西班牙。2013 年 9 月 19 日，西班牙议会以第 14 号法律对《外国人在西班牙的权利与自由融入法》作出修订，正式通过了"购房移民"的新法律。这是西班牙首次以法律形式明确了购房投资移民的概念。根据此法规定，购买房产的投资移民申请者应在西班牙境内购买至少 50 万欧元的房产，同时在西班牙银行存入 3 万欧元作为生活保障金。对投资移民申请者的一般性管理，除了达到房产的购买价值金额，其他条件仅包括申请人为 18 周岁以上、提供健康体检证明及购买西班牙医疗保险；没有对申请者的年龄上限及学历、语言、经商背景提出相应的要求。

西班牙购房投资移民申请者应确保在 2 年的居住期间达到一定时长的居住要求。具体而言，在持有居留卡期间，申请者每年需在西班牙居住满 6 个月。申请者投资 10 万欧元以上的房产须至少持有 5 年后方可申请永久居民。根据西班牙法律规定，申请者若申请永久居留权与西班牙国籍，申请者及其家庭成员都必须实际生活在西班牙境内，申请永久居民时，申请者需要前 5 年每年住满半年，且 5 年内累计住满 4 年 2 个月。除了申请者本人可获得居留身份之外，其配偶及 18 周岁以下的子女都可以作为家庭成员同时获得居留权。同时，法律规定申请者在获得永久居民身份之前不可以出售房产，持有居留卡满 10 年方可申请加入西班牙国籍。

对于购买房产的投资移民者，西班牙政府把资金要求和投资者的专业技能要求放在同等地位上，并且可以用资金作为替代条件申请投资移民，这给大量非商业专业化人士提供了通过投资移民渠道进入西班牙的可能性。购买房产的投资方式简单，对投资者的商业能力欠缺法定要求，对资金的监管又没有开辟专门的渠道，宽松的政策使得购房投资移民推出后申请人数大量增长。自西班牙政府 2013 年颁布这一政策以来，截至 2017 年年底，共发放 2236 份"黄金居留"签证，累计获得超过 20 亿美元的资金，其中来自俄罗斯和中国的投资移民占据了 59.4% 的投资额。截至 2017 年 4 月，共 714 名中国申请者获得"黄金居留"签证，投资资金约 7.16 亿美元；俄罗斯投资移民则带来了将近 5.67 亿美元的资金。[1]

（2）葡萄牙。葡萄牙移民法律规定，购买建筑年限超过 30 年的或位于农村需要返修的价值在 35 万欧元以上的房产，或是在葡萄牙购买价值在 50 万欧元或以上的房产可获得居留权。

（3）希腊。根据希腊法律规定，申请者以私人身份或通过合法公司在希腊境内购买 25 万欧元的房产，进行等额投资至少 10 年或至少租用 10 年的酒店设施或翻新旅游产业，经过希腊政府认可和审核，申请者可以获得 5 年居

─────────────

〔1〕 "Spain Golden Visa", available at https://www.goldenvisas.com/spain, last visited on 2018-5-2.

留权。但是，希腊政府规定通过购买房产进行投资移民无法获得希腊护照，只能是以每 5 年续居留权的方式获得在希腊居住的权利。希腊政府对购买房产获得居留权申请者的商业背景、在希腊境内的居住时间和投资资金来源的合法性都没有作出要求。

希腊的购房投资移民政策有着很强的导向性：其一，目的是推动本国低迷的经济。在金融危机中，希腊首当其冲，加之国家本身经济实力并不十分雄厚，因此，国家整体经济受到明显影响，失业率居高不下。出台投资移民政策能够尽快吸引外资，拉动本国经济发展。其二，希腊购房投资移民政策是"黄金居留"签证的主要代表，其他欧洲地区国家随后出台的"黄金居留"签证，在规则细节上都有着很明显的相似性。这些购房获得居留权的政策都是针对非欧盟公民，以购买房产的方式，并强调拉动旅游业的发展，专门设立了针对旅游业的投资资金流入。其三，吸引高额投资者意图明显，对高额投资者给予了长期有效的居留权利。

（4）塞浦路斯。2009 年 2 月，塞浦路斯内务部颁布新移民条例，允许在塞浦路斯购置不少于 30 万欧元房产的非欧盟居民直接获得永久居民的身份，塞浦路斯这种通过投资当地房产即能获得护照的投资移民也被称为"黄金居留"签证。2016 年 9 月 13 日，塞浦路斯政府对投资移民项目要求作出修订。截至 2017 年 5 月 30 日，通过"黄金居留"签证，塞浦路斯政府在过去的一年中就已经累计获得了高达 40 亿美元的资金，这一数据占了塞浦路斯当年 1/4 的 GDP。获得塞浦路斯"黄金居留"签证的人群，俄罗斯公民占据了绝大多数，2016 年塞浦路斯发放了 2000 份投资移民护照，其中将近一半是俄罗斯公民。[1]"黄金居留"签证是塞浦路斯政府在当地房地产业濒临崩溃时推出的一项重要投资政策，显然收到了极好的效果，不仅给当地房地产业带来强大的推动力，也给本国经济打入了一支"强心针"。

塞浦路斯投资移民项目由内政部发布，对投资移民的投资标准、条件及惩处措施作出了规定。申请者若违反了相关条件和要求，即使符合投资要求也会面临撤销护照的处罚。购买房产的投资标准是申请人至少投资 200 万欧元购置房产或地产开发项目，包括住宅、商业用地或旅游用地及其他

---

〔1〕 "Golden Visa Program Raises ∈ 4 Billion", available at http://www.news.cyprus-property-buy-ers.com/2017/05/30/golden-visa-program-raises-e4-billion/id=00152496, last visited on 2018-3-12.

用地。需注意的是，通过这种方式购买房产的申请人还应提供一份投资计划，表明所购买的土地会投入使用，避免土地被购买后处于闲置状态。由此可见，塞浦路斯政府希望通过投资移民的流入，拉动房地产业及一系列产业的发展。

（5）马耳他。马耳他属于大陆法系国家，1964 年《宪法》是马耳他的最高法律，该法律对马耳他护照和移民作出了原则性规定。马耳他移民法律体系包括《公民身份法》《移民法》《难民法》《雇用和工业相关问题法》《收入税法》《高度职业化人群法规》《退休项目法规》，以及 2013 年《全球居留项目法规》、2014 年《居留项目法规》、2015 年《居留和签证规则》、2014 年《个人投资者项目法规》。除此之外，作为欧盟成员国，马耳他也遵行欧盟出台的移民法律规范。

马耳他以离岸金融的优势吸引了大量外资。投资移民方面，自 2013 年起马耳他政府基本每年都会发布新的投资移民法案，通过不同投资形式和方式以力图吸引更多的投资移民申请者和投资资金的到来。

与其他欧洲国家相似，马耳他投资移民项目也是面向非欧盟成员国和欧洲经济区成员国所发布的。马耳他永久居留可以通过两种投资移民项目获得——"2013 年全球居留"项目和"黄金居留"签证项目。"2013 年全球居留"项目要求包括：其一，投资者以工作签证居住在马耳他，申请者应满足工作签证的要求。但这种工作签证并不实际要求申请者在马耳他从事具体工作，只需要申请人持有工作执照。其二，申请者须在获得签证 12 个月内在马耳他购买或承租房产并每年缴纳 15 万欧元的税款。申请者所购买的房产价值在不同地区有不同的价格要求，最少应达到 25 万欧元。如果申请者是承租房产，则每年至少须达到 8.75 万欧元的租金。"黄金居留"签证是马耳他政府于 2015 年推出的投资移民项目，申请者条件包括：其一，申请者应年满 18 周岁，拥有有效旅行证件和覆盖全球的医疗保险；其二，申请者应履行 30 万欧元的捐赠；其三，申请者应证明拥有稳定的收入来源，能够满足其在马耳他的生活费用，不需要马耳他社会福利体系的帮助；其四，申请者必须证明在马耳他境外每年至少有 10 万欧元的收入或拥有至少 50 万欧元的净资产；其五，申请者还必须在马耳他购买不低于 27 万欧元价值的房产，或是承租一定价值的房产；其六，申请者须完成政府指定的 25 万欧元国债投资，在获得居留身份后至少持有 5 年。[1]

（6）拉脱维亚。拉脱维亚位于东北欧，属于经济发达国家，于 2004 年 5 月 1 日加入欧盟，2007 年 12 月 21 日成为申根公约成员国。拉脱维亚政府在 2010 年 7 月正式推出投资移民项目，允许外国人通过购买位于拉脱维亚境内的房产、投资拉脱维亚境内的公司、进行金融投资这三种方式获得拉脱维亚的居留权。实际上，2002 年拉脱维亚《移民法》就规定，允许外国人通过在拉脱维亚境内购买居所获得最高 5 年的居留权，5 年之后有权申请永久居留，10 年后可以申请加入拉脱维亚国籍。2010 年拉脱维亚政府引入投资移民法案及移民法修正案，删除了在申请永久居留权或护照时要求申请者在拉脱维亚境内实际居住的时间要求。拉脱维亚政府对申请者购买不同地区房产作出了不同的金额要求，如在首都里加购买的房产价值不能低于 18.8 万美元，在其他地区则不能低于 9.4 万美元。房产必须是从拉脱维亚公民或注册于拉脱维亚的法人、欧盟公民、拥有拉脱维亚永久居留权的人处购得，[2]排除了从外国人手中购买房产获得拉脱维亚投资移民身份的可能性。由于缺少对申请者实际居住时间与资金来源合法性说明的监管要求，拉脱维亚投资移民项目未能达到对投资移民申请者及资金的有效监管。2018 年欧盟对各国投资移民项目评估后发出的监管不力的警告名单中，拉脱维亚购房获得居留权的投资移民政策也位列其中。

（7）塞尔维亚。塞尔维亚购买房产投资移民的规定是，申请者购买至少价值 25 万欧元通过政府认证的房产并至少持有 5 年。

2. 加勒比地区

（1）圣基茨和尼维斯。圣基茨和尼维斯政府希望通过投资移民进一步推动房地产业发展，修订了投资移民法案，引入了购买房产获得投资移民身份的项目。要求申请者购买属于圣基茨和尼维斯政府指定项目的房产，这些项目由政府的投资移民部门公布。圣基茨和尼维斯投资移民的房产投资入籍方式，可分为独立产权和共有产权两类。独立产权类是指投资移民申请人至少

---

[1]　"The Regulator Individual Investor Programme", available at https://oriip.gov.mt/en/Pages/Home.aspx, last visited on 2018-3-12.

[2]　Global Legal Research Center, *Investor Visas August* 2013, available at http://www.loc.gov/law, last visited on 2019-11-10.

向圣基茨和尼维斯政府批准的房地产开发项目购买不低于 40 万美元的房产且须持有房产至少 5 年。共有产权类是指投资移民申请人每人至少投资 20 万美元购买共有产权房，所投资的房产本身价值不得低于 40 万美元并须持有共有产权房至少 7 年。

（2）安提瓜和巴布达。移民政策为指定房产项目投资。该项目要求申请者购买当地指定的房产且价值应为 40 万美元以上。申请者获得公民权和护照后必须仍然持有房产超过 5 年零 90 天，5 年内不允许投资者出售该房产。

（3）多米尼克。根据多米尼克《投资移民法》的规定，在投资房产入籍方式下，申请者须购买价值 20 万美元以上经多米尼克投资入籍局认可的房地产项目，申请者应至少持有房产 3 年不得转让；或以共同购买的申请方式，即两个申请人各投资 10 万美元。由多米尼克政府以内阁决议的方式决定哪些投资金额及项目符合"实质投资"标准并合乎投资移民计划资格。

（4）格林纳达。格林纳达政府于 2013 年 8 月 29 日通过《投资移民身份法》，该法第 15 条规定，申请人投资 15 万美元至格林纳达国家发展基金（NTF）或购买当地 35 万美元以上的房产，可获得格林纳达护照。

3. 亚洲地区

以韩国房产投资为例，申请者需投资 50 万美元或 5 亿韩元以上购买所规定的房产，可以获得韩国的居留权。所购房产应属于依据《建立济州特别自治道及开发国际自由城市的特别法》第 229 条的规定，获得道知事批准的开发区域内的房地产，以休养为目标的休养型度假公寓、度假村、家庭式旅店、别墅等停留设施。申请者取得居留权时，本人及配偶在韩国或海外还应拥有 3 亿韩元以上的财产。[1]

（四）投资行为第四类：投资国债、基金

这一投资移民方式为投资移民申请者通过购买一定数额的国债或基金获得移民身份，对移民申请者的背景一般不作要求，也没有对申请者的经商或管理经历的要求。在投资资金来源合法性的要求上，有些国家规定申请人应提供合法来源的说明，有些国家则未作要求。对购买国债和基金的金额，不少国家会规定多个档次，购买更高金额的申请人往往能够获得更多的优惠条

---

〔1〕《韩国济州岛投资移民政策》，载 http://fanwen. jianlimoban. net/837356/，最后访问日期：2018 年 2 月 10 日。

件，如不附加语言、年龄等一般性条件。有些国家会对购买国债和基金能够在一定期限内转让或进入二级市场作出明确规定，以此保证投资资金始终持有规定数额的证券或基金。

1. 匈牙利

2013 年 4 月，匈牙利政府在驻中国大使馆启动了购买国债获得匈牙利永久居留权的投资移民项目。项目首期在中国配额 1000 份，仅 7 个月就全部使用完毕。匈牙利对购买国债进行投资移民申请者的要求是，非欧盟居民投资25 万欧元（自 2015 年 1 月 1 日起上涨至 30 万欧元）购买匈牙利国家特别债券基金，投资期为 5 年，5 年后返还本金无利息；或者是投资者一次性支付15 万欧元但无返还。申请者还须作出承诺在第一次获得永久居留权的 45 天内还会购买同等价值的国债。通过购买国债，申请者可以直接获得永久居留权且没有其他移民法上的规定和限制。

事实上，匈牙利对购买国债投资移民申请者的监管力度非常弱，对投资移民申请者和资金来源都没有任何的调查措施或强制性要求。唯一的惩处措施是申请者若在获得居留权的 45 天内没有进行实际投资，会面临撤销身份的处罚。除此之外，对申请者的身份背景和投资资金来源再无其他监管手段和方式。

项目缺乏透明度、监管宽松且不对投资资金的来源进行审核，这无疑给腐败犯罪、有组织犯罪、金融犯罪等一系列犯罪活动打开了前往匈牙利的大门，因而饱受国内外批评。2017 年 4 月初，因匈牙利国内反对党认为投资移民签证与腐败犯罪紧密联系，匈牙利政府最终关停了投资移民项目。尽管如此，在 2018 年欧盟发出的投资移民监管不力警告名单中，匈牙利仍在其中，可见利用投资移民项目实施腐败及其他犯罪带来的负面影响并不会随着投资移民项目的结束在短期内就完全消失。

值得注意的是，匈牙利对投资移民的推动力一直走在世界前列。2018 年匈牙利一家名为 Ajax 的软件公司向世界呈现了一种最新型的投资移民方式，即护照币（Citizenship Coin），这种护照币是专门为投资移民产业而设计的，包括美国 EB-5 投资移民签证、加勒比地区投资移民护照都可以通用。根据研发者介绍，使用这种护照币能够让投资者立即实现对任何一种投资移民项目资金的支付。〔1〕同时，护照币不同于比特币，它具有稳定的汇率。现阶段，1护照币可兑换1欧元，并能够提供一次最大支付1亿欧元甚至更多的数额。护照币的交易遵循 KYC/AML 规则。〔2〕比特币等加密货币因其匿名性和去中心化的特点，是洗钱和黑市交易等违法行为的重灾区。交易平台作为兑换加密货币和资金流入市场的重要渠道，近年来受到了越来越多的关注和重视，不少国家监管机构要求其添加 KYC/AML 规则。这种新型的护照币的问世显然对投资移民监管提出了新的挑战，需要通过信息技术手段对使用电子货币交易获得投资移民身份的申请者进行有效监管，对资金来源合法性的鉴别和申请人身份真实性的甄别提出了新的要求。

2. 英国

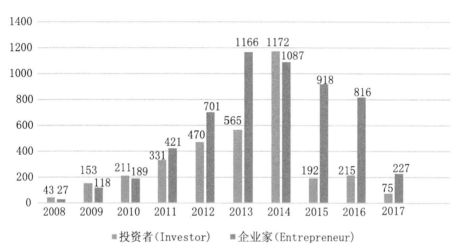

图 18　英国投资移民数据（2008—2017. 3. 31）〔3〕

〔1〕 Prabhu Balakrishan, "Citizenship Coin – A New Crypto Currency Launched", available at https://corpocrat. com/2018/04/04/citizenship-coin-cryptocurrency-launched-for-the-investment-migration-industry/, last visited on 2019-1-17.

〔2〕 KYC/AML 规则：1970 年，支持银行保密法（BSA）的立法委员强调，为了避免犯罪分子利用金融机构进行洗钱等行为，执法部门需要获取各金融机构的交易记录，因此他们要求银行提供所有交易中超过 1 万美元的存款、取款、现金兑换等交易报告；除此之外，银行还被要求了解客户的具体信息，并监督和报告他们的一切可疑行为。

〔3〕 Prabhu Balakrishan, "UK Tier1 Investor and Entrepreneur Visa Statistics", available at https://corpocrat. com/2017/06/16/uk-tier1-investor-and-entrepreneur-visa-statistics/, last visited on 2018-9-11.

相比于企业家投资移民，英国投资者签证在投资移民计分系统中，删除了对语言和居住时间的要求。投资移民申请者应拥有一定数额的资金，即 200 万英镑的资金，并将投资资金用于购买英国政府规定的金融产品，直接能够获得投资移民在移民计分系统中要求的分数（75 分）。投资标的包括英国政府债券、英国注册公司活跃的和可交易的股票资产和贷款资产；不允许投资的领域主要是房地产投资、房地产管理以及房地产开发的公司。一般而言，申请者首次获得 3 年 4 个月时长的居留，再次续居留是 2 年至 3 年时间。

2014 年英国政府对投资移民政策中的投资者签证进行修改，在 200 万英镑的投资方式中，要求 200 万英镑全额投资在指定的方式，比如国债、公司债、股票以及英国公司，取消之前投资额中 25% 可用于购房或定期存款的选择。此次修改法案，英国政府为了吸引高资产人士，又推出了针对高额投资者的项目：投资 500 万英镑或投资 1000 万英镑。这两个投资移民项目要求申请者从政府所认可的银行购买 500 万英镑或 1000 万英镑英国国债。

3. 爱尔兰

在爱尔兰，申请者须至少投资 100 万欧元的移民基金且至少持有 3 年。爱尔兰归化和移民服务局在官方网站上公布投资移民允许购买的移民基金。申请者持有的投资移民基金不允许进行任何的股票交易。对基金从业者的要求是，基金和基金经理人都应遵循爱尔兰中央银行所规定的行业准则。基金经理人必须已经拥有管理合规基金的记录，才能够作为投资移民基金的经理人。申请者持有基金 5 年之后，有权继续申请居留，应通过经理人或账户的交易信息提供证据，以证明在过去的 5 年间投资一直在进行中，否则都将面临居留权立即被撤销的处罚。

4. 圣卢西亚

加勒比地区的圣卢西亚规定，申请者购买 50 万美元无息政府债券，5 年之后偿还也可直接获得圣卢西亚护照。

5. 新加坡

新加坡要求通过基金进行的投资移民，申请者应至少投资 250 万新元至"全球投资者项目"所批准的一个基金，这个基金将会注资到一个新加坡政府持股的企业。通过这种方式，申请者只需投资法定资金数额而不需要满足其他投资移民方式中对经商的要求。

（五）投资行为第五类：现金捐赠

以现金捐赠进行投资移民是指投资移民申请者通过向移民流入国捐赠一定金额的资金，就能够获得投资移民的身份。这种投资移民方式以加勒比地区为代表，根据加勒比地区各个国家投资移民法的规定，申请者向指定的基金捐赠一定数额的美元，就可获得永久居留权或护照。

由于现金捐赠模式中投资行为以直接缴纳现金的方式出现，一旦移民流入国在投资移民立法规定中缺乏对资金来源及资金链的严苛审核，无疑会给贪腐及其他违法犯罪人员打开了转移非法资金、转换身份的便捷之门。因此，国际社会对通过现金捐赠即能获得护照的投资移民政策普遍持批评态度，强烈呼吁移民流入国应当加强对资金链的审核，达到谨慎审核的监管标准。

1. 欧洲地区

欧洲地区中有些国家实行现金捐赠获得投资移民身份的政策。如爱尔兰，投资移民申请者可通过一次性捐赠至少 50 万欧元获得投资移民身份。但是，爱尔兰政府对捐赠现金的领域有明确要求，须将资金捐赠于艺术、体育、健康、文化或教育等有助于爱尔兰公共设施发展的公益性行业。投资移民申请者不能通过这种捐赠获得任何回报，若是以 5 人以上的团体形式捐赠某一个特定项目，投资资金可以降至 40 万欧元。通过捐赠形式的投资，同时也要提供商业计划，主要阐述如何实施对公益项目的捐赠行为。[1]其他国家也有一些类似于现金捐赠的投资移民方式，如拉脱维亚的金融投资，投资移民申请者需至少存入 37.7 万美元至拉脱维亚的信用账户且 5 年内不得取出，申请者可获得居留权；塞尔维亚规定投资移民申请者至少向"政府发展"基金捐赠 10 万欧元。

2. 加勒比地区

在加勒比地区，数国都认可并实施现金捐赠投资移民的方式。而且，这一地区现金捐赠投资移民的要求数额偏低。特别是近两年，加勒比地区不少国家还推出了一系列的优惠措施，即降低资金要求门槛，扩大申请人家属范

---

〔1〕 "Immigration Investor Programme January 2018 Guidelines", available at http://www.inis.gov.ie/en/INIS/Immigrant%20Investor%20Programme%20（IIP）%20Guidelines.pdf/Files/Immigrant%20Investor%20Programme%20（IIP）%20Guidelines.pdf, last visited on 2018-5-9.

围，甚至取消了对附属申请人的年龄限制，[1]使得通过现金捐赠卷入非法资金和人员的可能性变得更大。

圣基茨和尼维斯近些年对投资移民政策修订频繁，修订方向集中体现为降低投资移民资金门槛，下调投资移民所需费用，扩大家庭附属人员年龄范围。根据圣基茨和尼维斯之前基金捐赠入籍的规定，申请者向圣基茨和尼维斯糖业多元化基金会（SIDF）至少捐款 25 万美元，可获得圣基茨和尼维斯国籍。2017 年 9 月，圣基茨和尼维斯政府推出"圣基茨和尼维斯国家援助基金"，申请人向此基金至少捐赠 15 万美元就能够以投资移民形式获得护照，降低了之前规定的 25 万美元的投资移民资金标准。"圣基茨和尼维斯国家援助基金"政策在 2018 年 3 月 31 日结束，圣基茨和尼维斯总理随后立即宣布将推出另一个名为"可持续发展基金"的优惠政策，自 2018 年 4 月 1 日开始实施，仍旧保持了 15 万美元的投资资金标准。2018 年 4 月 4 日，圣基茨和尼维斯移民局发布了 2018 年第 7 号法案，重新修订了圣基茨和尼维斯投资移民法律。[2]圣基茨和尼维斯政府通过新修订的法律，增加了房产投资的方式和可持续基金项目。从这些修订能够看出，圣基茨和尼维斯政府对吸引投资移民的意愿是非常强烈的，不断扩大投资移民的范围。但随着范围的扩大却未能配套以适当的尽职调查内容及程序，投资移民项目被贪腐犯罪或其他犯罪利用的可能性随之增大。

2013 年，安提瓜和巴布达政府公布了投资移民政策，并于 2014 年正式实施。投资移民项目规定，申请者通过现金捐献 20 万美元可直接申请加入安提瓜和巴布达国籍。2018 年 6 月，安提瓜和巴布达政府议会通过了一项重要决定，即申请者可以以比特币及其他电子货币的方式进行投资移民，这也使得

---

〔1〕　2019 年 5 月，格林纳达通过对《投资移民身份法》的修正案（CBI Amendment Act 3 of 2019），取消了对父母或祖父母申请的年龄限制；新增主申请人和配偶的未婚兄弟姐妹可以加入申请；不要求 18~30 岁子女必须在读，经济上不需要依赖于主申请人；正式确认购买政府授权房地产项目投资且持有 5 年后出售，可转让下一个投资者，后续买家同样可申请获得公民身份。取消永居卡，或将使用其他第二身份文件作为永居卡的代替。简化新生儿出生身份申请，法案直接规定在主申请人或配偶根据《投资移民身份法》获得公民身份后 12 个月内出生的子女可作为受养人随行。

〔2〕　《圣基茨投资移民》，载 http://www.carivisa.com/st-kitts-project，最后访问日期：2019 年 1 月 5 日。

安提瓜和巴布达成为国际社会中首个允许通过电子货币进行投资移民的国家。[1]

安提瓜和巴布达的现金捐赠投资移民规定为向安提瓜和巴布达国家发展基金（NDF）至少捐款 20 万美元以上。在加勒比国家推出投资移民优惠的大浪潮中，安提瓜和巴布达政府也没有落后。2017 年 10 月 17 日，安提瓜和巴布达政府宣布将捐赠投资移民的门槛下调至 10 万美元，以更低廉的投资移民资金力图吸引更多的外国移民申请者前来。

圣卢西亚政府于 2015 年 10 月 1 日颁布投资移民政策，2016 年 1 月 1 日正式生效。现金捐赠的投资移民政策规定申请人向圣卢西亚国家基金（NEF）捐赠，投资资金标准为单个申请人 10 万美元。2016 年圣卢西亚政府对投资移民法律作出修订，修订后的法律于 2017 年 1 月 1 日生效。修订的主要内容包括：删除了申请者须提交证明其至少拥有 300 万美元资产的要求，以及之前圣卢西亚投资移民委员会规定最多接收 500 名投资移民的数额限制，新增了购买政府国债的投资移民方式，进一步降低了对附属申请人投资资金的要求。[2]圣卢西亚政府对投资移民法律进行修订的目的非常明显，即进一步加强投资移民政策的吸引力，以更加多元化的方式和更为便捷的程序力图吸引更多的申请者前来。

加勒比地区的国家作为推行现金捐赠投资移民的典型代表，宽松的监管姿态及较为低廉的投资门槛使得投资移民政策在实践中暴露出了不少问题。不可否认的是，面对投资移民政策被不法人员利用的问题与困境，加勒比地区国家也在积极调整其监管手段与方式，如设立专门的主管机构以加强对投资申请者的背景核查。

（六）投资行为第六类：混合投资方式

混合投资方式一般是指一国政府公布的投资移民项目中同时包含多种投资方式，如设立企业、投资、购买债券等形式，投资移民主管机构允许申请

---

〔1〕 Prabhu Balakrishnan, "Antigua Becomes the First Country to Accept Bitcoin for Citizenship Scheme", available at https://corpocrat.com/2018/07/25/antigua-becomes-the-first-country-to-accept-bitcoin-for-citizenship-scheme/, last visited on 2019-1-10.

〔2〕 "2017 Changes to CIP Regulations, SAINT LUCIA", available at https://www.cipsaintlucia.com/files/Announcement%20re%20Changes%20to%20CIP%20Regulations%20Saint%20Lucia.pdf, last visited on 2019-1-5.

者同时选择多种投资方式，并达到投资资金的总体要求。

以塞浦路斯投资移民的混合投资方式为例，申请者可以通过购买债券、投资或设立公司这三种投资方式进行混合投资至少 200 万欧元。但是，其需购买指定的国家债券、政府债券且所购买的国债和债券不允许进入二级市场流通。

混合投资方式被视为投资移民目的国给投资移民申请者提供的更为灵活的投资方式，也符合许多经商、投资行为人的习惯，不把投资行为局限于单一的领域。混合投资方式不仅能够让申请者获得投资移民身份，从投资经商的角度来看，实际上对申请者提出了相对较高的经商能力要求。

二、审核的重大空白之处

（一）缺乏专业人员对投资行为及资金进行审核

笔者认为，对投资移民的管理与监测，除了一般性移民法律的管理外，针对投资移民涉及的资金流入现象，应形成配套的资金监管体系，并与投资移民流入国的资金流动与监管体系接轨。当前，多数国家并没有对投资移民的资金检查配备专业的机构和人员，只是通过一般移民主管机构完成对投资移民的审核，使得投资移民的审查体系未能实现严格核查的目的和效果。

尽管美国已经建立起相对完善的移民法律和相关执法体系，但不可否认的是，由于在审核机制中存在的漏洞以及未能够落实谨慎监管的标准，美国投资移民项目被贪腐、洗钱或其他犯罪分子利用的案例不在少数。美国政府宣称对 EB-5 投资移民签证有严格的审核和监管措施，但美国专业公共媒体（ProPublica）通过调查发现，投资移民审核程序根本没有达到政府所宣称的严格监管。美国哥伦比亚大学调查研究发现有来自哥伦比亚、中国、韩国、玻利维亚以及巴拿马的外逃人员利用了美国执法部门的松懈执法，以及移民法和金融法之间的监管漏洞，隐瞒非法资产的真实来源，以律师或亲属的名义成立信托基金或有限责任公司，从而在美国境内购买房产或投资。[1]

2015 年美国政府审计部门的调查官员提出，移民官员在进行 EB-5 投资

---

〔1〕　Kyra Gurney, "Suspected of Corruption at Home, Powerful Foreigners Find Refuge in the U. S.", available at https://www. propublica. org/article/corrupt-foreign-officials-find-refuge-in-united-states, last visited on 2018-3-25.

移民签证审理时，鉴别申请者资金的真实来源是非常困难的。[1]现实中，EB-5投资移民签证一旦和腐败、毒品、人口贩卖及其他犯罪活动产生联系，申请者必定有着强烈的隐藏资金真实来源的意图，从而隐匿资金来源细节或提供虚假材料。这对于移民官员而言，基本不可能承担对申请者的背景和资金来源进行详细调查的责任。根据法律规定，美国 EB-5 投资移民签证要求申请者以提交税单或银行文件的方式进行资金来源合法性说明，但是频发的案例显示现有监管措施无法达到谨慎监管的要求，如 2008 年韩国前总统全斗焕的儿媳和孙子，将全斗焕涉嫌贪污受贿的资产用于美国 EB-5 投资移民签证申请，8 个月后即获得附条件的美国绿卡。尽管在 2013 年受韩国检察官要求，美国司法部开展对全斗焕家族在美国财产的调查，并扣押了价值 120 万美元的资产，但仍然保留全斗焕儿媳和孙子的美国绿卡。可见，正是因为在审核机制和/或审核人员当中出现了漏洞或问题，使得涉腐败等犯罪的资产通过美国投资移民审核，获得签证。

2017 年 4 月美国联邦调查局（FBI）宣布，通过调查发现 3 名中国外逃人员通过 EB-5 投资移民签证获得美国绿卡，美国证监局称自 2013 年以来，针对虚假 EB-5 投资移民项目已经开展了数十次个案调查，涉及资金 1 亿美元，波及大约 2000 名投资移民申请者。

通过上述案例不难看出，美国投资移民的审核制度存在漏洞：首先，虽然美国政府已经建立了对投资资金的审核制度，但是当前的审核制度存在漏洞，对投资资金来源合法性无法落实谨慎监管标准，同时欠缺专业金融机构与人员承担审核职责，使得在审核体系中未能形成专业化标准以履行审核职责。其次，EB-5 投资移民制度中的区域中心项目存在管理真空地带，该项目利用了美国政府的松懈监管和执法，使得投资移民项目被贪腐及其他犯罪活动利用的可能性增大。区域中心项目的运作基本都需要通过中介公司进行，不少中介公司一方面利用美国政府希望引入外国资金的心理，另一方面利用移民申请者希望通过 EB-5 投资移民签证获得美国绿卡的心理，虚构投资项目，并利用海外投资者信息不对称的劣势，进行大量的广告宣传，力图吸引

---

[1] Kyra Gurney, "Suspected of Corruption at Home, Powerful Foreigners Find Refuge in the U. S.", available at https://www.propublica.org/article/corrupt-foreign-officials-find-refuge-in-united-states, last visited on 2018-3-25.

更多的移民申请者和资金，在获得资金后根本没有进行实质的建设和投入。最后，对投资移民申请者身份背景的审核未能达到尽职调查的标准，使得不少贪腐人员得以混杂其中。

"百名红通人员"第3号乔建军就是利用投资移民渠道外逃的典型个案。乔建军通过疯狂的非法敛财并向境外转移资产，几乎在全球各个颁布投资移民政策的国家或地区都留下了"印迹"。他逃亡或资产转移的国家和地区涉及亚洲的中国香港地区、新加坡，美洲的美国、加拿大、巴拿马、圣基茨和尼维斯、荷属圣马丁岛，欧洲的瑞士、奥地利、匈牙利、列支敦士登、塞浦路斯、瑞典。[1]2011年乔建军逃亡的第一站是美国。这是一次早就周密策划的出逃。2015年3月乔建军前妻赵世兰被美国警方拘捕，并被控以移民欺诈、洗钱等罪名。案件于美国时间2015年5月18日在洛杉矶联邦法院开庭。美国洛杉矶联邦检察官在起诉书中指出，赵世兰与乔建军通过洗钱在西雅图郊区购买了一栋住宅，两人用于洗钱的资金与其侵吞的公款有关。检方对赵世兰和乔建军控以EB-5投资移民欺诈，其关键就是无法证明资金来源。美国检方文件指出，赵世兰和乔建军在中国伪造了两家公司，用以掩盖投资移民的真实资金来源。而且两人当年在已离婚的情况下仍以夫妻身份申请移民，他们伪造了一个原来结婚时间的结婚证，利用虚假的结婚证获得了美国的移民资格，构成移民欺诈。[2]当时赵世兰和乔建军虽已离婚，但有大量共同利益，乔建军向海外转移的不少资产在赵世兰名下。在西雅图，赵世兰名下就有两套房产，赵世兰和乔建军通过利用谎称来自合法收入，但实际是乔建军贪污得来的资金购买房产的方式办理投资移民。多年来，他们转移到海外的赃款已经发现的就有上亿元人民币。[3]

面对乔建军精心搭建的外逃计划，中方选择的路径是采用异地追诉的方法，推动美方以移民欺诈和洗钱罪起诉乔建军、赵世兰。异地追诉需要本国能够提供达到他国刑事审判要求的证明材料，这对证据材料证明力的要求是

---

〔1〕《中国夫妻亡命7年，为脱罪用尽各种移民办法，最终栽在了移民路上》，载搜狐网：http://www.s-ohu.com/a/323019568_205938，最后访问日期：2019年1月2日。

〔2〕《"红色通缉令"3号人物乔建军前妻在美受审》，载人民网：http://politics.people.com.cn/n/2015/0519/c1001-27021356.html，最后访问日期：2019年4月5日。

〔3〕《〈红色通缉〉第四集〈携手〉》，载http://news.cctv.com/2019/01/13/ARTIFam1fIcNsuzW8tJyY6T0190113.shtml，最后访问日期：2019年4月2日。

比较高的。传统国际刑事司法合作——引渡的被请求方也会对请求方提供的证据材料进行审理，以确定被请求引渡的行为符合"双重犯罪原则"。但在引渡行为中，被请求方对证据材料的审理是一种"法律审"，这是指被请求方只是根据本国法律条文的规定对请求方提供的证据材料进行审理，确定依据本国法律是否构成犯罪，是否能够进行引渡，而不对材料本身所证明的行为进行审查，即只要求证据材料本身能够证明行为构成犯罪，而这也是异地追诉与引渡的最大差异。在异地追诉中，请求方提出的证据材料不仅要求根据对方国家的法律条款构成犯罪，同时应当符合证据材料证明的真实性，需要达到"行为审"的要求。换言之，异地追诉的开展需要请求方提出被请求方司法机关所能够接受并且能够在被请求方法庭审理中可以向法庭提交并被法官所采纳的证据。

通过中国政府对此案的持续推动，赵世兰已经在美国司法机关认罪服刑，而乔建军仍然在逃。根据新闻报道乔建军在瑞典被抓捕，中国对其追逃的脚步从未停下。那么，面对乔建军利用全球多个国家投资移民政策，在各地通过购买房产获得的多重国籍身份，我方应如何进一步开展追逃追赃工作？

首先，证据是首位。在国际刑事司法合作中，证据的重要性不可忽视。提供有效证据的基础应当是对被请求方的法律制度有深入的了解，根据他国法律条文的规定，积极有效地收集证据，而不是单纯地依照《中华人民共和国刑事诉讼法》（以下简称《刑事诉讼法》）的规定以寻找证据。例如，在美国进行的乔建军、赵世兰刑事诉讼案件中，针对他们二人通过欺诈方式获得投资移民身份，以及通过洗钱方式将非法资产转移至美国，我方提交的应当是依据美国《移民法》和《反洗钱法》构成犯罪行为的证据。我国相关部门应加强对各国引渡、刑事司法协助、移民法律制度的研究，应当更加重视对相关法律制度的深入了解与掌握，以在国际刑事司法合作中占据主动。

其次，就乔建军通过 EB-5 投资移民签证获得美国永久居留权而言，中美两国之间虽没有签订引渡协议，但签订了双边《刑事司法协助协定》，该协定同样也是开展双边司法合作的法律基础。我国司法机关以双边《刑事司法协助协定》为主，清晰阐明外逃人员涉嫌的罪名及处罚并附以证据材料。另外，面对乔建军在多国都有外逃经历的情形，追赃工作也不能放松。特别是针对乔建军在多国购买房产的行为，我国司法机关可向被请求国主管机关提供证据，证明房产是通过贪污犯罪所得资金进行购买，逐一要求对方撤销其移民身份。

最后，打击虚假投资移民需要各国基于互信建立通报与预警机制。事实上，乔建军多年间在多国申请了投资移民，拥有了不止一个国家的护照和永久居留权。从这点能够看出，多个国家对投资移民申请者和申请资金合法性的审查都有疏漏之处，而最为关键的一点是乔建军利用伪造的身份信息获得投资移民也正是因为各国之间缺乏信息的通报与沟通，未能在审核过程中对可能出现的问题及时与申请移民来源国进行互通，导致一名外逃人员获得了多个护照的结果。破解这一局面，应考虑从以下几点着手：①建设区域性的信息平台。在各国之间建立可疑投资移民信息通报，应当以区域性的信息平台为前提。特定区域内的国家，有着较类似的法律制度与经济状况，在投资移民审核中，若一国主管机关对申请人的信息产生怀疑时，应通过平台与区域内他国主管机关进行信息互通，以追查同一申请者是否申请过他国的投资移民，是否有触发预警机制的可能性。②应加大对税收信息和金融信息的收集力度并与移民管理实现接轨，在国内各主管机构之间建立合作机制，以确认资金实际所有者并加大对投资移民申请者身份信息的核实。

我们相信反腐败是全球各个国家的共识，任何一个国家和地区都不应成为腐败人员的"避风港"。尽管乔建军"充分利用"投资移民在世界各国精心准备了多处落脚点，但他贪污受贿的行为在各国都不会被接纳，利用投资移民获得的各国护照与居留权都将成为反加在他外逃途中的束缚，其最终会受到法律的惩处。

（二）未建有谨慎审核措施

谨慎审核是针对投资移民审核应达到的审查标准，这种标准应当结合本国法律的证明规则，确保申请材料的核实符合法定的标准。例如，根据加拿大移民法律规定，对投资移民的审核，应遵循以下几点原则[1]：其一，移民官员应适当地履行审核职责，即对申请材料中每一份证明材料都予以认真细致地审查；其二，移民官员实行案件个人负责制，但并不妨碍其向上级官员进行汇报与咨询；其三，对申请材料的审核不能受不相关事实的影响，移民官员有权在移民政策指导下行使一定的自由裁量权；其四，移民官员如果认

---

[1] Waldman Lorne, *Canadian Immigration and Refugee Protection Practices 2012*, Markham, LexisNexis Press, 2012, p. 100.

为不需要进行面试，则有责任对申请材料进行细致审查；其五，移民官员须在拒绝申请信中详细阐明拒绝的原因，以让申请人知悉；其六，判断申请者是否达到投资移民相关的经济要求，移民官员须同时考虑申请人是否达到所要求的最低分数，以及申请人是否已经拥有足够的资金；其七，如果在申请过程中，移民流入国的移民要求出现变化，应确保申请者得到新要求的通知，补充相关材料后再继续审核。

移民流入国应当对投资移民申请者建立全方位的审核机制，审核的范围应包括：其一，对涉及投资移民资金来源及申请人身份的证据材料的证明标准应适用民事诉讼的证明标准，对证据的要求应达到具有更高的或然性。而当移民官员发现证据材料有疑点时，应通过面对面的方式对申请者进行深入了解。其二，投资移民审核官员应适当履行审查的职责要求。通过加拿大法律对投资移民的审核原则能够看出，对材料的细致审核是基础性要求，也是达到谨慎监管的必然要求，从审核官员个人角度而言，应形成个人负责机制，一旦出现违法人员利用投资移民骗取身份的案例，应考虑对审核的官员进行适当的惩处。其三，监督机制的搭建。通过葡萄牙"黄金居留"签证导致全国范围内移民局腐败的案例能够看出，如果未建立有效的监督机制对负责签证审核官员的履职进行监督，很可能会造成移民流入国的内部腐败问题。由于申请者是外国人员，其对移民目的国法律机制并不十分了解，特别是在涉及贪腐或其他犯罪人员试图通过投资移民渠道转换身份时，更是会出现主动行贿、利用监管漏洞的局面。因此，对投资移民的审核官员应当考虑建立专门的监督机制，如交叉审核，有且应当有至少两名官员认为合格时才能签发投资移民签证。投资移民签证审核过程中应形成有效的监督机制，配合签证的上诉机制和复审程序，确保审核权力没有被滥用。

（三）忽略移民相关行业的监督与报告职责

投资移民流入国往往忽略了移民相关中介行业的监管，未将对中介从业人员的监管纳入国家整体制度且缺乏相关的法律惩处机制，导致中介从业人员忽视或放任不履行报告义务，给贪腐人员留下了更大的空间。英国4频道制作了一个纪录片，俄罗斯一名卧底人员通过伪装成高净值买主在英国购买不动产，以办理投资移民。英国的房产经纪在了解到卧底人员购买英国房产的资产可能涉嫌盗窃和贪污时，却采取了放任不管的态度，根本没有履行本应承担的报告义务。[1]尽管英国《犯罪收益追缴法》规定了中介相关人员的报告行为，但在实践中，由于缺乏监督制度和惩罚机制，使得规定往往流于形式。因此，对于移民相关行业，如中介行业的报告与履职也应并入移民管理体系，对中介形成有效的监督。

<h2 style="text-align:center">第二节　审核机制之二：对直接获得永久
居民身份或护照的管理与要求</h2>

一、监管主要内容

直接获得移民流入国永久居民身份或护照的投资移民政策，使得投资移民申请者能够快捷地获得永久居留权或第二个护照，完成身份转换。但是由于不少国家在实施直接获得永久居留权或护照的投资移民政策时，未能建立配套的监管机制，导致移民流入国对投资移民申请者监管留有漏洞，这种监管漏洞往往是多方面、多角度的，包括未能对资金来源合法性作出强制性规定，未能对申请者的身份背景进行调查核实，未达到谨慎监管的标准，在投资移民制度中缺乏透明度管理的要求，政府未能及时公开投资移民申请者的相关信息，未能建立对可疑投资移民申请者的通报机制。这些漏洞经常被不法人员利用。

2018 年欧盟针对地区内多个国家实行的直接获得永久居民身份或护照的投资移民政策发出警告，点名批评了 8 个国家未能在投资移民政策中达到谨慎监管的标准，这其中就有奥地利政府的投资移民政策。奥地利投资移民政策规定，对奥地利经济作出重大贡献的企业家可适用奥地利入籍法律的例外性规定，不需要满足在奥地利境内连续 10 年的居留要求就能获得护照。再如，2016 年塞尔维亚政府实施的投资移民项目，申请者通过现金捐赠、购买房产及经商投资都能够直接获得塞尔维亚的护照，但塞尔维亚政府对投资移民申请者的审核和商业活动的监管却没有配备专门的监管措施。

---

[1] "Transparency International Raises Corruption Concerns Over Tier 1 Investor Visas", available at https://www.ein.org.uk/news/transparency-international-raises-corruption-concerns-over-tier-1-investor-visas, last visited on 2018-6-2.

　　投资移民制度的实质是通过商业活动推动本地经济发展，赋予申请者永久居留权和居民身份与开展商业活动并没有实质性的联系。一般而言，开展商业活动与投资移民的联系是阶段性的。事实上，现行投资移民政策基本无法从长效上对投资移民人员和资金进行有效监督，移民流入国政府难以出台有效措施以确保投资移民的资金始终都用于投资行为。因此，从保障居留权与投资活动相联系的角度而言，笔者认为，对投资移民申请者授予阶段性居留权是较为合适的选择。

　　加勒比地区国家是实施投资移民获得护照的典型代表，基本上加勒比地区所有实行投资移民政策的国家都可以直接获得永久居民身份或护照。例如，圣基茨和尼维斯对投资移民申请者取得永久居民身份或护照没有居住时长的要求，对投资移民项目的监管只体现在对资金流入的核实，这造成了监管空白。这一宽松的监管姿态也促使获得永久居民身份或护照的投资移民人数增长迅速。当然，投资移民也给圣基茨和尼维斯的经济发展带来了显著的推动力。2013 年，圣基茨和尼维斯依靠投资移民的资金流入，当年 GDP 上升了近 25%。2014 年，圣基茨和尼维斯政府宣布，全国已从长达 4 年的经济下滑中走出，当年 GDP 增长了 6%。[1] 自 1984 年开放投资移民项目以来，圣基茨和尼维斯共授予了 16 000 多个永久居民身份。2018 年，圣基茨和尼维斯共收到超过 2000 份的投资移民申请，高于过去四年申请数量的总和。[2] 高增长率说明投资移民政策受到了广泛的关注，之所以收获高关注度是与圣基茨和尼维斯投资移民政策实施低廉资金门槛、宽松监管姿态密不可分的。尽管圣基茨和尼维斯政府在近年来对投资移民申请者加强了监管力度，但是由于在立法上缺乏对商业活动的技术性规范以及对申请者在境内实际居住时间的要求，硬性设计的缺陷仍难以依靠后期监管措施予以完全弥补。

　　再看加勒比地区其他国家的投资移民法律规定。依据格林纳达《投资移民身份法》的规定，申请者可以选择通过投资直接获得公民权或永久居留权。申请者获得永久居留权后必须在格林纳达至少居住 14 天，并在获得永久居留

---

　　〔1〕 Judith Gold, Ahmed EL-Ashram, "A Passport of Convenience", available at https：//www. imf. o-rg/external/pubs/ft/fandd/2015/12/gold. htm, last visited on 2018-5-2.

　　〔2〕《圣基茨移民：2018 年 CIP 申请量已超过去 4 年总和》，载 https：//mp. weixin. qq. com/s/Ee-CYFjLa4rDKTyCwbiqkug，最后访问日期：2018 年 5 月 20 日。

权的 1 年后提出护照申请。[1]圣卢西亚法律规定，申请者通过投资能直接获
得该国公民身份和护照。由此可以看出，加勒比地区实施直接获得护照或永
久居留权的投资移民政策，对申请者在流入国境内居住时间的要求颇为宽松，
甚至在有些情形下，申请者只要在其原居住国或国籍国就能够完成投资移民
程序并获得护照。从对移民申请者的实际管理角度来看，由于移民申请者缺
少在流入国的实际居住时间，移民流入国和流出国都难以发挥对移民人群的
有效监管。

为吸引海外企业家、高级管理人员和投资商等商业人才到澳大利亚创办
新的企业、参与现有企业的管理或者进行投资活动，澳大利亚也推行直接获
得永久居民身份的投资移民项目。通过澳大利亚政府设立的商业人才永居签
证 [Business Talent (permanent)，即 132 签证]，申请者能够直接获得 5 年永
居民身份的签证。条件是申请者年龄应小于 55 周岁，有州或地区政府的担保
提名，申请人通过在线提交移民意向书（EOI）获得移民邀请。

132 商业人才永居签证又分为两个类别：重要经商历史类签证（The
Signifi-cant Business History Stream Visa）和风险资本企业家类签证（The Ven-
ture Capital Entrepreneur Stream Visa）。

重要经商历史类签证主要指申请者是企业主、股东、高级管理人员，打
算在澳大利亚建立新的企业或者经营管理已有的企业。获得该签证的要求包
括：一是申请者有成功的经商业绩；二是申请者没有参与不可接受的商业活
动；三是申请者真实地希望拥有和管理澳大利亚企业。除一般性要求以外，
还需要申请者本人、配偶或者与配偶一起，在过去 4 个财政年度里至少有 2
年净资产不少于 40 万澳元或家庭资产总值不少于 150 万澳元，并且在获得签
证后的 2 年里合法地转移到澳大利亚境内；在过去的 4 个财政年度中至少有 2
年企业的年营业额不少于 300 万澳元。对申请者在企业中所占股份的比例要
求是，在年营业额少于 40 万澳元的企业中占有 51% 的股份，在年营业额高于
40 万澳元的企业中占有 30% 的股份或在上市公司中占有 10% 的股份。风险资
本企业家指那些在澳大利亚创办企业、开发产品、实现高价值的商业规划，

---

[1] "2013 Grenada Citizenship by Investment Act 15", available at http://www.cbi.gov.gd/wp-con-
tent/uploads/2015/05/Act_No._15_of_2013_Grenada_Citizenship_by_Investment_Act1.pdf, last visited on
2018-5-20.

已经从澳大利亚风险投资公司获得至少 100 万澳元风险资金的申请者。

澳大利亚直接获得永久居留权的投资移民政策是针对高额投资者的优惠举措。笔者认为，既然向高额投资者提供了更为优惠的条件，相对应地也应当建立更为严格的配套监管机制，针对高额投资更需着重加强对资金来源和申请者入境后商业活动的审核和监管。对资金来源的强化监管应体现为对高额投资者建立更为严密的资金来源说明要求，并对转账方式作出限制性规定，只允许直接转账的方式。主管机构需每年对申请者入境后的商业活动实施审核，避免申请者单纯通过资金换取身份，也切实落实投资移民带动移民流入国经济发展的目标。

二、制度设计中存在的漏洞

加勒比地区国家以及欧洲地区的塞浦路斯、马耳他都是实行通过投资移民直接获取永久居民身份或护照的代表性国家。上述这些国家有一个共同的特征，即多为离岸金融地，奉行银行信息绝对保密原则。凭借离岸金融的隐蔽性与投资移民政策的便捷性，申请者能够通过投入资金或购买房产等简单的投资方式获得护照，但移民流入国却缺乏相对完善和严密的审核机制对申请者的身份进行核实，使得投资移民项目容易被贪腐或其他犯罪人员利用。

（一）缺乏对申请人身份背景的严密核查

以加勒比地区的格林纳达为例，该国的投资移民政策开始于 20 世纪 90 年代，但在 "9·11" 恐怖袭击发生后一度暂停了投资移民项目。一部分原因是格林纳达政府担心通过投资移民项目可能会将护照 "卖给" 恐怖分子、身份欺诈人员，或是牵涉政府的腐败行为。另一部分原因则是当时格林纳达被经济合作与发展组织 （Organization for Economic Co-operation and Development, OECD） 列入打击洗钱犯罪的 "不合作黑名单"。2002 年格林纳达政府关停投资移民项目，通过加大国内反洗钱力度及一系列调整措施后，才从 "不合作黑名单" 上被撤下。

2013 年格林纳达政府重开投资移民项目。为避免重蹈覆辙，格林纳达政府重新出台了《投资移民身份法》，该法律规定了投资移民的申请程序、对投资移民的背景审核、经济计划审理等，规定只接受获得政府邀请函的投资移民申请者，以保证投资移民切实促进格林纳达的经济发展，给格林纳达居民创造工作机会。格林纳达政府审核后才会发放投资移民邀请函，以甄别申请人员的方式降低投资移民被犯罪利用的可能性。

然而，如何落实身份背景核查是投资移民流入国，特别是加勒比地区国家在实施投资移民入籍政策实践中面临的重要问题。对于加勒比地区国家以及欧洲地区一些小国家而言，由于国家面积小、经济总量小，投资移民所带来的外来资金能够在短时期内显著地推动本国经济的增长，因而移民流入国对投资移民政策寄予了较高的期望，希望以更为优惠的投资价格与条件吸引更多的投资者与投资资金，从而通过投资移民更好地带动本国经济的发展。从对移民申请者进行审查与监管的角度而言，这些国家会形成较为宽松的监管姿态，导致投资移民政策被不法人员所利用。

"百名红通人员"第 39 号付耀波、第 41 号张清曌涉及用贪腐资金办理了格林纳达的投资移民，但最终二人是在未与我国建交的圣文森特和格林纳丁斯被抓获，这两名"红通人员"的归案代表着一种新的追逃方式，那就是在未建交的情况下，以国际组织或国际公约的共同成员义务促成双方之间的合作。本案以国际刑警组织成员国为切入口，通过国际警务合作成功实现追逃。付耀波、张清曌二人之所以能够成为国际警务成功合作执法的对象，其法律依据如下：首先，外逃人员以身份欺诈方式申请投资移民，依靠非法方式获得投资移民。根据格林纳达《投资移民身份法》第 8 条第 3 款的规定，申请人进行投资移民申请时须如实提供信息，任何虚假信息都将导致最终被剥夺格林纳达永久居民身份或护照。[1]事实上，付耀波、张清曌二人在国内实施贪污犯罪期间，已经做好外逃的充分准备。根据新闻公开资料，他们先后曾两次申请投资移民，最终获得格林纳达护照。[2]二人申请投资移民时没有如实表明身为国家公职人员，涉嫌骗取了格林纳达投资移民身份。而从格林纳达政府对投资移民申请者的审核来看，其显然未能尽到对申请者身份背景严格审核的职能。因此，加强对申请者的审查，主管机构应当更加积极地承担职责，主动对申请者进行交叉审查，不能仅依赖第三方机构进行背景审查。同时，移民流入国主管机构在对申请者资料产生疑问时，应强制性要求与申

---

〔1〕 "2013 Grenada Citizenship by Investment Act 15", available at http://www.cbi. gov. gd/wp-content/uploads/2015/05/Act_No. _15_of_2013_Grenada_Citizenship_by_Investment_Act1. pdf, last visited on 2018-5-20.

〔2〕《天涯海角的煎熬——"百名红通人员"付耀波、张清曌忏悔录》，载 http://fanfu. people. c-om. cn/n1/2016/0711/c64371-28541720. html，最后访问日期：2018 年 6 月 4 日。

请者进行面谈，加大对家属身份背景核查的力度，并与移民流出国主管机构进行信息沟通。

其次，申请投资移民资金的来源非法，就会埋下非法身份的"隐患"。尽管格林纳达投资移民法律并没有明文规定投资移民申请须提交资金来源的证明，但是，格林纳达政府于2015年4月1日加入了《联合国反腐败公约》。作为公约的缔约国，[1]格林纳达政府就应承担打击腐败犯罪及拒绝腐败分子入境的公约义务。从法律的效力上来看，一国所签署国际条约的效力高于本国国内法律。因此，尽管格林纳达《投资移民法》没有明确规定申请者应当提供资金来源合法性的证明，但只要出现贪腐人员涉嫌使用非法资金申请投资移民或已经获得投资移民身份，格林纳达政府就应当履行《联合国反腐败公约》的义务，拒绝给予贪腐人员移民身份或吊销已经获得的移民身份。本案正是基于中格双方都是《联合国反腐败公约》的成员国，共同履行反腐败义务，格林纳达政府与我国警务机关进行了合作，对二人具体行踪的追踪提供了有效的协助与帮助。

最后，我国境外追逃不断开辟新思路，警务合作开创新模式。信息化、科技化、全球化的飞速发展，外逃人员及违法犯罪不断出现的新情况、新形势、新问题，给我国境外追逃追赃提出了更多的挑战和困难。我国执法机关需不断调整思路，通过多元化的角度和层面，开展国际刑事司法合作，挤压外逃人员的生存空间，最终形成外逃人员难以在国外生存的环境，迫使其主动放弃已经取得的境外身份，接受劝返或被遣返的结局。对于付耀波、张清曌二人外逃至一个尚未与我国建交的国家，我国境外追逃打开了全新的思路与方式，善用国际公约与国际组织的成员国义务，通过外交、法律多个层面进行合作，最终实现了对付耀波、张清曌二人的抓捕。

（二）未能积极承担国际公约义务

塞浦路斯的经济以服务业、旅游业为主要支撑。同时，依靠大量投资移民资金流的刺激，房产业也成为当地的一个重要经济支柱。塞浦路斯是欧盟成员国，持有塞浦路斯护照就意味着可以在欧盟成员国内自由往来，对其他成员国的安全、社会秩序也会产生影响，加之欧洲地区各国因"黄金居留"

---

〔1〕 "Signature and Ratification Status", available at http://www.unodc.org/unodc/en/corruption/ratification-status.html, last visited on 2018-6-28.

签证宽松的监管态度引发的诸多问题，欧盟也逐渐开始重视并强调加强对投资移民护照的审核和监管。欧盟对塞浦路斯实施的申请者直接获得护照的投资移民政策给予了极大关注。欧盟认为投资移民政策不仅仅是一国内政问题，移民问题是国际社会所共同面临的问题，应该由相关国际组织机构与国内共同加强监管。2018 年 10 月 OECD 发布报告，将塞浦路斯投资移民项目列入黑名单。OECD 解释，一个经营投资移民项目的国家如果为纳税人的离岸金融账户提供低于 10% 的个人所得税税率却不要求纳税人在该辖区长期（至少 90 天）居住，这类项目便会带来偷逃税风险。[1]

强化对投资移民项目的透明度管理，不能单纯将其作为一国内政问题来对待，不能过于单边化地处理投资移民问题，这是各国政府所需有的态度。各个国家应当积极履行《联合国反腐败公约》《联合国打击跨国有组织犯罪公约》等国际公约及区域性的义务，将国际公约、多边公约转换为国内法。之所以如欧盟、OECD 等组织会对各国投资移民政策一再关注，正源于投资移民政策在实践中出现被腐败犯罪、有组织犯罪等利用的问题。由于投资移民涉及跨国，甚至是多个国家间情形，就更加需要各国政府及打击腐败犯罪的主管机关能够建立起全面合作的关系，以共同合作的态度面对腐败犯罪。尤其对投资移民流入国而言，不能因为投资资金的流入就将其他法律问题束之高阁，需积极承担打击腐败犯罪的国际义务，不给任何贪腐人员建立腐败犯罪的"避风港"。

第三节　审核机制之三：对投资移民者入境后的管理与监督

一、审核对象与要求

（一）对投资行为的评估

对投资行为的评估是指移民流入国规定投资移民申请者在一定期限内进行投资及经商行为应达到相应的要求。在一定期限后，由主管机构对投资或经商行为进行评估，以确认投资移民者在这一时间段是否达到了规定的投资

---

〔1〕《塞浦路斯投资移民项目被 OECD 列入黑名单》，载 http://www.mofcom.gov.cn/article/i/jyjl/m/201810/20181002798619.shtml，最后访问日期：2019 年 1 月 2 日。

要求，是否能够获得永久居民身份或护照。近些年，一些国家对投资移民的政策调整出现了一种趋势，即对于高额、超高额的投资者，不再需要遵循一定期限的投资要求，只要投资者符合高额或超高额的投资资金要求，就能够享有特殊的待遇，不需要对投资行为进行评估而能够直接获得永久居民身份或护照。

1. 美国

投资移民转为申请永久居民是美国 EB-5 投资移民签证第二阶段的审核，这在一阶段中主要可分为两方面的审核：一是对投资行为的审核，二是从移民法层面审核申请人是否符合移民法律法规的相关规定。

首先，申请者需满足专门针对投资移民的要求，投资经营行为是否达到美国移民局的规定要求，主要考察 2 年期限届满时，企业是否正常运营，是否成功创造工作机会或是等值经济效益，区域中心项目是否成功。未通过 EB-5 投资移民规定投资要求的审核是指在投资移民申请者 2 年期满后，经营行为未获得美国移民局的认可。如果投资移民在 2 年期满后，审核未通过，则申请人丧失永久居民的身份，必须在签证规定的时间内自动离开美国国境。否则，美国移民局根据法律规定可采取措施，即驱逐出境。从美国法律体系来讲，驱逐出境并不是一种刑罚方式，而是属于民事程序。驱逐出境的适用目的明确，即将行为对象驱逐出美国国境。驱逐出境的适用对象是非美国公民，包括已经获得合法永久居民身份的人员。驱逐出境主要是针对非美国公民出现了非法入境，或是违反了美国的移民监管条件。《移民与国籍法》列出了五大类应驱逐出境的情形：①属于不予入境人员或是违反调整身份的要求；②犯有某类犯罪，构成被驱逐出境的犯罪包括缺乏良好道德品行的犯罪、重罪，以及其他由《移民与国籍法》规定的特殊犯罪，例如第 237（a）(2)（A）(iv) 条规定，非美国公民因违反某些管制条例，如使用毒品和大麻而被驱逐；③没有履行登记义务或是提交相关文件，依据美国《移民与国籍法》第 265 条规定，所有非美国公民，包括永久居民都必须要在住所变更 10 天之内向移民机构报告，否则构成被驱逐的理由，特别是在 9 · 11 事件后，美国移民主管部门十分重视非美国公民的追踪与登记；④加入恐怖组织或是其他威胁国家安全的组织；⑤其他原因，如由于政府的错误导致申请人最终获得了永久居留的资格，这种资格不被认为是"合法的"，也不能够申请加入美国国籍。需要注意的是，不同于美国其他联邦法规，美国《移民与国籍法》频繁承认溯及力的适用，例如，即使被驱逐对象在实施某一行为时，该行为并未被列为驱逐出境的事由，在新的法律条款生效后，可以适用事后法，将其驱逐出境。犯罪行为是被驱逐出境的主要原因，其中涉及毒品犯罪与违反移民法律的行为是主要的违法犯罪类型。但是，因犯罪行为被驱逐出境必须基于定罪判决，且是终审定罪。根据美国《移民与国籍法》修正案规定，认定移民犯罪的有罪判决须具备两个要素：①法官或陪审团认为有罪，或是行为人进行辩诉交易程序、认罪或是已有足够的证据，发布逮捕令；②法官已宣布某一类型的惩罚、刑罚或是限制行为人自由。

其次，申请者同样需要满足移民局对所有移民的统一要求，不能出现违反移民局监管要求的情形，主要是指申请者应在美国境内连续居住和拥有良好道德品行两项要求。其一，在美国境内连续居住是指申请者连续地实际居留在美国，不包括在美国境外的时间。申请者以永久居民身份维持连续居住状态，在此期间如果离开美国的时间超过 6 个月，但仍然希望维持永久居民身份时，需要证明离开这段时间，申请者有继续在美国居住、工作或与美国维系关系，如纳税。如果离开美国的时间超过 1 年，在大部分情况下，申请者需要重新开始建立在美国连续居住的时间，才能够被认可有"连续居住的状态"。其二，申请人应拥有良好的道德品行。缺乏良好道德品行的行为包括：喝酒开车或经常酗酒，非法赌博，嫖妓，欺诈以获得更多移民福利，没有支付法院命令的子女赡养费，恐怖分子的行为，因为某人的种族、宗教、国籍、政治意见或社会团体而对其加以迫害。《移民与国籍法》第 237（a）(2)（A）条规定，因缺乏良好道德品行犯罪是指，在入境美国 5 年内犯有可能被判处 1 年或以上的有期徒刑，或是在任何时间内两次或以上犯有缺乏良好道德品行的行为。[1]

2. 加拿大

在联邦投资移民政策暂停之前，加拿大联邦政府对投资移民的审核规定了区别于一般移民的特殊要求。根据加拿大联邦投资移民之前的要求，投资移民申请永久居民须具有经商经验，拥有一定数额的净资产且有在运营中的合格的商业企业。

---

[1] David Weissbrodt, Laura Danielson, *Immigration Law and Procedure in a Nutshell*, 6th Edition, West Acadevnie Publishing, 2011, p. 283.

通过加拿大省提名项目申请永久居民的申请者，应依据联邦与省签订协议中的具体标准执行，并同时排除依据《移民及难民保护法》规定属于不予入境人员，或达到省协议中永久居民的标准。省提名项目若单独规定了申请者在加拿大独立生活资金的标准，除非有另外规定，申请人有权对因未达到资金标准而被拒绝永久居民申请提出上诉。

加拿大移民主管官员在对申请者进行永久居民身份审核时，应在《移民及难民保护法》规定的范围内执行权力并确保审核程序公正。程序公正体现为以下几点要求：一是申请人能够获得评估报告，这是指申请人在审核中应有充分的机会以面对不利于其的评估；二是要求申请者澄清错误，若签证官员认为申请材料有明显错误应及时通知申请人，并给予其机会进行材料补交；三是确实的证据，签证官员应根据申请者提交的签证材料进行审理，如认为应拒绝签证，需要有切实证据支持拒绝签证的决定；四是告知，应及时告知申请人审核的结果；五是翻译权，在申请过程中若有任何的面试或其他听证会程序，申请者都有权获得翻译，以保障自身权利。

3. 德国

投资移民申请者以注册法人签证的身份获得 3 年居留权后，有权申请德国永久居留权，即无时间限制的居留。外国人办公室负责对自雇类投资移民进行审核，依据德国《移民法》第 21 条（Selbständige Tätigkeit），满足以下三点的自主经营者（企业主或自由职业者）可获准得到居留许可：其一，符合德国国家经济利益或地区性的特别需求；其二，公司业务预计会对经济带来积极影响；其三，能通过自有资本或贷款保障企业所需资金。另外，对投资移民申请审核的考虑因素还包括申请者是否具有专业的商业背景及商业经验、申请者在德国进行商业活动的可持续能力，以及所为商业活动投资的资金总额。

对一般移民而言，德国《移民法》规定，允许持有永久居留许可者进行工作。新《移民法》第 9 条（Niederlassungserlaubnis）规定了获得永久居留的前提，其中最重要的几项条件为：其一，申请者在德国持有长期居留许许可满 5 年；其二，申请者应确保生活有保障，本人和家人都有足够的生存空间；其三，申请者须已缴纳 60 个月的社会保险费；其四，申请者拥有经济活动（工作）许可；其五，对德语有一定的认识，对德国法律和社会秩序以及在德国的生活有基本的认识。

4. 爱沙尼亚

投资移民申请者通过签证审核，可以获得爱沙尼亚 5 年的居留卡，在此期间内开展相关企业经营和生活。5 年期满后，爱沙尼亚政府将对申请者的企业运行状态进行审核，若企业每年能够产生至少 20 万欧元的价值，或企业雇员支付相当于爱沙尼亚居民年度工资的 5 倍，申请者有权在 5 年期满后申请永久居留。申请永久居留时，投资移民申请者除了达到经商企业的运行要求之外，还须符合一般性的移民规定，包括申请者须持有有效的居留许可，有真实的收入以确保生活，拥有健康保险，爱沙尼亚语水平达到流利程度，经营的企业登记在爱沙尼亚政府系统中。依据爱沙尼亚政府的规定，本国公民和外国移民都应当在爱沙尼亚"人口登记处"进行个人身份信息登记以确保政府能够掌握实时信息，同时也方便申请人办理各项政府业务。"人口登记处"是爱沙尼亚内政部建立的人口信息数据库。[1]数据库对政府机构开放，也部分对社会公众开放，个人也可以在官网上查询本人的相关信息。

5. 俄罗斯

根据俄罗斯《公民身份法》的规定，投资移民可以获得 5 年的居留权。投资移民申请者若申请俄罗斯联邦护照，须向俄罗斯内政部提交申请，申请材料包括证明在提交护照申请 3 年之前的公司经营状况和盈利水平的材料，这些材料应包括证明主管部门出具的公司整体业绩报告、俄罗斯证券局出具的业绩报告以体现公司的盈利状况、缴税能力等，通过购买保险对俄罗斯联邦退休基金作出贡献。

6. 澳大利亚

澳大利亚政府对投资移民申请永久居留规定了特殊的审核要求，并分为一般投资移民和特殊投资移民两类。对一般投资移民者，转为永久居民需符合下列条件：一是 188 签证申请者须在 4 年的时间期限内确保在澳大利亚境内正常经营公司，并且公司须达到一定数额的营业额。这就意味着并不是所有维持经营的企业都能符合审查的要求，体现出澳大利亚政府要求投资移民申请者进行有质量的经营。二是申请者应当在经营的公司中承担一定的管理职责，须主动积极地参与企业管理，避免出现只投入资金而没有真正经营能

---

[1] "Population Register", available at https://www.siseministeerium. ee/en/population-register, last visited on 2018-6-8.

力的投资移民申请者。对特殊投资移民者，即澳大利亚政府 2015 年推出的重大投资者签证和卓越投资者签证，这两类签证持有者可以直接获得永久居民身份，并不需要从有期限的居留权转为永久居民。但需要注意的是，澳大利亚政府推出重大投资者和卓越投资者项目有较为明确的规定，更加注重高额投资者对澳大利亚经济的推动力。针对最高额卓越投资者的名额极少，并且这类签证申请有前置性条件，只有获得澳大利亚政府认可的投资者才可以申请该类签证。

（二）对投资资金的管理

对投资资金的管理构成投资移民长效管理机制的一部分。根据不同的投资方式，投资移民流入国对投资资金规定了不同的管理模式，如购置房产，移民流入国一般会要求投资者至少持有房产达到一定时间，在这一阶段内不得转让房产所有权，甚至不得租赁。通过具体投资或经商行为进行投资的模式，移民流入国一般依据投资移民申请者在一定阶段内是否完成了所要求的投资行为，其企业产值是否达标，是否创造或保留了一定数量的工作职位作为投资资金管理的方式。可以说，对投资资金的管理是保证投资移民真正推动移民流入国经济发展的重要内容，只有保证了对投资资金的监测，才能够落实对投资移民申请者入境的有效管理。但在实践中，是否能够有效落实对投资资金的管理要求，是各国对投资移民的一个管理难点。也正是不少资金监管漏洞的存在，才导致各国投资移民渠道被违法犯罪人员频频利用。特别是现金捐赠这一种投资移民形式，一旦对资金来源和转账方式没有建立严密的监管体系，就难以实现避免贪腐及其他非法资金入境的目的。

根据多米尼克投资移民法律的规定，只有申请人将投资资金打入不可撤回的托管账户，房产项目已经依照规定进行，才能授予公民身份。对撤销身份的处罚也主要集中在资金管理方面，如果资金转账被认定无效或没有支付相关费用，申请者将面临撤销身份的处罚。投资移民法律对资金监管的"着力点"显然是在投资移民程序的"后半段"，即资金是否到位、是否实际进入多米尼克境内，而对申请资金的"前半段"，即是否依据移民流出国法律进行转移、资金来源是否合法，基本无所涉及。

新加坡对投资移民资金管理的规定是，投资移民者申请通过后，获得 6 个月时效的居留，6 个月内申请者应启动投资行为并将资金汇入新加坡；对资金转账的要求是投资移民资金只能从申请者名下在新加坡注册的银行账户进行汇款。

（三）对居住时间的规定

投资移民及其他移民在移民流入国居住时间的要求也被俗称为"移民监"。移民申请者应当满足在移民流入国居住满一定时间的要求。移民流入国通过对居住时间强制性的规定，一方面能够保证投资移民者或其他移民者在移民流入国确实具备生活能力，特别是投资移民者需要在当地实际生活一段时间，才能进行具体的经商和投资活动以实现促进当地经济发展的目的；另一方面也是出于移民融入的要求，通过强制性规定一定期限的居住时间，帮助移民者融入当地的生活。从国家管理层面来看，无论是对投资移民者还是一般移民者，规定一定时长的居住时间都是一种有效且必需的管理方式，对移民者制定一定的居住时间要求，才能够切实实现对移民者的基本管理。但在实践中，从投资移民申请者选择投资移民流入国的角度，是否对投资移民者规定有一定要求的居住时长，也成为投资移民申请者考虑的重要因素。例如欧洲地区的西班牙和葡萄牙，这两个国家的经济、社会、地理因素具有较高的相似度，都推行通过购置房产获得一定期限居留权的"黄金居留"签证政策。对于投资移民申请者居住时间的规定，葡萄牙显得十分宽松，只需要投资移民申请者1年中居住数天即可达到要求。与此相比，西班牙的"黄金居留"签证要求申请者1年中需居住满6个月。因此，有分析认为正是这一宽松要求，使得许多投资移民申请者在对西班牙和葡萄牙进行比较时，大多选择了要求宽松的葡萄牙。综上所述，对居住时间的规定主要分为以下两种：

1. 有一定居住时间的强制性要求

依据加拿大《移民及难民保护法》的规定，为保持永久居民身份，永久居民须在5年内至少在加拿大境内居住703天，若获得永久居民身份未满5年，则应确保遵守法律规定的居住要求。

英国《移民法》规定，Tier 1类别签证的投资移民申请者申请永久居留，应当满足以下几点要求：其一，应没有任何被英国拒绝入境或是非法入境的情形；其二，已经在英国连续居住满5年，但是对于符合高额投资活动要求，且创造了达到门槛要求工作职位的申请者，可以将居住要求降至3年；其三，企业家类别的申请者应在特定的投资和商业活动中达到至少75分，投资者类别的申请者应符合一定资产或者资金要求，达到至少75分；其四，申请者都应当具有流利的英语水平；其五，通过 LIFE IN THE UK 官方考试。[1]

根据英国《移民法》的规定，申请英国国籍应达到以下要求：其一，申请人年满 18 周岁；其二，申请人有继续在英国生活，或继续在英国皇家机构工作，继续在英国为成员国的国际组织工作，或是继续在建立在英国境内的公司或组织工作的意愿；其三，须通过 LIFE IN THE UK 官方考试且达到一定要求的英语水平；其四，申请人应拥有良好品格；其五，申请人已达到居住年限要求，即至少在英国已经生活了 5 年，在 5 年内没有在英国境外停留超过 450 天，在 5 年中的最近连续 12 个月内没有在英国境外停留超过 90 天；其六，至少在最近的 12 个月内已经获得并拥有英国的永久居留权；其七，申请人须在 5 年内没有违反任何英国移民法律的情形。[2]

新加坡的永久居留权需要每 3 年或 5 年进行一次更新。3 年更新时申请人须达到投资移民的要求，即已在新加坡建立了商业实体。从第 3 年起，目标增聘不少于 5 名员工，建立商业实体雇用员工中持新加坡国籍的员工应不少于 5 名，并且全年的商业经费支出额至少达到 200 万新元；或者申请人或其附属家人 3 年中一半以上时间应在新加坡居住。5 年更新的要求是申请人应同时符合上述两项要求，并且申请人或附属申请人 5 年中一半以上时间都应在新加坡居住。[3]

根据日本《入国籍管理法》的规定，通过投资移民途径无法获得日本护照，只能通过连续成功经营企业以获得居留权并在一定年限后获得永久居留权。永久居留权申请者必须在日本连续居住 10 年以上，同时必须要有 5 年以上的参加工作和纳税的记录并且没有任何违法记录。

2. 对居住时间欠缺强制性要求或要求偏低

对于投资移民，特别是一些处于经济低谷期或不是绝对发达的国家，往往采用宽松管理的姿态，以求能够吸引到更多的投资移民和投资资金。因此，对投资移民，特别是通过购买房产、现金捐赠或高额投资的移民者，往往没

---

〔1〕 "Entrepreneur Visa（Tier 1）", available at https://www.gov.uk/tier-1-entrepreneur, last visited on 2018-4-2.

〔2〕 "Check If You Can Become a British Citizen", available at https://www.gov.uk/british-citizenship, last visited on 2018-4-2.

〔3〕 "Global Investor Programme", available at https://www.contactsingapore.sg/en/investors-business-owners/invest-in-singapore/global-investor-programme,, last visited on 2018-5-2.

有规定严苛的居住时间要求，这种管理模式一方面给高净值的投资移民者创造了更多的便利条件；另一方面，无疑也给企图利用投资移民的违法犯罪人员制造了更多监管漏洞。

葡萄牙投资移民申请者获得"黄金居留"签证后有权在葡萄牙生活和工作，取得居留权后第 1 年须在葡萄牙累计居住至少 7 天，接下来的每 2 年中累计居住至少 14 天。申请者首次签发可获得 1 年期居留身份，1 年后满足居住要求可再换取 2 年居留身份，2 年期满后满足居住要求可再续签 2 年。持有居留身份 5 年后可以申请永久居民身份，持有居留身份满 6 年可申请加入葡萄牙国籍。[1]

依据俄罗斯《公民身份法》的规定，俄罗斯的投资移民申请等须在俄罗斯境内实际开展投资活动，通过投资有效活动可以获得有期限的居留权。5 年之后达到一定条件可以申请俄罗斯护照，即申请者在持有居留许可的情形下连续在俄罗斯居住 5 年没有发生间断。但是，俄罗斯《公民身份法》也作了一个例外性规定：如果申请人属于对俄罗斯联邦有特殊贡献的人群，可以不考虑《公民身份法》中获得俄罗斯护照的一般性条件和程序性规定，从而直接获得公民身份和护照。

匈牙利政府实施的投资移民政策是缺乏对申请者实际居住时间监管的典型。根据匈牙利移民法律的规定，申请者要获得长期居留必须实际生活在匈牙利，在第一个 5 年内没有连续超过 6 个月的时间离开匈牙利。然而，欧盟区域内畅通的旅行自由，出入境不需要口岸检查盖章，使得移民主管机构对申请者是否连续实际生活在一个国家内进行监测面临巨大困难。

匈牙利投资移民项目颁布后，匈牙利议会分别在 2013 年 11 月和 2014 年 11 月通过修正案对投资移民法案进行了修订。第一个修正案删除了申请者须在匈牙利实际居住的义务，但要求申请者在移民程序中提交一个法律誓言，誓言须由申请者阐明没有实际在匈牙利居住是具有合理理由的。但这种材料显然无法从移民法律整体管理角度得出有效结论，因为申请者只要提交一份誓言就可以免受一般移民管理的要求。主管机构也没有作出任何实际性说明为什么就只有投资移民申请者没有在匈牙利实际居住是合理的。第二个修正

---

〔1〕 2020 年 3 月 31 日葡萄牙政府通过第 2 号法律，对《外国人法》第 75 条进行修改，自 2020 年 4 月 1 日起，将"黄金居留"签证第一次获得居留的时间由 1 年改为 2 年。

案进一步剥离了投资人的国籍、在匈牙利实际居住、投资行为与直接申请永久居留权之间的关系。等同于进一步放宽了投资移民的监管要求，使得没有在匈牙利实际生活的人群也能够通过购买国债的投资获得永久居留权，如一名生活在新加坡的中国公民也通过匈牙利的投资移民项目获得了匈牙利的永久居住权。[1]2016 年匈牙利议会再次通过对移民法律的修订，通过修订扩大了家庭成员的范围，删除了申请永久居留权应实际在匈牙利居住 6 个月以上的规定，并且进一步缩短了对移民资料审核的时间。

巴西《移民法》第 14 条规定了投资移民的居留期限，对于以居住为目的进行投资或是从事经济、社会、科学、技术或文化相关活动的人员，给予一定期限的居留身份，投资移民申请者可以获得最长 5 年的长期居留许可，但对申请者没有实际居住时间的强制性要求。

澳大利亚对高额投资者设定了非常低的居住时间要求，对卓越投资者则没有居住时间的要求。在投资期间届满，即 12 个月后，这两类申请者就有权申请永久居留。获得永久居留后，澳大利亚移民主管机构对申请者资金存放与商业活动没有再规定具体的要求。可以说，这种单纯为吸引高额投资者的立法设计无疑是有缺陷的：一方面，以高额资金替代对申请者的商业背景和移民背景的要求；另一方面，从长远来看并没有任何机制能够确保这些投资移民和投资资金能够始终用于在澳大利亚本地的商业经营，促进澳大利亚经济的发展。

二、投资移民法律监管与其他法律制度的衔接

投资移民政策是一国结合其社会、经济状况所出台的特殊移民方式，这一政策的本意是实现财富在全球的良性流动，但某些国家投资移民政策中的管理漏洞以及宽松监管姿态，使得不少违法犯罪人员利用投资移民转移非法财产并转化身份。笔者认为，落实投资移民政策的监管很重要的一点即能够将投资移民制度与本国监管法律制度相衔接，减少法律制度之间的监管空白。设立投资移民制度并不是要制造一个监管真空，而是需要与其他法律制度相互交织，相互完善，真正引入高素质、专业化的投资移民。

---

[1] Boldizsar Nagy, *In Whose Interest? Shadows over the Hungarian Residency Bond Program*, Investment Migration Council, Transparency International Hungary, 2016, p. 36.

（一）长效监管机制的建立

对投资移民流入国而言，实现对投资移民的长效监管是重点但同时也是难点。通过前文对各国投资移民法律制度及政策的介绍与分析，能够看出大多数国家对投资移民的监管着重于签证审核阶段，尤其是不少国家将监管重点放在投资移民资金的流入及到位情况，而对投资移民申请者本人及入境后的资金和投资行为并不重视，也没有投入应有的监管资源与配套的监管制度，导致不少投资移民者"移民不移居"或并没有真正地融入当地社会，未能促进当地经济发展，更有移民身份欺诈者在获得身份后，通过洗钱的方式再次将投资资金转移出境或从事违法犯罪活动。

例如，澳大利亚在近些年对投资移民政策作出的修订主要体现在通过宽松的条件吸引高额或超高额投资者前来，设立了重大投资者签证和卓越投资者签证，其目的显然是为了推动澳大利亚经济的发展。但是，由于这两项签证都免除了其他签证的一般性要求，不需要经过签证计分系统评分，没有分数要求就可以获得签证，甚至对签证申请者都没有设定最低的英语水平和居住时间的要求。对此，有澳大利亚政府官员表示，这些投资移民项目未能达到其目的，并没有给澳大利亚地区的经济带来良好的影响而是很大可能沦为洗钱工具。[1]澳大利亚政府经济委员会（Productivity Commission）表示，对投资移民带来的经济效益，其中70%的投资移民在获得签证后的确在澳大利亚经商投资而剩余的30%则无法得知。[2]

又如加拿大各个省都建立了相对独立的投资移民计划与选择标准，以确保投资移民更好地适应本省的生活，确实给本省经济带来发展力。作为经济发达国家，加拿大对投资移民的审核总体而言比较严格，通过率不高，审核主要是从投资移民经济发展力的角度进行，评估申请者经商投资活动持续性的效果，希望投资移民具有推动经济发展的长期良性影响力，并不是申请者只要投入资金就可以获得签证。

---

〔1〕 Stefan Postles, "Department of Immigration and Border Protection's Lack of Preparedness on Organized Crime", available at https://www. thesaturdaypaper. com. au/news/immigration/2016/09/24/department-immigration-and-border-protections-lack-preparedness, last visited on 2018-3-29.

〔2〕 Stefan Postles, "Department of Immigration and Border Protection's Lack of Preparedness on Organized Crime", available at https://www. thesaturdaypaper. com. au/news/immigration/2016/09/24/department-immigration-and-border-protections-lack-preparedness, last visited on 2018-3-29.

笔者认为，实现对投资移民申请者在入境后的长效监管是十分重要的。通过对投资资金和投资行为规定长期性的要求并进行有效管理，以排除虚假或不合格的投资移民申请者在获得投资移民身份后就不再实际进行投资或经商活动。那么，如何落实对投资移民的长效监管？笔者认为，需从以下几方面进行考虑：

首先，这一长效监管机制应当充分与移民流入国的法律机制、其他监管机制相结合，否则无实际支撑制度的监管，无从落实只是空谈。这种结合与衔接，应当体现在设计投资移民政策时就不应当制造管理真空，如不对投资移民者设定一定的居住时间要求，不要求投资移民者掌握基本的语言能力等等，而应当遵循移民流入国对一般性移民管理的要求。

其次，把握好对投资资金的管理。设立投资移民政策时应对投资移民者资金建立专门账户进行管理。专门的资金管理账户其实在不少设有投资移民制度的国家已经存在，但目前，专门账户的主要目的是着重于资金入境的状况。笔者认为，应考虑进一步扩大专门账户的管理范围，不仅是确认资金是否有效入境，还应当在投资移民整个长效监管期内，都能够承担起资产托管人的角色，类似于澳大利亚对犯罪收益的追缴制度中的专门管理账户。当然，投资移民资金账户的托管并不是为了获取利益/收益，而是确保资金在整个监管期都是可追踪的，能够清晰地掌握资金的运作与流向。

再次，落实对投资移民及资金的长效监管，移民流入国政府应建立专门的主管机构，通过主管机构充分调动资源与条件对投资移民及资金进行长期有效的跟踪与管理，一旦发现投资移民人员出现可疑情形或违法情形，及时与其他执法部门进行沟通处理。主管机构的建立应具有专业性，因为主管机构工作人员需要经常应对投资移民实践中的资金往来、金融交易等问题。主管机构工作人员应主要来自于移民流入国的移民部门和金融监管部门，便于同时实现对移民进行管理和对资金流动进行监测与分析的目的。

最后，为确保对投资移民的长效监管，投资移民政策中至少应规定一定时期的投资活动，并且这一时期不能够过于短暂。考虑到投资与经商行为需要一定的阶段才能开展，长效监管的时间可以考虑设为 10 年。在 10 年期限内，投资移民申请者都应当接受当地政府的严格监管。在购买房产获得居留权的项目中，房产持有的时间应当直接与获得居留权的时间相挂钩。从反腐败与反洗钱的角度出发，考虑到房产交易容易成为洗钱的一种常用方式，我国还应在国际社会发出呼吁，不提倡实施通过购买房产能够直接获得护照的投资移民政策。

（二）投资移民法律与反洗钱法律的衔接

投资移民法律与反洗钱法律的衔接是对投资资金的审核与移民流入国的反洗钱监管相结合。投资移民主管机关应当与反洗钱监管部门、金融机构建立合作机制，形成常态化的审查机制，在签证审核、资金入境时和入境后都能对资金的运作和流动进行密切监管。这也是移民流入国对投资移民申请者实现入境时和入境后管理衔接的一部分。

结合投资移民资金监管与反洗钱，下文将对数国投资移民法律与反洗钱法律进行概括性介绍与分析，并提出完善投资移民资金监管的法律建议。

加拿大于 1989 年修正了《刑法典》，规定了洗钱罪和占有犯罪财产罪。2000 年加拿大出台了《犯罪收益（洗钱）法》。2001 年通过的 C-24 议案再次修正了《刑法典》，对 1989 年列举的上游犯罪范围予以延伸，也扩大了对于犯罪财产和犯罪收益进行查封、扣押、没收的范围。2001 年通过的《反恐法案》（Bill-C36）修正了《刑法典》《犯罪收益（洗钱）法》等，并将法案更名为《犯罪收益（洗钱）和恐怖融资法案》，[1]并在同年出台了《犯罪收益（洗钱）可疑交易报告规则》，对金融机构和非金融机构对可疑交易报告进行规范。加拿大的反洗钱法律具有以下几个特征：首先，适用范围较为广泛。2000 年《犯罪收益（洗钱）法》规定，其所管辖的对象包括银行（包括外国）、省级立法管理的信用合作社、信用联盟、《合作信用协会法》管理的协会、人寿公司（包括外国）、信贷公司、省级立法管理的信托、贷款公司、证券资产管理和投资咨询的证券交易从业人员、外币交易从业人员、赌场以及依据法律规定，在部长建议下，总督认为应纳入管辖的法人和个人。能够看出，加拿大同样重视对非传统金融机构的反洗钱信息监测与数据收集，如人寿公司、赌场，都属于《犯罪收益（洗钱）法》的管辖范围。其次，建立完备的金融情报机制。依据加拿大反洗钱法律的规定，加拿大的金融情报中心与警方、税务部门、安全情报局及公民和移民部都建立了常态化的联系机制，能够及时依据洗钱线索通报信息，形成不同部门之间的有效联动。同时，基

---

〔1〕　何萍：《加拿大反洗钱机制及对我国的启示》，载《2008 年度上海市社会科学界第六届学术年会论文集（政治·法律·社会科学卷）》，第 441 页。

于全球化发展与洗钱犯罪的跨国跨境特征，加拿大政府认识到有效打击洗钱须通过国际的紧密合作，金融情报中心不仅在国内建立了便利的沟通渠道与平台，也积极与国际组织以及其他国家开展合作。最后，加拿大国内法律的修订与国际社会的最新发展保持一致，如汇报未遂的可疑交易及要求律师、会计、娱乐场、房产商承担反洗钱义务的规定达到了国际社会对反洗钱立法的最高要求。

新加坡拥有优越的地理位置和便利的交通，是重要的金融中心，这也使得不少金融犯罪活动将新加坡作为中转通道。新加坡政府始终秉持严密法治国家的理念，对金融犯罪保持高压打击态势，重视反洗钱工作。《贪污、毒品交易和其他严重犯罪（没收犯罪收益）法》和《打击恐怖融资法》是新加坡反洗钱、反恐怖融资基本法律，共规定了 424 种严重犯罪为洗钱上游犯罪，涵盖反洗钱金融行动特别工作组（FATF）指定的 21 个犯罪类别，明确了可疑交易报告法定义务，行业监管部门也分别制定了本行业反洗钱、反恐怖融资规定。在离岸金融活动方面，新加坡法律值得注意的几点特征如下：首先，正因新加坡特殊的地理位置优势，洗钱风险主要来自于境外，对此，新加坡反洗钱法律出台了大量防范外来非法资金流入的法规与操作细则，力图在源头上遏制洗钱资金的流入。其次，强调对"空壳公司"的谨慎调查态度。新加坡《银行预防洗钱公告》第 4.17 条对"空壳公司"作出专门规定，要求银行在与空壳公司进行业务往来时，应考虑到可能的洗钱风险，必须谨慎进行。该公告要求银行获得受益人的充分身份证明，并以"了解你的客户"为准则，保证对客户身份的调查与了解。并且，针对一些高风险的客户群体，公告要求银行进行加强型客户尽职调查，如政治公众人物、高风险群体、任何来自或处于反洗钱金融行动特别工作组特别关注的国家或地区的客户、所有人结构异常复杂的法人或法人结构安排。最后，新加坡对洗钱上游犯罪的定义范围较为广泛。新加坡政府不仅将税务犯罪作为洗钱的上游犯罪，而且在打击跨境偷漏税犯罪方面加强国际合作，积极加强税务信息共享。[1]广泛的洗钱上游犯罪类型以及法律适用范围为预防和打击各种洗钱犯罪提供了法律依据。

马耳他也是离岸金融中心，政府对反洗钱的打击直到 1988 年才启动。目前，1994 年《反洗钱法》是马耳他反洗钱法律体系的核心，2003 年马耳他政

---

〔1〕 于娉：《新加坡银行业反洗钱实践与经验借鉴》，载《金融纵横》2016 年第 11 期。

府出台了《反洗钱法》修正案，进一步规定了金融机构对人员识别、记录保存和报告等程序事项。作为离岸金融市场的典型，马耳他还颁布了1994年《专业人员保密法》。这一法案明确规定了相关专业人员的保密义务和法律免责情形，包括律师、公证、审计、会计、信托、金融和信用机构人员、股票经纪人及承担相关业务的人员都属于法律免责的范围，除非法律有例外性规定。

葡萄牙移民法律规定，投资移民申请者应提交符合国际要求的有效转账证明、创造工作职位方式的证明材料，以及对合法获得的资产进行有效转账的证明。值得注意的是，对于购买房产的投资方式，葡萄牙法律并没有专门规定申请人应提交相关证明材料以表明投资资金是合法财产，只是对不同形式、不同类别房产的购买方式作出了规定。换言之，这些投资移民监管的重点都体现在资金是否确实入境，是否确实依照国内法律规定的时间和数量进行了核实，而没有对资产来源的合法性进行法律鉴别。显然，葡萄牙的"黄金居留"签证是投资移民管理与国内法律监管体制，特别是反洗钱法律没有实现衔接的典型代表，无疑是提高了涉及犯罪资产以购买房产形式流入葡萄牙境内并获得居留权的可能性。

根据英国政府的测评，英国目前的反洗钱系统在监测体系、执行效果以及私人领域中的报告义务方面都存在空白。投资移民很重要的一步就是进行资金转移，移出国和流入国都应当建有相应的监管体系便于对资金的移出和移入进行有效监管。流入国，承担着对流入资金进行监控的最后一环的责任，防止非法资金流入，避免本国成为犯罪分子的"避罪天堂"。英国反洗钱立法规定于2002年《犯罪收益追缴法》，其中对涉及洗钱的不申报、泄露行为进行了规定，将不申报的人群分为受管理的行业、受管理的行业的人员及其他指定人员。从立法规定来看，反洗钱申报所涵盖的人群广泛，不是单纯从行业上对人员申报义务进行规定，而是细化至个人的行为实质，只要所从事的业务可能涉及洗钱，就纳入法律的管辖范围。需要注意的是，尽管英国对金融行业设立了反洗钱规则与申报义务，相关行业却没有履行对投资移民进行资金审查和资金核实的职责。2002—2005年这一阶段的投资移民资金未经英国银行及其他金融机构，包括政府在内的任何调查就流入英国，成了投资移民监管的重大漏洞。

韩国允许投资移民申请者通过购买房产获得居留权，房地产业本身就容易与洗钱相牵连，加之在房产投资中没有资金来源合法性的法律强制性说明。对投资唯一的证明条件就是资金汇入的金融机构应符合韩国央行的规定，使得韩国投资移民在反洗钱监管方面存在漏洞。韩国《金融交易报告法》和《犯罪收益法》是反洗钱领域的主要法律。《金融交易报告法》规定，上报机构指银行、互助储蓄金融企业及其联盟、社会信用合作社、信托公司、证券公司、证券融资公司、经纪公司、股票交易机构、资产管理公司、保险公司、邮政政府机构、期权公司及总统令规定的其他金融交易机构。金融交易是指受实名制和保密法规范的金融交易、期权交易，以及其他由总统令规定的金融交易。由此可见，尽管房产经纪公司承担反洗钱报告的义务，但是移民法却没有对投资资金来源合法性的法定要求，使得投资移民法律规范与反洗钱法无法有效衔接从而留下监管漏洞。

阿根廷国内对反洗钱的监管并不十分严格，如房产等大额金融交易往往是通过现金完成的，[1]存在着较为明显的金融与反洗钱监管空白。相类似的投资移民政策如拉脱维亚的金融投资，这一投资移民方式要求投资移民申请者将一定数额的资金存入拉脱维亚政府指定的账户即完成投资行为。这种投资移民制度对资金及申请者的审核既不能与本国其他法律制度相衔接，又无法达到国际社会中对投资移民透明度以及审核监管的要求。无疑，从立法设计上看，这些投资移民制度就留下了监管空白处。对于投资资金与反洗钱的监管衔接，笔者认为，应从以下几点进行完善以减少监管空白：

第一，实现对投资资金的全程监管，移民流入国对投资资金的监管不能仅限于资金入境和资金到位的情况，而应当扩展至全过程。入境前，即对资金来源合法性作出强制性规定，对资金来源合法性的证明标准应当与本国法律对相关来源性证明标准相一致；入境时，对资金来源是否按照投资移民的资金要求按时、按数额要求打入专门的资金管理账户；入境后，在投资移民申请者到达移民目的国之后，应当同样适用本国的反洗钱法律监管，对整个投资过程，即上文所建议的，至少在一个较长的时间段内如10年内的资金交易进行监管，以防止资金并没有实际用于投资、经商行为，甚至是进行违法金融交易。

---

[1] "How to Move to Argentina", available at https://immiguides.com/immigration-guides/argentina/, last visited on 2018-4-3.

第二，鉴于不少国家都有购买房产获得居留权的投资移民政策，而不动产交易又是可能涉及洗钱犯罪的高风险领域，因此对于投资移民涉及不动产交易的，移民流入国应当考虑建立一个中介白名单。只有指定的中介机构，即经流入国主管机构认可的中介机构才能够进行涉及投资移民的房产交易。这就需要移民流入国的主管机构从中介行业的监管入手，要求中介行业的从业人员履行相关的审查和报告义务，在出现可疑交易时，及时向主管机构或执法机关报告。

第三，从移民主管人员的反洗钱专业能力入手，提高专业化的审查和管理能力。提高移民主管人员的反洗钱监管能力，一方面，可以考虑在移民主管机构中加入反洗钱的专业人员；另一方面，也可以考虑加强对移民主管人员的反洗钱培训，通过定期或阶段性的培训，加强移民主管人员对资金来源和流动的审查能力。

第四，形成移民主管部门与金融机构及其他相关执法部门的合作机制，参考加拿大的金融情报中心与警方、税务部门、安全情报局及公民和移民部之间的常态化联系机制，通过各部门间的合作机制形成立体化的监管，减少移民与国内反洗钱法律的监管空白。

（三）投资移民项目的透明度管理

投资移民项目的透明度管理指投资移民流入国的主管机构应当向社会公众定期公布投资移民的相关信息。最为基本的信息包括申请者的相关身份信息、资金信息、对资金的开支信息及投资状况；对于购买债券、基金进行投资移民的，还应公开发行基金及证券公司的基本资料。

美国政府在每个财政年度都会公布包括投资移民在内的相关移民数据，涉及申请数量、发放签证、永久居留及护照数量、投资移民申请者来源地，同时还会公布批准新建的"区域中心"项目名单，基本实现了基础性的投资移民透明度，但美国政府投资移民信息公布内容并没有涉及申请者的身份信息。

匈牙利政府以购买国债形式推出的投资移民项目则被一些国际组织（如国际货币基金组织）认为完全缺乏透明度。在匈牙利的投资移民制度中，销售匈牙利国债的公司都是离岸金融地注册的公司，公司实际受益人也未向社会公众公开。在投资移民项目推出不到 3 年的时间内，其中 3 家销售国债基金的公司的执照都被撤销了，原因是没有履行在申请者首次获得居留的 45 天内再次进行等额销售国债的义务。公司被撤销后对购买国债投资人的监管更是无从展开。

　　匈牙利国债投资移民项目是申请者购买匈牙利议会指定公司的债券便可直接获得永久居留权。债券公司在申请过程中承担了中介机构的角色。这种设计在立法和监管上都出现诸多漏洞：首先，销售国债的基金公司脱离了匈牙利国内法律体系的有效监管。事实上，投资者所购买的并不是匈牙利国家债券，而是一些离岸公司（如注册在马耳他、开曼群岛、列支敦士登）发行的外国债券。国际组织调查研究发现，匈牙利国债投资移民项目完全没有达到促进匈牙利经济发展的目的，也没有给匈牙利创造任何的工作职位。真正通过匈牙利国债投资移民项目获利的是项目背后的离岸公司。这些离岸公司利用地理上的优势，充当了投资者和匈牙利国债管理机构之间的中间人，它们收取了异常高的服务费，并获得了难以准确计算的高数值的金融利润。[1]一方面，投资者无法享受到匈牙利国内和欧盟法律的保护；另一方面，匈牙利国内也没有得到任何的经济利益和推动力。这是典型地脱离了正常金融监管制度的投资移民政策。其次，尽管匈牙利政府认为，政府并不是完全没有对国债投资移民项目实施监管，匈牙利议会负责对销售国债的基金公司进行审核，只有通过审核的公司才能够销售投资移民国债。但是在匈牙利议会2013年最终通过的决定中，对销售国债的基金公司只是作出了概括性的规定，规定销售公司应遵守相关法律制度，却没有专门配套的反洗钱措施或是防止逃税的预防性措施。这些概括性的规定很难在实践中真正发挥反洗钱和防止腐败资产入境的作用。这些离岸公司能够获得销售国债的执照都需要议会批准，这一权力直指时任匈牙利经济委员会主席的罗甘·安道尔（Antal Rogán）。投资移民项目大都是由他所推动，而议会对基金公司的审批显然没有尽职，一些公司申请的原始材料都已消失。[2]

　　同样受到国际组织批评的还有英国的投资制度。透明国际（Transparency International）认为，英国的投资移民程序缺乏透明度，"来自于中国和俄罗斯投资移民的部分资产具有超过平均值的可能性涉及腐败犯罪。虽然Tier 1 投资

　　〔1〕 Boldizsar Nagy, *In Whose Interest? Shadows over the Hungarian Residency Bond Program*, Investment Migration Council, Transparency International Hungary, 2016, p. 11.

　　〔2〕 John Woods, "Head of Cabinet Rogán's Residency Bond Business is Full of Irregularities", available at https://dailynewshungary.com/rogans-residency-bond-business-full-irregularities/, last visited on 2018-5-20.

移民签证有审查程序，但显然由于这一审查程序缺乏必要的谨慎审核措施，对绝大多数申请者而言，都留有漏洞可寻，审查程序中也仍未配备适当且透明的机制以应对申请资金可能来自于洗钱犯罪。"[1]因此，透明国际建议英国政府应整合并更加透明化投资移民签证申请，签证审查办公室应要求申请者对申请资金作出来源合法性的说明，同时英国政府还应建立一份名单，以排除有高度可能性涉及系统腐败犯罪的人员作为投资移民的申请者。

加勒比地区的格林纳达政府较为注重投资移民制度的透明度管理。格林纳达《投资移民身份法》第14、15条规定了投资移民的信息公开内容。政府应每半年进行投资移民信息披露，包括获得投资移民执照的中介公司、投资移民申请数量、发放护照数量、税收情况、财政支出等，保证社会公众对投资移民项目基本情况的了解。加勒比地区的其他国家，如圣基茨和尼维斯政府不定期向公众公开投资移民的相关信息，包括申请数量、发放护照数量、政府对投资资金的开支使用情况。[2]安提瓜和布巴达政府每半年向社会公布投资移民相关数据，包括申请数量、发放护照数量、申请者来源地、投资对经济的推动作用及税收情况。而多米尼克投资移民项目信息透明度相对较弱，多米尼克政府只是不定期向社会公布对投资资金的使用状况，向社会公布的内容不包括申请数量、申请者来源地、申请者信息等有利于公众监管的实质性内容。圣卢西亚亦是如此，政府不定期向社会公开投资移民的申请数量、发放护照数量及税收情况。不难看出，尽管政府向社会公众公开了投资资金的走向与用途，但是由于投资移民项目管理和投资移民申请者的身份信息并未完全向社会公开，导致实践中很难真正发挥社会与公众对投资移民项目的监督。

向社会公众公开投资移民项目及申请者的相关信息，一方面，有利于实

---

〔1〕　"Transparency International Raises Corruption Concerns over Tier 1 Investor Visas", available at https://www.ein.org.uk/news/transparency-international-raises-corruption-concerns-over-tier-1-investor-visas, last visited on 2018-5-20.

〔2〕　Trevor Alleyne, "Sustainability of Caribbean Citizenship by Investment Programs", available at https://cn.bing.com/search? q = Sustainability + of + Caribbean + Citizenship - by - Investment + Programs + Trevor + Alleyne&go = Search&qs = n&form = QBRE&sp = - 1&pq = sustainability + of + caribbean + citizenship - by - investment + programs + trevor + alleyne&sc = 0 - 77&sk = &cvid = 9E5C26F644B74ECCB7E266FC4A1AC6B1, last visited on 2018-10-11.

现对移民国主管机构的监督，减少、避免滥用或挪用投资资金的情况，挤压投资移民程序中暗箱操作的空间；另一方面，针对投资移民的背景调查和资金来源核查欠缺强制性规定或未能实现有效监管时，通过公开投资移民相关信息有助于积极发挥公众的监督作用，可以在一定程度上堵塞监管漏洞。但在目前，投资移民项目透明度管理相比于对资金来源合法性的强制性要求、对申请者背景身份调查的规定显得更为弱化。这主要是移民流入国政府出于对投资移民申请者身份信息有效隐匿的考虑。事实上除去违法犯罪人员利用投资移民的案例，不少高净值人员申请投资移民，也是出于配置、转移财富的考虑。从保护高净值人员财产的角度来看，投资移民制度就是建立在对身份信息的隐匿要求的基础之上，因此，推动投资移民制度透明度所面临的难度之大，不难想象。瑞士以其银行业的保密规则闻名世界，并成为全球重要的金融中心之一。近些年，美国政府意识到大量高净值、超高净值人员利用银行保密业转移财富，逃避国内纳税义务，逐渐通过一系列协议最终撬开了瑞士银行引以为豪的保密制度之口。同样，综观如今的投资移民制度，尽管一些国家，如塞浦路斯政府表示不会透露任何投资移民申请者的身份信息，以让投资者确信投资或转移财富至塞浦路斯是一种非常"安全"的行为。但正是这种保密制度给不少违法犯罪人员留下了转换身份的空间。投资移民政策所盛行的保密政策并不意味着在现代化政府管理和全球化的潮流中，投资移民信息将一直处于绝对保密的状态，重视对投资移民政策的法律建设，加强对投资移民的监管，强调对投资移民政策的透明化应成为投资移民制度发展的趋势。

综上所述，笔者认为，完善对投资移民制度的透明度管理可从以下几方面着手：

第一，为投资移民项目的透明度管理建立法律基础。在立法中明确规定对投资移民基本信息的公开及定期公开的时间，包括对申请者身份信息、来源地、资金开支、发行投资移民债券或基金公司的基本信息。

第二，主管机构履行对投资移民项目的透明度管理。这种透明度不仅仅是针对申请者而言，即单方面公开申请者的身份信息，还应包括对移民主管机构在投资移民程序中的信息公开，防止暗箱操作，压缩投资移民申请者通过贿赂移民官员的方式获得移民身份的空间。

第三，对移民申请者信息公开的透明度。可以预见的是，实现投资移民申请者信息公开将会是一个阶段性长期性的过程。在还未能实现将投资移民申请者信息完全向社会公开的阶段，应当致力于首先实现移民流入国主管机关及时与移民来源国主管机构进行沟通与信息交换。不同于对可疑或违法人员的信息通报机制，这种信息交换可以考虑设为定期或自动。启动条件可以设定为只要来自于同一移民来源地的申请者达到一定数量就能够启动与移民来源国主管机构的信息交换，并且与可疑人员身份通报机制相联系，两个信息交换机制都应纳入各国警务合作范围，在国际社会中形成一个全方位的信息通报机制。

（四）对境内居住时间的有效管理

事实上，各国移民法律都规定了移民者应在移民流入国有一定时长的居住时间。规定这一时间是为了确保移民者在移民流入国当地生活，促进移民者能够适应当地生活，这也符合当代移民理念所倡导的移民融入。

从各国投资移民法律制度与政策的规定来看，不少国家在制定投资移民政策时，往往对投资移民申请者的居住时间作出了例外性的处理。对投资移民申请者不要求居住时间，或较之其他类别的移民对居住时间的要求较低；又或是虽然对投资移民申请者规定了一定时期的居住时间，但是在投资移民类别之中，再次规定了不同的处理方式，即对高额投资者不要求居住时间或仅要求较短的居住时间。这种特殊化的处理方式，很难让人认同其与投资移民的实质相符合。因为若投资移民申请者缺乏一定居住时间的保证，会对其在当地的投资或经商行为造成影响，难以达到促进当地经济发展的目的。

加勒比地区的圣卢西亚的投资移民政策对申请者没有任何居住时间的要求。实施购买房产获得居留权的"黄金签证"中的大部分欧洲国家，仅对投资移民申请者规定了很短或几乎为零的居住时间。这种规定给投资移民申请者带来了一定程度上的便利，甚至可能足不出国境就能实现护照身份的转换，却给移民移出国和流入国双方主管机构制造了管理上的障碍与困难。

移民移出国如何有效地掌握移出人员的信息，移民流入国如何落实对投资移民的真实监管，这些监管措施的落实都需要从投资移民在流入国实际的居住时间方面着手。笔者认为，为有效实现对投资移民申请者在移民流入国的居住管理，应考虑从以下两方面进行完善：

第一，投资移民的立法设计不应作为移民管理的例外性规定，避免欠缺投资移民申请者一定居住时间要求的规定，应确保投资移民申请者在移民流入国达到一定时长的居住时间。唯一例外性的规定是如果国家主管机构希望对超高额投资规定更少的居住时间，以符合超高净值人员在多地经商投资的特征，应从其他管理角度配以更为严格的监管，如建立严格资金合法性的证明标准、监测资金在当地的实际投入情况及设定更高的收益标准。

第二，提高政府或主管机构对投资移民申请者实际居住的监督管理方式与技术措施。对投资移民者及一般移民者而言，实现在境内居住时间的核算原本是一件较为容易的事项，通过出入境管理机构的信息汇总，就能够计算出移民在境内的实际居住时间。但这一管理办法却在欧洲地区面临挑战。由于欧盟地区实现了欧盟境内的人员往来自由，拥有欧盟成员国护照或居留权就能够在欧盟境内的国家间来往自由，不再需要签证的同时也极大地简化了出入境审查措施。对此，如何对欧盟境内投资移民申请者实现在一国境内有效居住的管理是一个重点。如上文提及的匈牙利国债投资移民，申请者要获得长期居留就必须实际生活在匈牙利，在第一个 5 年内没有连续超过 6 个月的时间离开匈牙利。欧盟区内的旅行自由和出入境不需要口岸检查盖章，这使得对申请人是否实际生活在一个国家内是很难进行监测的。事实上，不仅仅是投资移民的居住管理问题，由于欧盟近些年饱受难民和非法移民问题冲击，面对欧盟内部的往来自由，也有欧盟成员国提出应当从技术性角度重新加强出入境口岸的管理。加强对移民人员的身份信息、生物信息的采集，包括在更多的地方使用拍照系统，通过大数据加强对人员流动与移民管理的能力，提高管理的关键则在于欧盟成员国内能否实现信息共享。[1]同时，加强信息采集并不仅仅是为了加强对投资移民或移民的管理，欧盟内部还有观点认为，加强各国边境口岸的管理，提高对非欧盟成员国居留的有效管理，应当扩展至在欧盟境内居留不到 3 个月的人员，甚至包括普通游客，由此加强对入境人员和移民的管理，各主管机关还应及时通报过期滞留人员，并对其进行标注，帮助另一个主管机关能够更为快捷地准确定位。[2]

---

〔1〕 Giandonato Caggiano, *Scritti sul Diritto Europeo dell'Immigrazione*, G. Giappichelli, 2018, p. 41.

〔2〕 COM（2006）402 def., Communicazione della Commissione Riguardante le Priorità Politiche nella Lotta Contro l'Immigrazion Clandestina di Cittadini di Paese Terzi, 19 luglio, 2006.

第四节　投资移民的主管机关

一、北美地区

（一）美国

一如美国的政权体制，移民法律的制定与执行同样也是实行三权分立制度。联邦政府拥有移民问题管辖的最高立法权，包括移民问题所涉及的与外国的政策制定、国际关系等。美国最高法院作为最高司法机构针对移民类型的案件一度持不受理的态度，但现在最高法院同样受理移民相关问题的案件，以限制联邦政府无限扩大的立法权。最高法院所管辖的移民案件包括不予入境、永久居民身份、归化、庇护四大类。执法机构作为三权分立的直接执行机关只能在法律规定的范围内执行权力，在移民管辖问题上没有核心权力，任何未经联邦法律授权机构所作出的决定都是非法的，可以通过司法程序推翻决定。对于移民法律的执行，联邦政府并不会出台绝对具体且详细的执行细则，执法机构在法律范围内拥有一定程度的自由裁量权，包括制定执行、管理及执法的具体程序细则。联邦政府有权对执法案件作出最终决定，以排除法庭对执法案件的再审权力。一般而言，联邦政府并不会将移民犯罪行为的惩罚权授予执法机构，而是由法庭拥有专属管辖权，当然，法庭也应依据联邦法律行使权力。目前，共有 5 个联邦机构是执行移民法律的核心部门，分别是国土安全部、国务院、司法部、劳工部及健康和人权服务部。

1. 立法——美国国会

国会拥有移民法律的立法权，是指导并影响移民法律走向的重要机构。国会负责审查移民相关的法案，以参议院和众议院的投票通过移民法案及作出相关修订。除了国会通过行使立法权力来制定及修订移民法律之外，私人法案是国会影响移民法律发展的另一种有效方式。私人法案由参议员代表非美国公民提出，作为非美国公民穷尽所有移民途径的最后方式。私人法案在下属委员会通过之后提交至国会层面，获得国会的投票通过。之后，经由美国总统签发同意，最终形成针对非美国公民个人的移民法案。隶属于国务院的美国使领馆负责境外签证的签发，国务院进行拒绝签证的复查，以及负责身份调整申请的监督工作。美国国务院还与国土安全部合作，对恐怖分子进行鉴别，负责签证护照的安全，制定国际人口政策以及难民项目的事务。

美国《移民与国籍法》第104（a）条规定，国务卿负责本法以及所有其他有关下列内容的移民归化法的实施与执行：除了被赋予领事馆官员的关于签发或拒绝签证的权力、责任和职责以外的，美国外交和领事馆官员的权力、责任和职能；行政官的权力、责任和职责；以及确定美国境外某人的国籍。如果他认为是执行上述规定所必需的，他将制定相关的规章；规定相关的报告表格；登记等其他文件；签发相关的指示；和采取其他相关的行动。经雇员所服务的部门或独立机构的负责人的同意，他有权授予或强加于美国的任何雇员接受本法规或根据本法规所颁发的任何规章所赋予的或强加于国务院或美国外交部的官员或雇员的权力、特权或义务。美国《移民与国籍法》第105（a）条规定：移民局长和行政官员有权与美国联邦调查局和中央情报局的负责人以及其他负责国内安全的其他政府官员保持直接的、连续的联络，以获取和交换用于执行本法规规定的情报，以利于美国国内和边境的安全。移民局长和行政官员将保持相互间的直接的、连续的联络以利于本法规以及所有其他的移民和归化法实施过程中的协调一致和高效率。美国《移民与国籍法》第105（b）(1)条规定：司法部长和联邦调查局局长将向国务院和移民局提供方便，使该部门可以从国家犯罪信息中心（National Crime Information Center，NCIC）的州际身份索引、被通缉人员档案和国家犯罪信息中心保存的、司法部长和信息查询方双方同意的任何其他档案中所得犯罪历史记录的信息，以确定上述档案中是否保存有签证申请人或入境许可申请人的犯罪历史记录。

通过上述条款能够得知，美国国务卿作为美国国务院的代表，是负责移民事务的最高领导。涉及移民安全方面的事项，美国国务院、移民局、美国联邦调查局、中央情报局、司法部有义务共同合作。

2. 司法——司法部

2003年之前移民局归属司法部管理，司法部是负责移民事务的核心机构，在移民局划归国土安全部之后，司法部成为移民事务中的独立司法监督机构，主要负责移民法院体系和移民法解释事务，并通过依法审查移民复审和上诉案件，监督国土安全部执行移民法律。根据个案情况，国土安全部和司法部共同负责外国人入籍、移民法执法、移民案件裁决和外国人遣返事务。移民法终审办公室是由移民法庭和移民上诉委员会两个部门组成，这两个部门虽独立于移民局之外，但仍隶属于司法部管辖。移民法庭是专门审理移民案件的司法部门，实行法官独任制审理案件。移民法庭主要审理非法移民和驱逐出境的案件，包括听证和开庭审判。与移民法庭不同，移民上诉委员会自成立之日起便由司法部长直接管辖。移民上诉委员会共有 5 名委员，均由司法部长任命。移民上诉委员会听审的案件绝大部分是关于被驱逐出境的当事人不服移民法官判决而提起的上诉案件，此外还有对保释金、假释、拘留、罚款或撤销给予转换身份等决定不服的上诉案件。移民局地方办公室有关亲属类签证的审批决定有时也会提交移民上诉委员会复审。司法部长有权对移民上诉委员会的决定进行复审。由司法部长复审的案件包括司法部长本人要求上诉委员会送交复审的案件，移民局长要求复审的案件，以及上诉委员会主席或多数委员认为必须由司法部长复审的移民案件。移民上诉委员会的裁决和司法部长的复审决定都是终审性的。

美国移民法律将移民事务方面的复议和行政上诉的裁定权授予司法部的移民复审行政办公室（The Executive Office for Immigration Review，EOIR），分别由移民上诉委员会（The Board of Immigration Appeals，BIA）和首席移民法官办事处（The Office of the Chief Immigration Judge，OCIJ）构成。首席移民法官办事处依法对分设在全国各地的移民法庭实施行政领导和业务指导，移民上诉委员会负责针对移民法官作出行政命令提出的上诉进行审理。管辖案件范围包括对来自全国各地移民法官作出决定的上诉、行政罚金、对移民身份调整的申请、保证金、假释或是对非美国公民的扣押、撤销移民身份的调整、庇护或是暂时性保护决定。如果当事人对国土安全部所属机关作出的行政决定不服，可依法向所在地的移民法庭提出复议。如果申请人或者当事人或者国土安全部的相关业务局对移民法庭作出的复议裁定不服，依法均可以向移民上诉委员会提出上诉。针对移民事务，美国移民行政执法机构和行政复议机构形成了相对独立行使职责的空间，并建立了依法监督机制。

3. 执法——国土安全部

2002 年 10 月，美国国会通过联邦第 116. 2135 号法案，即《国土安全法》，将原属于移民局的大部分权力划归国土安全部。国土安全部作为移民机构中最为重要的机构，是执行美国移民法律的主要机关，主要负责外国人的准入、准居留事务和出入境事务。现在主要由隶属于国土安全部的三个机构负责执行移民法律，分别是美国公民和移民服务局（The U. S. Citizenship and

Immigration Services，USCIS），美国移民和海关执法局（The U. S. Immigration and Customs Enforcement，ICE），美国海关和边境保护局（The U. S. Customs and Border Protection，CBP）。

美国公民和移民服务局负责审查移民、身份调整及归化申请，以及难民和庇护的申请。这是美国负责移民及归化事项的主要行政机关。自 2007 年移民局重新划分了管辖区域，现在分为东北区（伯灵顿）、中部区（达拉斯）、西部区（拉古纳湖）和东南区（奥兰多）。这四大区又再细分为 26 个地区管理机构，在全美共有 82 个办公室负责审理移民事务。移民官员对移民申请是否完整、准确、可信并符合联邦法律和法规要求有着广泛的决定权。根据美国公民和移民服务局备忘录，自 2018 年 9 月 11 日起针对签证、工作许可、绿卡等申请，审查官将会直接拒绝欠缺真实性信息的申请要求。从监管角度来看，这一决定将会提高对非法移民的鉴别力度，甚至也会影响已经获得身份的合法移民，提升对签证的审查力度。移民局在华盛顿设立了行政上诉办公室，专门处理针对下级办公室的上诉事宜。移民局通过巡视官办公室对所有移民办公室的工作进行监督和管理，巡视官办公室虽然设立在国土安全部，但从工作机制角度而言，是独立办公性质。

美国移民和海关执法局负责移民调查，即鉴别并驱逐在美国境内违反法律的非美国公民、扣押、驱逐出境、负责执行收到最终驱逐出境法令的非美国公民、联邦保护服务及国际事务五项工作内容。美国移民和海关执法局的调查办公室是国土安全部中最大的办公室，专门负责调查偷渡、贩卖人口、移民欺诈以及雇主是否遵守移民法律的案件。2003 年，美国移民和海关执法局成立了逃犯行动组，专门追踪、逮捕并驱逐收到最终驱逐令的非美国公民。

美国海关和边境保护局主要负责阻止非法入境，在海关、港口执法以阻止未经授权的非美国公民进入美国境内。

美国移民执法部门还包括：①劳工部主要负责职业移民的审查，确定不同类别的职业移民是否达到相应的签证标准，负责外籍人员就业劳动市场审查和劳工保护事务；②健康和人权服务部负责公共卫生安全、难民安置和易受伤害群体保护事务。从健康检查的角度进行移民审查，申请者在申请永久居民身份时，是否在生理和精神上符合健康标准。

2013 年 5 月，美国移民局对 EB-5 投资移民项目的审批工作作出调整，改革内容包括：其一，设立了审理投资移民申请的独立办公室。新的投资移民审理办公室于 2013 年 5 月 6 日在华盛顿的移民局总部开始运行，之前是由加州的处理中心负责审批工作；其二，任命了负责投资移民办公室的新负责人；其三，新办公室雇用的投资移民审理官员，由经济学家代替原先的移民官员；其四，新的投资移民审理办公室设立了类似于"案件代理人"的职位，每个审核人会分配特定的客户，通过电子邮件或电话直接和区域中心互动以解决问题；其五，从 2013 年夏季开始，投资移民申请表 I-526 改为使用电子系统提交，美国移民局同时也在致力于开发一个存放有关项目文件的电子资料库，这个资料库可以自动连接个人的投资移民申请（I-526/I-829），通过资料库的运行，能有效加快投资移民的申请进程。

从美国移民局在 2013 年对投资移民审批的改变与举措能够看出，美国政府十分重视投资移民审理机制的有效运行。投资移民作为一种相对特殊的移民方式，设立目的正是为了促进美国经济的发展。因此，美国移民局的改革举措，一方面，提高了投资移民审理的专业性，经济学家从专业视角分析投资移民在美国本土进行投资运营的计划是否可行，降低了之前由移民官员负责审核投资移民签证的个人因素和偶然性，并甄别出真正能够有效推动美国国内经济发展的投资移民，排除欺诈或是虚假的投资移民申请；另一方面，随着区域中心项目的推广，投资移民的申请数量一直在年年攀升，移民局成立专项办公室处理投资移民，希望能够减少积压申请件的堆积，进一步推动美国吸引全球的投资移民及投资资金，并通过新的审理机制及移民资料库的运用以加快审理进程。

美国移民法律制度的特点基本可概括为：一是分工明确。通过三权分立的体制，由国会负责移民法律的制定与修订，以国土安全部为主的联邦机构负责移民法律的具体执行，再由司法部作为独立的司法机关对立法和执行行为进行司法监督，既能够各司其职，又有独立的司法机构承担监督职责，保证移民法律运行的公平公正。二是主管机构协同合作。对美国社会而言，移民是一个十分繁重的社会问题，拥有移民管辖权的机构也相对较多。主管机构从各自不同的管辖权角度出发，共同管理移民问题。各个联邦及司法机构之间的合作不限于个案合作，而是形成了体系化、制度化的合作模式实现协同管理。三是建立了移民法律权利保障系统。移民法官负责具体移民案件的审理，对移民法官决定不服的，移民有权提出行政上诉。行政救济行使完毕之后，还可依靠司法复审作为救济方式。

（二）加拿大

加拿大移民问题属于加拿大联邦机构的管辖范围，由移民暨公民服务部负责。加拿大《移民及难民保护法》对联邦政府和省级政府在移民事务管辖上的权力分配进行了规定。联邦和省政府可就移民运动、移民人口分布、移民甄选标准等进行协商，签订协议。加拿大《移民及难民保护法》第8条要求联邦政府与省政府就移民选拔等问题进行协商，签订联邦与省之间的协议。公民身份和移民部部长须在每年的10月1日当日或之前，将移民执法情况报告给国会，包括外国移民的筛选情况，成为加拿大永久居民的外国公民数量和来年的计划，以及每个省的移民计划。加拿大《移民及难民保护法》第9条规定，各省可以根据联邦和省的协议，对欲在该省作为永久居民居住的外国人的选拔单独负责。加拿大《移民及难民保护法》第10条规定对于地区经济以及人口需求，外国人在加拿大的分布，以及采取措施促进外国人在加拿大的融合等问题，部长必须与各省政府进行协商。

加拿大公民暨移民服务部是加拿大的移民管理机构，是移民法律的主要执法机构。公民暨移民服务部实行首长负责制，其部长由加拿大国会首脑，即加拿大总理任命，如果部长职位出现空缺，则由司法部长代替履职。移民部长还负责加拿大对外签订与移民事务相关的国际公约和双边条约，对内负责与各个省签订移民事务协定，并每年公布联邦与各个省签订的协议。除此之外，加拿大其他联邦机构作为移民法律的辅助执法部门。

加拿大公共安全部的预警中心负责入境口岸的移民检查、移民逮捕、扣押和驱逐，并同时负责移民执法中的政策制定，专门负责因安全、有组织犯罪及违反人权和国际普遍权利原因不予入境的人员，并依据《移民及难民保护法》第34（2）、35（2）、37（2）条规定作出相关的决定措施。在入境检查中，申请者应确保真实地回答入境检查时所有的问题，同时申请者也享有公平程序的权利，即能够得到合理的通知。移民官员有权对入境加拿大的人员及货物进行检查和问询，对文件采取扣留或复制措施，要求人员进行体检，提供指纹或其他证据以确定人员身份。加拿大人力资源和技术发展部负责《移民及难民保护法》中赋予的相关技术评估职能及其他由移民部长或其他部长负责的事务。移民局的官员由移民部长直接任命，并在《移民及难民保护法》规定的职权范围内履行权力。

二、欧洲地区

（一）英国

英国负责对投资移民进行审批的部门是隶属于英国内政部（Home Office）的签证和移民局（UK Visa and Immigration，UKVI）。签证和移民局是内政部中的一个独立部门，成立于 2013 年，以取代之前的英国边境局（UK Border Agency，UKBA）。2013 年之前，英国边境局是负责执行移民法的执法单位。2013 年改革之后，原边境局的执法职责分由移民执法处和边境执法处承担。但在同年，由于提供不准确难民信息以及非法移民遣返效率不佳等原因，英国边境局被内政部撤销，其移民执法功能和签证签发管理功能分别由两个独立执法部门负责——移民执法局（Immigration Enforcement）和英国签证和移民局。英国移民执法局下设犯罪与金融侦查处（Criminal and Financial Investigation，CFI）及情报处（Information Service）等部门，前者主要负责调查与移民犯罪有关的违法犯罪案件，后者负责收集及发送信息。

英国签证都是通过计分系统（Points-Based System）进行，未达到申请类型的必要分数直接认定为拒绝签证。对此，每一名签证申请人，包括投资移民申请者在内都有权在被认定为没有达到必要分数时，申请获得一次行政复审的机会。行政复审由英国内政部中的清关签证处负责（Entry Clearance Officer）。但是，将行政复审作为救济手段后申请人无权再通过司法程序进行上诉。

审理签证涉及的司法程序包括司法上诉和巡回上诉。司法上诉分为一级法庭（The First-Tier Tribunal）和巡回上诉庭（Onward Appeal）。一级法庭中的移民和庇护室（Immigration and Asylum Chamber）负责处理包括拒绝难民身份、人权声明、依据欧洲经济区（EEA）规则作出的决定以及涉及身份撤销和护照撤销的上诉申请。巡回上诉庭负责审理对一级法庭裁决所提交的上诉，在批准后，有些案件可以提交至英格兰或威尔士上诉法院（Court of Appeal）的民事庭、苏格兰的上诉庭（Court of Session）或是北爱尔兰地区的上诉法庭（Court of Appeal）进行审理。极少数案件还能够被提交至英国最高法院进行审理。

（二）爱尔兰

移民事项归属爱尔兰司法部管辖，爱尔兰司法部对投资移民申请拥有批准权，其下属两个机构分别为爱尔兰归化和移民服务局（The Irish Naturalisation & Immigration Service）、国家警察局（The Garda National Immigration Bureau）。爱尔兰归化和移民服务局负责与移民、签证、国际保护和护照事项的行政事务，国家警察局则负责边境控制、发放居留证、遣返和调查非法移民及人口贩卖事项。

爱尔兰评估委员会（Evaluation Committee）是爱尔兰政府所成立的专门负责对投资移民申请进行实质性评估和审查的机构，评估委员会由来自爱尔兰政府部门以及爱尔兰各州中涉及企业发展部门的高级官员组成，一年举行4次会议，分别在2月、5月、9月和12月对所有申请进行审核。评估委员会认为可以通过的申请，则会向爱尔兰司法部发出推荐信，表明可以接受申请者为爱尔兰的投资移民。因此，承担对投资移民进行审核职责的部门是爱尔兰评估委员会，爱尔兰司法部只是从程序上发放签证。爱尔兰司法部收到推荐信后，由归化和移民服务局最终发放签证。在此期间，归化和移民服务局可能会就签证材料与申请者进行沟通，但联系是严格保密的，归化和移民服务局只能与申请者或是其指定的法律和金融顾问联系。

（三）西班牙

西班牙政府分为中央、自治区和省级三个层面。移民法律的立法由西班牙中央政府负责，地方政府没有移民法律的立法权。行政执法方面，中央政府中由内政部负责移民事宜，内政部下属的安全秘书处负责与国际警察组织进行协调、沟通与联络，内政部分部秘书处则主要负责对欧盟与移民相关指令和规则的执行。西班牙警察系统属内政部管辖，负责移民法律的执法，包括口岸管理、阻止、起诉和调查非法移民组织以及其他移民领域中的执法事项。

（四）希腊

希腊移民局是负责移民事项的中央机构，希腊的移民法律体系以《移民法典》为核心，由欧盟移民法律、国内移民法和政府法令共同组成。购买房产的审核是由希腊移民局进行审核，而战略性投资的申请则由希腊内政部负责审核。

（五）塞浦路斯

塞浦路斯议会、内政部、雇用第三国劳工理事会及公民登记和移民部负责移民法律的立法。塞浦路斯移民法律体系由《公民及其家庭成员在塞浦路斯自由迁移和居住法》《难民法》《难民条例》《预防和打击人口贩卖和剥削法》及欧盟法律和法令组成，判例在移民法中不具有法律效力。塞浦路斯的移民事务由公民登记和移民部门负责，其下设两个部门，分别为公民登记处和移民处。公民登记和移民部门也是移民法律和政策的执行机构，移民部门主要负责管理并发放居留申请，以及其他移民事务，包括处理非法移民、司法申请和假结婚。公民登记处管理事项包括更新公民登记信息、发放塞浦路斯公民身份、寄送护照、发放难民身份、婚姻登记并发放婚姻登记证书。

塞浦路斯议会分别于 2018 年 1 月 9 日和 5 月 21 日对"塞浦路斯投资者项目"作出修订，调整了申请规则，成立了投资移民监督和管理委员会以更好地实施监管。自 2018 年 6 月 31 日起，申请者只能向委员会所规定的机构提交投资移民登记和申请。委员会在其网站上公布并定期更新投资移民申请提交的移民、法律、金融公司和服务机构，申请人只有通过这些指定机构提交的申请才能被认可，由此提高对资料审核的管理力度。委员会还发布了《行为手册》，规定了投资移民中介和服务机构应当遵循的准则。《行为手册》中规定了六项基本原则：一是对任何不专业或不道德的服务行为零容忍；二是与客户及其他合作者之间的交易应保持高度透明；三是应遵守法律法规及投资项目的要求；四是应鼓励（现金）保存人也遵行同样的道德标准；五是对侵犯诚信、形象和服务的行为处以行业禁止；六是如果出现违背投资移民项目经济目的或对国家利益产生损害，应处以行业禁止。[1]

塞浦路斯政府于 2018 年对投资移民项目的修订主要包括以下几方面：首先，申请程序上的变化。通过投资移民项目获得塞浦路斯护照必须以申请人拥有塞浦路斯居留许可为前提，如果申请人还未获得居留许可，须先提出居留申请，从而取消了以直接汇款转账就能够获得护照的方式。其次，审核机构的变动。塞浦路斯财政部负责对投资者商业活动计划进行评估和审核，同时，塞浦路斯内政部负责对申请者其他条件进行调查核实，内政部认为申请者符合投资移民申请条件的，由其将申请提交至塞浦路斯议会，由议会负责作出最终决定。这种对投资移民的审核机制区分了商业专业性和申请者本人条件的不同情形，加强了审核过程中对商业背景的考查。最后，新增了监管

---

〔1〕　"Cyprus Investment Programme", available at http://www.moi.gov.cy/moi/moi.nsf/All/0A09FC B93BA3348BC22582C4001F50CF, last visited on 2018−5−10.

机构。新成立了投资移民监督和管理委员会，由来自财政部、内政部和投资委的人员组成，负责批准接收投资移民的中介公司和机构并对其进行监管。委员会实际上是履行监管投资移民相关中介和服务行业的职责，委员会的建立从人员背景上来看有一定的专业背景，但是要注意的是，无论是《行为手册》还是委员会的规定，对中介机构和服务行业强调的都是道德标准，还缺乏从立法角度进行细化的规定，也没有对一些违法行为规定进一步的惩罚措施。

（六）马耳他

马耳他议会是负责立法的部门。马耳他身份登记局是移民事务的行政执法部门，主要负责发放护照、身份证件、居留延期、入境登记、婚姻登记及马耳他投资移民项目中所有的行政事项。身份登记局作为一个独立的部门，协助处理与马耳他公民身份、护照等相关的内政及安全问题。马耳他警察局中的移民部门是移民法律的执法部门，负责入境管理、阻止非法移民入境、对虚假证件进行调查。马耳他警察局中的中央移民办公室是警察局中的中央机构。移民部门中有专门的单位负责就移民相关案件进行侦查和调查，并由专人负责与第三国就非法移民滞留或其他违反移民法律的问题进行沟通联络。其他与移民事项相关的政府机构还包括：①马耳他难民委员会，负责接收、处理和决定难民申请；②难民上诉委员会是难民委员会的上诉机构，有权推翻难民委员会作出的决定；③移民上诉委员会根据移民法律拥有对签证和居留申请或上诉的审判和决定权。

（七）德国

根据 2005 年德国《居留法》的规定，德国移民法律的执法机构包括外国人办公室、检察机关海关和移民局。2005 年德国《居留法》修订后，将德国联邦难民总局改为 "联邦移民和难民局"（Bundesamt fuer Migration und Fluechtlinge），联邦移民和难民局承担的工作包括：其一，规划并实施在德外国人和德裔后期返德移民的融入德国社会课程；其二，负责外国人管理中心对在德外国人的登记；其三，负责对自愿回国的在德外国人，帮助他们返回自己的家园；其四，负责对于移民问题科学研究的运作，包括跟踪研究；其五，协调各种来自外国人管理局、联邦劳工局和德国驻外代表机构的有关劳工移民的数据资讯。

德国负责移民签证发放的主管机构是德国驻外使领馆、各地外国人办公室、各地劳工办公室、德国招聘外国人和专家中心。就申请程序而言，德国的居留是在签证之前进行发放，这就意味着移民在获得签证进入德国时就已经获得了不同类型和期限的居留权。德国使领馆只负责发放签证，涉及居留发放的，使领馆必须通过与外国人办公室进行联络沟通，以确定具体的居留类型和期限。外国人办公室是审核投资移民申请的主管机构，一般而言，外国人办公室还会要求其他主管机构，如当地工商业协会对申请作出专家意见，依靠专业机构和专业人员的介入，更好地对申请者的商业计划和报告进行审核。

德国投资移民立法较为稳定，没有频繁新增的投资移民项目，也没有对投资移民法律进行频繁地修订。由于德国具有较为雄厚的经济基础，对投资移民的要求主要体现在对投资经济活动的利益衡量具有综合性，投资活动应能实际推动德国经济的发展，重视对投资移民实际能力的甄别。德国联邦政府拥有投资移民及移民法律的立法权，但考虑到各地不同的经济发展状况，各州在具体审核中有一定的自由裁量权。通过 2017 年的移民法律修订，德国目前有两大类型的投资移民方式，分别规定了不同的条件并面向不同人群，即以商业活动为代表的投资移民签证面向的是全球的申请者，不排除欧盟其他成员国或欧洲经济区、希腊、瑞士的申请者；通过购买房地产进行的投资移民则只限于非欧盟公民。

（八）爱沙尼亚

爱沙尼亚内政部是负责移民事宜的中央机构。爱沙尼亚警察和边境管理局是移民法律的执法部门，负责对身份信息进行核实、更新身份证件、发放身份证件、居留许可及护照等身份信息事项。

爱沙尼亚的电子信息化程度非常高，通过公民身份卡几乎能够办理所有的公共事务，爱沙尼亚政府计划在 2025 年推出"电子投资移民"，通过这一项目，不需要申请人实际在爱沙尼亚境内，甚至不需要入境爱沙尼亚就能够进行投资商业活动。这种电子化的投资移民申请计划在爱沙尼亚驻外使领馆开展，申请者只需到使领馆进行申请并获得有效身份。但是这种电子投资移民并不提供爱沙尼亚《宪法》所规定的居民相关权利，也只给予申请人每日需要更新的权限。申请人能够享有在线的权利，成为爱沙尼亚的"电子公民"。

（九）俄罗斯

俄罗斯 2002 年第 62 号法律《公民身份法》是俄罗斯移民法律的核心，对获得俄罗斯公民身份作出了原则性的规定和程序要求。俄罗斯内政部负责《公民身份法》的实施，是俄罗斯移民事务的主管机构，并与移民局、安全局、国税局、外交部等各部门共同合作，互通信息，从身份资料、金融交易、流动信息等多方面对移民进行审核和管理，形成了对移民的立体型管理和监测。[1]

三、大洋洲地区

（一）澳大利亚

澳大利亚主要负责审核投资移民签证的机构为移民局。2015 年 1 月 1 日，澳大利亚移民局通过改革，将澳大利亚移民和边境保护局、澳大利亚海关和边境保护局两大机构合并，成立了新的澳大利亚边境警察局。[2]

澳大利亚《移民法》规定签证官员审查签证的程序可简单概括为以下步骤：首先，移民官员应自我确认是否有权对签证进行审查鉴别，确定在其管辖范围内，再进行签证审核；其次，审查签证是否为有效申请，应依照法律对材料进行审核，再依照移民政策进一步审核，核实证据材料，确保程序公正，进行事实调查，确保签证审查的独立性，记录签证审核结果，若拒绝签证应陈述理由；最后，将签证结果告知申请人。

澳大利亚《移民法》第 45 条规定了非澳大利亚公民入境须申请的签证类别，第 47 条对移民局的审核职责作出规定，第 65 条涉及移民局审核签证的具体标准和其他联邦要求。第 51A 条规定，为确保公正，在申请签证过程中，申请者有权要求对所有问题进行书面形式的陈述。第 66 条规定了在拒绝签证申请的情形下，移民局应清晰地阐明拒绝的理由。第 46 条规定了申请签证的条件，有效申请应包括依照规定填写所对应的签证申请表，提供正确的材料，从规定的地点入境，申请者还应缴纳申请费用以及遵守法律规定的其他内容。另外，《移民法》还规定了一些阻却签证的特殊因素，如申请人的道德品行，出于对公共利益的考虑，某些申请者具有"风险因素"导致签证被拒绝。这种风险是根据澳大利亚已有移民的人数、种族、性别等因素计算外国移民持签证入境后，以及申请者在签证过期后仍然滞留境内的可能性。所有的计算

---

〔1〕 二十国集团反腐败工作组"投资移民与腐败犯罪"研究项目俄罗斯政府提供的问卷反馈。

〔2〕 "Who We Are", available at https://www.abf.gov.au/about-us/who-we-are, last visited on 2018-1-4.

因素都规定于《移民法》的附属表格 5，移民官员应依照法律规定及程序要求进行打分，而不是凭借其主观因素。同时，对不同类别的商务签证，澳大利亚政府规定了不同的要求，具体分为资金、经商经验、能否直接获得永久居留身份等几大因素，再将要求转化为评分体系，申请者达到最低要求的分数，才能够有资格获得签证。

与其他类别签证一样，澳大利亚投资移民签证审理也是通过计分方式来进行的。一般来说考虑的因素包括：申请者及其配偶的净资产（0～15 分）、申请者的年龄（0～30 分）、申请者的英文水平（0～30 分）、企业的年营业额（35～60 分）、企业的总资产（0～10 分）和企业的劳工成本（0～10 分）等。但是，澳大利亚政府每年都会根据当年的移民需求对计分因素、计分标准作出必要的调整。

澳大利亚边境警察局是主要执法机构，隶属于澳大利亚纪律部队，管辖范围不限于澳大利亚境内还包括领空、港口、领海。澳大利亚边境警察局承担移民管理中的所有事项，包括调查移民是否守法、对非法移民的扣押，以及执法如执行驱逐令等程序性事务。同时，由于移民事项的特殊性，边境警察局也承担与国际机构进行合作的任务，以更好地打击恐怖组织活动，对非法移民进行追踪与扣押。边境警察局内部分为两大机构：一个为行动组，主要负责所有与边境相关的人员、事务和货物管理的行动；另一个为支持组，负责提供计划与支持，并为行动提供专业性服务，例如所扣押的非法移民的健康问题，以确保行动组顺利开展工作。作为澳大利亚移民事务的执法机构，面对不断发展的非法移民问题、跨国犯罪问题，边境警察局将现代化的技术设备作为执法保障，如广泛应用生物识别技术、电子安全网络以强化边境管理。签证事务也是边境警察局的一项重要工作内容。边境警察局通过系统方法对违反签证规定的外国公民进行检测、识别并定位。

除澳大利亚边境警察局之外，其他政府相关机构作为第三方决定者，也会在签证申请中从专业角度出发对签证申请作出评断，如涉及健康问题则由澳大利亚的公共医疗官员或指定的医生负责检查，第三方机构没有权力对签证相关材料进行调查，但有权对检查事项作出决定。

作为传统移民国家，澳大利亚政府在长年实践中形成了一套较完善的移民法律，从宪法到专门的移民法、移民管理条例以及单独的移民法令。无论是实体还是程序，能够给予移民全方位的管理和保障，移民法律整体比较完善。移民法律立法讲究科学性，以计分制方式作为颁发签证的基础，能够科学地进行签证评判，将移民官员个人对签证审核的影响降到最低点。澳大利亚投资移民较为特殊的一点，即是投资移民与长期商务签证相联系，以长期签证为前提，由此强调对投资移民申请者商务性的要求，确保投资移民的确能适应澳大利亚的商务环境，给澳大利亚经济带来良好的推动力。

（二）新西兰

新西兰商业和创新部及新西兰移民局是负责投资移民审核的机构。就申请程序而言，新西兰投资移民签证需要申请者先申请居留签证，获得居留签证后申请者将投资资金转账至新西兰，转账行为完成后才能够获得居留身份。

新西兰政府欢迎高额投资者的前来，在投资者能带来大额资金的情形下，新西兰政府不再对申请者本人设定其他资格条件。在申请者获得新西兰居留权之后，新西兰政府也没有再对资金走向提出监管要求。对于相对小额的投资移民，新西兰政府更为注重商业专业背景，要求申请者须具备经商经历和一定的移民融合能力，对申请者的语言和年龄方面也有要求。

四、加勒比地区

（一）多米尼克

多米尼克投资移民项目的资金门槛较低，对申请者和资金审核较为宽松，因此申请者数量不少。根据多米尼克的国家统计数据，71 000 个居民中就有3000 人是通过投资移民获得公民身份的。[1]多米尼克投资移民项目始于1993年，申请者通过多米尼克投资移民项目能够快速获得公民身份，政府对投资移民申请监管宽松使得投资移民项目有较高的可能性被不法人员所利用。国际社会对多米尼克投资移民政策也持保留态度，考虑到有嫌犯通过投资移民获得多米尼克护照实施犯罪，加拿大对持多米尼克护照的签证申请设定了特定要求与审查标准。

多米尼克投资移民法律包括 2014 年《投资移民法》、《宪法》第 101 条及《移民法案》第 8 条和第 20 （1）条。投资移民项目要求申请人作出政府认可的投资，为多米尼克的经济作出贡献。通过投资，申请人及其家庭成员能够

---

〔1〕 "Welcome to Dominican Republic", available at http://www.godominicanrepublic.com/, last visited on 2018-3-24.

获得多米尼克公民身份。2016 年，多米尼克政府对《投资移民法》进行修订，修订后的《投资移民法》于 2016 年 12 月 1 日起生效，修订主要体现在进一步放宽了投资移民的申请条件，修改了附属申请人的年龄范围，扩大了子女的年龄范围，并降低了投资资金标准。[1]

多米尼克联邦政府中的投资移民部门是投资移民的主管机构。投资移民部门负责审理、决定申请结果，但是这一结果可能不具有终局性。依据多米尼克《投资移民法》第 9 条的规定，移民部长有权通过组建复审小组对任何一个申请进行复审，并要求对申请人进行面谈。复审小组的成员来自于政府职能部门，包括检察长、投资移民部门的经济处秘书长或高级代表、警察局特殊事务处负责人或其他指定的负责人，以及政府内阁中负责移民事务的秘书长。[2]

（二）格林纳达

格林纳达政府对投资移民的法律修订频繁。从 2013 年到 2018 年，格林纳达政府共计颁布了 18 个投资移民法修正案和法规，这一系列的修订和调整进一步扩大了投资移民附属人员范围，下调申请费用。投资移民委员会是负责投资移民事务的主管机构。《投资移民身份法》第 7 条规定由投资移民委员会负责尽职调查，同时还应当依靠专业人员或机构对商业投资行为和申请人及成年附属申请人背景进行审核。[3]《投资移民身份法》第 8 条规定了投资移民审核、批准内容。由投资移民委员会出具推荐信，推荐信分为同意、拒绝和延期同意三项决定。如果投资移民委员会认为可以延期进行投资移民，还

---

〔1〕 "2014 Commonwealth of Dominica S. R. O. 37 Citizenship by Investment", available at https://cbiu. gov. dm/wp-content/uploads/2018/02/Commonwealth-of-Dominica-Citizenship-by-Investment-Regulations-2014-S. R. O. -37-of-2014. pdf, last visited on 2018-1-11.

〔2〕 "2014 Commonwealth of Dominica S. R. O. 37 Citizenship by Investment", available at https://cbiu. gov. dm/wp-content/uploads/2018/02/Commonwealth-of-Dominica-Citizenship-by-Investment-Regulations-2014-S. R. O. -37-of-2014. pdf, last visited on 2018-1-11.

〔3〕 "2013 Grenada Citizenship by Investment Act15", available at http://www. cbi. gov. gd/wp-content/uploads/2015/05/Act_No. _15_of_2013_Grenada_Citizenship_by_Investment_Act1. pdf, last visited on 2018-1-11.

须附上理由。[1]《投资移民身份法》第9条规定了复审程序。复审小组成员应由具有10年以上执业经历的格林纳达律师、移民局官员、宗教代表、财政部官员、格林纳达工业发展公司代表以及格林纳达工业和商业委员会代表共同组成，复审结果直接提交至移民部长，且具有终局性。

根据格林纳达《投资移民身份法》的规定，申请人必须通过格林纳达政府授权的中介提交申请材料。中介对申请人材料进行初次审理并提交至投资移民委员会。投资移民委员会负责审核并进行尽职调查，可能会要求申请人进行面谈。面谈并不是强制性要求，这也就意味着申请人不承担必须向签证官员当面阐述申请投资移民意愿的义务。投资移民委员会通过审核，最终出具载有决定结果的推荐信并交由移民部长，移民部长作出最终决定。部长的决定只是形式上的决定，一般以委员会推荐信内容为准。由此可见，投资移民委员会对投资移民审核拥有实质性决定权。

（三）安提瓜和巴布达

安提瓜和巴布达移民法律以2014年《移民与护照法》和《公民身份法》为主。基于投资移民的不断增长，为进一步加强对申请的管理和审核能力，2017年安提瓜和巴布达政府在移民局中成立了投资移民部门，专门负责处理投资移民事宜。

（四）圣卢西亚

加勒比地区新兴的投资移民国家——圣卢西亚政府直到2016年才实施投资移民政策，也是加勒比地区最后一个实施投资移民入籍政策的国家。圣卢西亚移民领域主要法律为《公民身份法》，2016年开放投资移民政策后收到了一定数量的申请，当地政府专门成立了投资移民部，负责对投资移民申请进行审核。

五、南美地区

（一）阿根廷

近些年阿根廷经济的总体形势较为稳定，但经济增长放缓，阿根廷政府

---

〔1〕 "2013 Grenada Citizenship by Investment Act15", available at http://www.cbi.gov.gd/wp-content/uploads/2015/05/Act_No._15_of_2013_Grenada_Citizenship_by_Investment_Act1.pdf, last visited on 2018-1-11.

对投资移民持开放态度。2010 年阿根廷政府以第 616 号法案通过了新的《移民法》，引入投资移民政策。阿根廷政府多个部门共同对投资移民申请进行审核：央行负责投资资金审核与管理，工业部负责对商业计划进行审核，国家移民局发放居留签证。投资移民申请者应将申请信提交至阿根廷使领馆，表明申请人希望在阿根廷生活的意愿。除申请信外，其他所需资料还包括：①银行的存款证明，申请者应至少在银行有 14 万欧元的资产证明；②申请者商业背景经历的相关证明文件；③申请者拥有支撑其在阿根廷生活的经济来源。

（二）巴西

2017 年巴西政府出台的第 11 号法令和第 13 号法令对投资移民作出了最新的法律规定。依据最新规定，巴西劳工部是投资移民审核的中央机关，投资移民申请者向巴西劳工部提交申请。劳工部中的移民协调委员会是投资移民事务的主管和审核部门，负责对投资企业的商业活动进行评价，对投资移民的专业性和技术性进行审核，确定投资活动是否符合要求。移民局则是移民主管部门，负责制定国家移民计划，对全国移民进行整体监管，同时还对政府机构内部关于移民事项的合作提供技术支持和行政支持。

巴西投资移民签证的法律规定中没有对投资资金来源的合法性作出明确要求。巴西政府对投资移民资金合法性的确认以预防性措施为主，反腐败部门与相关主管机构通过现有合作机制能够对可疑资金的流入及时发出预警，阻止涉腐败资产入境。[1]投资移民审核中，巴西国税局负责对投资移民申请者的金融信息进行监控和审核，由此承担相关的反腐败、反洗钱和反逃税的职责。尽管巴西国税局收集个人收入申报信息和房产信息是出于经济目的，但在实践中，这些信息与线索常常用于刑事案件的侦查。在发现违规情形时，巴西国税局会对 5 年内的申报数据进行重新核实，而在刑事案件侦查中，这一期限还会相应延长。

六、亚洲地区

事实上，许多国家的司法部都是移民的主管部门，或是移民局隶属于司法部。例如，菲律宾移民局隶属于司法部，是移民法律的核心执法单位，也是投资移民的主管机构。日本移民局也是司法部的下属机构。日本司法部在

---

〔1〕　二十国集团反腐败工作组"投资移民与腐败犯罪"研究项目巴西政府提供的问卷反馈。

2012 年引入移民签证计分体系，规定高级学术研究者、高级专业/技术人员、高级商业管理者（即投资移民）这三类人员应通过计分制方式进行筛选，对投资移民的技术要求体现在申请作为投资移民应当是成功的高净值投资者。[1] 韩国也同样如此。韩国并不是传统移民国家，但随着国家放开移民政策，外来人口趋向于多样化，投资移民也有了新的变化与发展。根据统计数据，2016 年韩国外来移民占国家人口的 3.4%。[2] 韩国投资移民政策于 2010年起实施，韩国《移民法》第 10、26、27 条涉及投资移民的相关规定。[3] 韩国移民法律还包括《国籍法》《移民管理法》《跨文化家庭支持法》《外国人待遇法》。韩国移民局隶属司法部，司法部是韩国移民的中央主管机构，负责移民政策制定，包括投资移民资金门槛、投资活动评价标准，最终对投资活动的认定也是由韩国司法部负责。其他与移民相关的主管部门还包括移民局、劳工部、健康和福利部、外交部。投资移民申请人向司法部移民局提供商业企业的登记执照，移民局收到相关材料，向申请人寄发护照通知，申请人前往使领馆取得投资移民签证。近年来，受外来人口不断增加的压力，韩国政府也在考虑是否需要建立一个专门的移民办公室以应对快速增长的移民。韩国政府对投资移民政策作出数次调整，主要体现在对投资资金的提高及推出多种形式的投资基金。例如对 D-8 投资移民签证的要求，从最初 300 万韩元投资资金上调至 1 亿韩元。提高投资资金是由于韩国政府认为投资移民并没有实际推动韩国经济的发展。[4] 韩国政府希望投资移民所创建或经营的企业能具有创新性，提高投资资金数额要求能够促使申请人更加认真地对待在韩国的商业活动，以真正实现推动韩国经济发展的目的。在移民人口流入方面，亚洲移民占据绝对多数，中国是韩国外来人口流入的第一大国。2017 年第一季度，中国人在韩国购买的房地产总额仅次于美国和欧洲，成为第三大买家。韩国国土海洋部统计数据显示，2017 年 1 月—3 月，中国人在韩国购买的房

---

〔1〕 "Points - Based Preferential Immigration Treatment for Highly Skilled Foreign Professionals", available at http://www. moj. go. jp/ENGLISH/m_hisho06_00043. html, last visited on 2018-3-8.

〔2〕 "Immigration to South Korea", available at https://wiki2. org/en/Immigration_to_South_Korea, last visited on 2018-1-5.

〔3〕 二十国集团反腐败工作组"投资移民与腐败犯罪"研究项目韩国政府提供的问卷反馈。

〔4〕 "South Korea Investment Immigration", available at https://www.mysecondpassport.com/south-korea-investment-immigration/, last visited on 2018-1-5.

产面积达到 16.56 万平方米，比去年同期高出一倍；总价值为 749 亿韩元（约合 4.48 亿元人民币），比去年同期的 156 亿韩元增加了近四倍。[1]韩国《移民法》允许投资移民申请者拥有两个国籍，申请者配偶及未满 19 周岁的未婚子女作为附属申请人都享有居住权。

新加坡作为一个移民国家，其移民及投资移民法律体系的建设较为完善，以《移民法》为移民法律的核心，同时还有 19 个附属性法律规范。[2]投资移民的主管机构是新加坡政府经济发展局与劳工部的直属机构——联系新加坡（Contact Singapore）。由这一专门机构负责对投资移民申请的审核。新加坡移民与关卡局负责办理签证和移民手续。

针对投资移民实践中出现的问题，新加坡政府在近些年来进一步加强对投资移民的审核与监管，通过专业机构从技术性与专业性方面加强对申请者的审核。新加坡移民局于 2012 年 3 月委任美世（新加坡）私人有限公司为独立评级机构，专门针对投资移民中的基金项目进行审核。美世（新加坡）私人有限公司的评级审查基于对基金公司三大方面的综合考量：一是公司人员，包括投资意向的产生和业务管理；二是投资流程，从投资组合的构建和实施过程方面对投资进行评估；三是运作管理，对公司进行综合性考量，主要评估项目为公司治理、监管、控制、科技和投资行政。[3]从这点可以看出，新加坡对投资移民的审核剥离了政治因素的影响，实现了更为独立的审核，从商业专业化角度对投资移民申请者及商业计划进行审核。

新加坡政府也在控制投资移民的发展，致力于引入高素质的移民。2008 年，新加坡发放永久居留和护照共 79 000 份，随后几年永久居留和护照的发放数量一直没有超过 30 000 份。2017 年，新加坡的移民政策有了新变化，政府放宽移民政策，每年开放 15 000~25 000 个新移民名额，同时批准 30 000 名外籍人士成为永久居民。但实际上，政策放宽只体现在降低申请门槛，却增加了对申请人履历、创新项目、社会融入度等各方面的审核力度。总的来

---

〔1〕　路虹：《中国投资者再掀海外购房潮》，载金融界：http：//house. jrj. com. cn/2011/06/241155 10289563. shtml，最后访问日期：2018 年 5 月 6 日。

〔2〕　"Immigration Act"，available at https：//sso. agc. gov. sg/Act/IA1959，last visited on 2018-5-6।

〔3〕　"Global Investor Programme"，available at https：//www. contactsingapore. sg/en/investors-business-owners/invest-in-singapore/global-investor-programme，last visited on 2018-5-6.

讲，投资移民提交申请比以前更容易，但申请通过更加困难。[1]新加坡不承认双重国籍，投资移民申请者若获得新加坡国籍，需要声明退出原国籍。申请人若违反这一程序规定，没有向原国籍国申报，也将面临被吊销护照的处罚措施。

印度尼西亚 2011 年第 6 号法律授权移民协调委员会作为投资移民的主管机构，并负责协调涉及投资移民的其他事项，向投资移民申请者提供必要帮助。印度尼西亚政府没有授权或邀请专业机构和人员对投资移民的投资行为和商业背景进行专业角度的审核。移民协调委员会是主管机构，同时印度尼西亚中央和地方政府部门对投资移民者进行具体管理。移民协调委员会强调对投资移民申请者经商能力与投资专业性的审核，通过政府发放投资移民邀请函的方式对申请者进行第一次筛选。[2]投资活动到期后，移民总署与移民协调委员会负责对投资活动进行审核，以确认是否发放更新居留。投资移民申请者只能获得有时间期限的居留，但在印度尼西亚连续生活 2 年后可以申请永久居留权。[3]

值得注意的一点是，印度尼西亚政府对移民申请的审核出现加强信息化审核的趋势。印度尼西亚政府表示，在信息化社会的今天，政府正在考虑不仅仅是通过申请人所提交的签证材料进行审核，在一定情形下，可能会考虑通过申请人社交媒体的资料以对申请人进行全面和客观地评估。[4]另外，申请人除了提交书面申请材料外，还需通过印度尼西亚政府的电子系统在网上提交申请，政府会通过移民局的数据库进行相关检索以对申请人背景进行核实。印度尼西亚政府认为，政府各主管机构间已经建立起较为完善的信息共享机制，涉及移民信息时，能够与其他部门及时进行信息交换，特别是涉及贪腐人员试图利用投资移民项目时，政府会通过建立部门间合作机制来开展侦查活动。

---

[1] 《〈2018 中国国际移民报告〉：新加坡或迎来移民洪流！》，载保和海外：http://www.baohe-ym.com/index.php？g=portal&m=article&a=index&id=345&cid=8，最后访问日期：2018 年 5 月 9 日。

[2] 二十国集团反腐败工作组 "投资移民与腐败犯罪" 研究项目印度尼西亚政府提供的问卷反馈。

[3] 《印度尼西亚共和国 2007 第 25 号投资法》，载 https://wenku.baidu.com/view/b25ea96627d3240c8447ef2a.html，最后访问日期：2018 年 5 月 9 日。

[4] 二十国集团反腐败工作组 "投资移民与腐败犯罪" 研究项目印度尼西亚政府提供的问卷反馈。

第三章
对投资移民申请者身份背景调查的审查程序与规则

预防性审查是针对投资移民申请者所提交的申请，从申请者个人背景、资金来源及转款方式几方面对材料进行完整的调查与审核，以确保材料的真实性与有效性。预防性审查在投资移民审核制度中有着非常重要的作用，发挥着对投资移民申请者的初次鉴别作用，通过对申请者背景、资金的调查以确保投资移民申请者具有真实投资移民的能力，达到拒绝腐败人员及其他犯罪人员利用投资移民政策，使其成为犯罪避风港的目的。

投资移民审查机制的建立具有较高的技术性，不仅需要普通移民官员对资料进行审验，还需要专门的技术性人员从投资经商的角度审核申请材料、经商项目是否具有可行性，金融监管部门对相关金融交易活动进行监测，以判定是否存在涉腐败或者其他犯罪的线索。

第一节 经商专业背景（资历）

经商专业背景或资历是指投资移民申请者在提出投资移民申请时应当具备专业的、成功的经商经历、高级管理者的资历并提供相应的证明文件。对于投资移民，专业背景显得尤为重要，有些国家的投资移民签证就是将其列入技术类移民，对申请者的经商经历和背景有所要求，如一定年限的成功经商或管理经历、一定职位的管理经验。但是，专业经商背景的要求不是每个设有投资移民签证国家的强制性要求，这就导致大量并不具有真实经商和管理能力的申请者可能混入其中。

一、申请人应具备成功经商管理经历

根据加拿大《移民及难民保护法》中对不同签证类别的划分，加拿大政府对不同类别的移民各有要求，体现在投资移民上，对投资移民申请者个人技能有明确要求：首先，经商的经历和成功经验是投资移民的基础条件。无论是联邦立法还是魁北克及其他省立法，都对申请投资移民的经商经验有明确要求，并且将其作为一项硬性指标，对经商的时间及经历也有具体的量化要求。其次，语言能力的要求。虽然加拿大现行投资移民政策仍有名额限制，但是具备语言能力则可以不受名额的限制，体现出加拿大政府对申请者能否顺利融入加拿大社会较为重视。最后，对申请人的年龄和学历，加拿大各省没有实行统一的标准，主要根据本省引入投资移民的需求制定具体要求。

西班牙对投资者条件的规定共四种类别：其一，重大经济推动力或投入重大投资资金；其二，企业家能够投身于创新性商业活动并能够创造工作职位；其三，高技能的职业人员；其四，外国人在西班牙定居是涉及劳工或职业化原因。[1]西班牙将申请人的经商能力与资金要求放在同等地位，表明西班牙政府接受投资移民申请者可以用高额资金代替其经商能力，使得投资移民立法设计上可能会留下对申请者背景的审查空白。

澳大利亚投资移民签证类别较多，能够直接获得澳大利亚永久居留身份的是 132 商业人才永居签证，其对重要经商历史类别申请者的要求为：申请者应当是企业主、股东、高级管理人员，并且打算在澳大利亚建立新的企业或者经营管理已有的企业，同时申请者应具备成功的经商业绩。澳大利亚对经商类别投资移民强调申请者的经商背景，与其他技术性移民引入保持了一致。

阿根廷政府要求投资移民申请人应确实具有商业投资的能力，并提供从事相关商业领域活动的证明文件。

巴西的投资移民法案对投资行为作了进一步明确规定，申请者应当有一定能力创造工作职位或是增加巴西国家财政收入。巴西政府在 2017 年 11 月 20 日出台的第 9.199 号法令重申了对投资移民的技术性规定，投资移民居留

---

〔1〕 "Law to Support Entrepreneurs and Their Internationalization", available at Presentación de Power Point, http://www.exteriores.gob.es/Embajadas/ABUDHABI/es/VisadosVisas/Documents/Ley%20de%20E-mprendedores%20 (Ingl%C3%A9s).pdf, last visited on 2018-5-9.

身份应授予那些有意或已经通过其国外的财富投资于巴西境内企业的人员，并且这一项目具备创造工作职位或增加国内生产值的可能性，所投资的巴西企业应是合法运营的，符合巴西中央银行在金融管理方面的规定。该法令对申请者资质的要求是申请者应在企业中承担管理者、经理、主管或是执行主管的职责，即进行实际的经商或管理活动。[1]除此之外，投资移民申请者还应符合巴西国家移民署规定的一般移民条件。

二、经商背景不作为强制性要求

成熟的移民法律制度应当对不同类型的移民作出不同的评价和筛选体系。在投资移民的甄选中，技术技能是非常重要的一个考量因素。申请者也只有具备一定的投资技能，才能融入当地社会，实现推动当地经济发展的目的。但从当前实施投资移民政策的国家来看，不少国家都认可或曾经认可引入投资移民最为重要的是能够获得大量的外来资金，而疏于对投资移民人才的界定与甄别，使得不少并不具有投资与经商能力的人员借投资移民获得第二个身份。

作为移民大国，美国 EB-5 投资移民签证尽管有着相对成熟与制度化的审核机制，但却欠缺对申请人专业化经商背景的要求，只要申请人能够提供资金来源的证明，通过审核就可以获得投资移民的身份或居留权，相比于美国其他的人才签证，缺少对移民申请者的专业化要求。

欧洲地区盛行购买房产获得居留权的"黄金居留"签证，普遍未对申请人的专业化背景作出要求，主管机构对入境人员的身份核实和审查工作也存在欠缺，对投资移民的评价标准表现为注重外来资金流入的特征。例如，西班牙直接投资房产的申请者及自由职业申请者，葡萄牙、希腊、塞浦路斯通过购房获得居留权甚至护照的投资移民项目都不需要申请者拥有相关的商业背景，没有专业性的要求，也没有资金来源合法性证明的要求。无疑，宽松的门槛将给犯罪分子带来更多的机会和空间。

拉脱维亚投资移民项目之中的金融投资是指申请者通过将一定数额的现金存入拉脱维亚银行内的账户即符合投资要求。这种投资行为实际为变相的现金直接流入，缺乏对资金实际所有人及申请者身份背景的审核，显然无法达到有效的法律监管。

---

〔1〕　二十国集团反腐败工作组"投资移民与腐败犯罪"研究项目巴西政府提供的问卷反馈。

英国 Tier 1 投资移民签证，除了对投资资金的金额有明确要求，对申请人的商业背景、有效的商业活动等投资相关行为都没有作出要求。Tier 1 投资移民签证通过购买国债方式进行投资移民，不需要申请者进行实际的经商行为，对申请者没有技术性的要求，欠缺对投资移民中的专业性、技术性的标准设定。申请人只需满足 18 周岁的最低年龄限制并提供无犯罪证明即可，但是这种无犯罪证明对排除涉贪腐或其他犯罪资产的流入并无显著效用。正因这种立法设计欠缺对申请人背景的审核和监管，没有对申请者商业背景的法律规定，就使得不少不具有商业能力的申请者都可通过投资移民身份获得英国签证和护照。

2017 年，一名持英国投资移民签证的哈萨克斯坦青年——马季亚尔·阿布利亚佐夫（Madiyar Ablyazov）所卷入的国际诈骗案曝光，这起案件涉及数百万美元、数百家公司包括数家离岸公司。案件曝光后，加强对投资移民签证安全审核的呼声重新引发英国国内的关注。马季亚尔，1992 年出生于哈萨克斯坦，10 岁起就持 Tier 2 签证定居伦敦，住在伦敦北富人区的一栋豪宅内。他在 2008 年 1 月申请投资移民签证，他的家人通过瑞士银行账户将 100 万英镑汇入他的账户。在办理投资移民签证期间，他的家人给英国移民局提供了一份文件，名为"礼物备忘录"，其中有马季亚尔和他父亲的签名，文件写道："穆赫达尔（Mukhtar，马季亚尔的父亲）赠予马季亚尔 100 万英镑。马季亚尔是这 100 万英镑的接受者，穆赫达尔是捐赠人。"这份文件于 2009 年 3 月提交，两个月后马季亚尔就获得了投资移民签证，与此同时，穆赫达尔也抵达伦敦。穆赫达尔自 2005 年起就担任哈萨克斯坦 BTA 银行董事长，BTA 银行发现其 20% 的借贷证券都处于"无法清偿"状态。哈萨克斯坦高等法院作出判决认为，"BTA 银行之前的管理层，特别是穆赫达尔在职期间进行了巨大且系统性的欺诈，通过借贷或其他方式转账，将资金转移给没有任何资产的离岸公司。"之后，BTA 银行在英国对穆赫达尔提起诉讼，要求法院公开穆赫达尔家族在全球的资产并采取冻结措施。2016 年 12 月，BTA 银行通过法院判决获得 4.9 亿英镑的赔偿。但马季亚尔却通过英国投资移民签证获得了在英国的永久居留权。[1]

这一投资移民案例充分暴露了英国投资移民政策中存在的监管漏洞，对

---

[1] Thomas Scripps, "The Unexplained Wealth Order Legislation and London's Financial Aristocracy", available at https://www. en. neweurasia. info/corruption1/1761 - the - unexplained - wealth - order - legislation - and-london-s-financial-aristocracy, last visited on 2018-10-31.

资金审核的疏忽使得涉及腐败或犯罪资产作为投资移民资金流入的可能性大大增加。英国投资政策于 2008 年启动，投资移民申请者从 2009 年的 153 名到 2014 年上升至 1172 名。在这期间，至少 3.15 亿英镑的财产通过投资移民政策流入英国。截至 2015 年年底，英国共发出 3048 份投资移民签证，其中 60% 的签证发放给来自中国和俄罗斯的申请者。2008 年—2015 年 4 月，这一阶段被称为英国投资移民签证史上的"致命黑暗阶段"，这一命名源于在此期间，政府对申请英国投资移民资产的审核完全处于空白状态，既没有要求英国银行履行相关职责，也没有要求来源国银行提供证明。可以说，这 3000 多名投资移民的资金来源没有任何的证明材料。英国移民局承认从未对这 3000 多名申请者进行过识别与核查，以辨别他们是否属于"政治敏感人物"——具有高风险的外国官员。[1]透明国际的数据显示，截至 2015 年 4 月，大约有 82 亿英镑涉及腐败的资产通过洗钱流出中国，预计每年有高达 31 亿英镑的非法资产流出俄罗斯。[2]

英国批准投资移民的数量不断增长，于 2014 年达到顶峰，2015 年开始显著下降。原因正是在 2015 年之前，英国对投资移民特别是以投资者身份进行移民申请的资金来源合法性的要求太低。尽管英国投资移民签证对资金来源合法性有说明性要求，但这种证明要求既没有达到排除合理怀疑的刑事证明标准，也没有遵行民事证据的优势证明力规则。资金来源合法性的证明，只是一种概括性的文字说明，证明财产来源是遗产、捐赠、工资等形式，这一形式没有其他相应证明材料进行辅助，没有相关资金证明链的要求。因此，这一致命漏洞使得大量无法解释的可疑资产流入英国。并且，英国投资移民签证在实际运行中还表现出这样一种特征，即提供越多资金，就有更大的可能性获得签证。这种运行方式，无疑加大了涉及腐败及其他犯罪的非法资产借助投资移民渠道流入英国的可能性。事实上，英国投资移民审核制度是直接套用英国技术移民所适用的审核方式。英国技术移民体系创建于 2002 年，

---

〔1〕　David Pegg, "The 'Golden Visa' Deal: We Have in Effect Been Selling off British Citizenship to the Rich", available at https://www.theguardian.com/uk-news/2017/jul/04/golden-visa-immigration-deal-british-citizenship-home-office, last visited on 2018-3-8.

〔2〕　Nick Maxwell, "A Golden Opportunity to Tackle Corruption Through the Tier 1 Investment Visa Scheme?", available at https://www.transparency.org.uk/a-golden-opportunity-to-tackle-corruption-through-the-tier-1-investment-visa-scheme/, last visited on 2018-3-8.

以计分制为基础，申请者的得分越高就越容易获得签证。投资移民签证审核直接照搬了技术移民的运行体系，没有针对投资移民的特殊性、资金流转方式等出台相应的监控体系，也没有考虑与英国国内其他相关法律进行对接，只是套用评分体系，而没有技术性立法的体现。最终导致在实际运行中，特别是针对投资类投资移民的签证审核，资金成为唯一的计分标准，投资移民演变为申请者只需要提供财产，除此之外再没有背景和资格的条件要求，很难让人认为这种立法设计是符合科学性的立法。

2018年12月，英国政府宣布自12月7日起暂停投资移民 Tier 1 签证申请，预计在1年~2年后重新公布新的规则，暂停的重要原因正是投资移民与腐败犯罪的牵连性过高。目前，根据英国最新公布的投资移民政策动态，其考虑删除通过购买国债进行投资移民的方式，以申请人应在英国境内进行实际的经商活动来取代，同时要求申请者提供详尽的会计、税单报告以证明投资移民的资金是在过去两年中合法获得的收入。[1]

从英国投资移民法律的最新修订能够看出，英国政府已经发现并开始重视投资移民制度被非法利用的风险。为实现对投资移民申请者的真实性鉴别，英国政府对投资移民的要求将逐步转向具体的经商能力以及加强对资金来源的强制性审查。

第二节　无犯罪背景证明及调查

无犯罪身份背景调查同样是移民及投资移民证明材料中的一项必备要求，申请者须提供居住国（地）官方机构出具的证明文件以证明其没有犯罪记录；或是移民流入国将无犯罪背景作为筛选投资移民申请的一个必要程序，由移民流入国政府将申请者的资料通过国际机构或大型司法调查组织的数据库进行比对，以排除违法犯罪人员通过投资移民渠道转换身份。

一、申请人本人提供无犯罪证明

在投资移民申请中，申请者本人提供的无犯罪证明是一项必须性要求，

---

〔1〕 "UK Investor Visas Not Suspended, Only Will be Reformed", available at https://citizenshipbyin-vestment. ch/index. php/2018/12/06/tier1-uk-investor-visas-suspended-from-dec-7-to-reopen-with-new-rules-in-2019/, last visited on 2019-2-4.

这一申请一般应由申请人居住地或国籍地的官方机构出具，不同国家对申请人所需提供证明的内容和提交时间的要求略有不同。

以欧洲地区为例，西班牙政府要求投资移民申请者提供无犯罪证明记录。英国投资移民签证材料也需要提交无犯罪声明，但英国有媒体认为，这对于申请者可能涉及腐败犯罪的情形毫无影响，在现实中根本无法发挥排除申请者及申请资金涉及腐败犯罪的效果。[1]马耳他政府要求，申请者应提供警方出具的无犯罪证明，证明提交时间应不早于投资移民申请的 6 个月。同时申请者还应提交宣誓证明，以证明申请者本人没有任何正在进行的民事和刑事诉讼。依据塞浦路斯投资移民项目规范，申请者应提供的证明材料包括：①声明宣布在塞浦路斯所购买的房产是其永久性的居所，这一房产居所的价值不得低于 50 万欧元；②申请人年满 18 周岁且无犯罪记录，同时还应证明不属于欧盟发布的金融财产冻结令的人员；③通过国际数据库所提交的谨慎调查报告，报告出具的时间应不晚于提交申请的 30 天内。[2]

在葡萄牙移民局的签证类别分类中，投资者申请不属于工作签证类别，是专门设立的一类投资者签证。依据葡萄牙《移民法》的规定，不符签证要求的材料可能直接被拒绝。在投资移民材料中，申请者需要提供无犯罪证明，而葡萄牙对犯罪证明的要求比较独特，其要求提供的证明是犯罪行为在葡萄牙可能会被判处 1 年以上的监禁刑。[3]这就意味着，哪怕申请者在本国曾有过犯罪行为，只要这一行为依据葡萄牙法律不会被判处 1 年以上监禁刑，同样也属于无犯罪的情形。

菲律宾政府对投资移民申请者的背景调查包括强制性要求申请者提交两份无犯罪记录证明，分别由菲律宾中央警察局出具，以及申请人国籍国或居住地国所提供的或是通过国际刑警组织的数据库筛查，证明申请人没有被任何一个国家或地区的司法机关定罪处罚，也不是任何刑事调查的对象。无犯

---

〔1〕　David Pegg, "The 'Golden Visa' Deal: We Have in Effect Been Selling off British Citizenship to the Rich", available at https://www. theguardian. com/uk-news/2017/jul/04/golden-visa-immigration-deal-british-citizenship-home-office, last visited on 2018-5-9.

〔2〕　"Cyprus Investment Programme", available at http://www. moi. gov. cy/moi/moi. nsf/All/0A09FCB93BA3348BC22582C4001F50CF, last visited on 2018-5-9.

〔3〕　"Article 89, Paragraph 4-Residence Permit for Entrepreneur Immigrants- 'STARTUP VISA' ", available at https://imigrante. sef. pt/en/solicitar/residir/art89-4/, last visited on 2018-5-9.

罪记录证明开具的时间应是提出申请的 6 个月内。

二、由目的国政府对申请人信息进行尽职调查

加勒比数国对申请人背景的调查方式具有高度的相似性：首先，在申请资格上，只要求申请人年满 18 周岁，提供基本的证明材料，如警方出具的身份证明。这些证明材料只是从最基础的角度表明申请人的身份信息和资产所有权，缺乏从投资行为的技术性和申请者的商业背景对投资移民作出精细化的规定。其次，对申请人背景的调查方式欠缺深入性与科学性。

尽管圣基茨和尼维斯是全球投资移民立法的先驱，但在投资移民法律的科学性、技术性上却发展相对缓慢，没有从投资行为的技术性和申请者的商业背景对投资移民作出精细化的规定。圣基茨和尼维斯只要求申请人年满 18 周岁，提供基本的证明材料，如警方出具的身份证明、申请者是资金所有人的银行推荐信及专业人士的推荐信。专业人士的推荐信由律师、公证人员或是会计师事务所提供，出具时间应在提交申请前的 6 个月。这些证明材料只是从最基础的角度表明了申请者的身份信息和资产所有权。同时，圣基茨和尼维斯政府推行低投资门槛且能快速获得护照的投资移民政策，对申请者的审核流于形式，一度饱受国际社会的批评。2015 年 2 月，圣基茨和尼维斯现任总理蒂莫西·哈里斯（Timothy Harris）竞选成功。他表示，圣基茨和尼维斯投资移民政策是一项高标准的政策，对推动本国和世界经济发展都有一定的作用，圣基茨和尼维斯并不是犯罪分子的天堂。他指责圣基茨和尼维斯投资移民政策之所以与犯罪相联系都是其前任政府疏于监管所致。蒂莫西·哈里斯上任后对投资移民项目进行了调整，引入了强制性尽职调查程序，这一系列措施在一定程度上降低了投资移民与犯罪相联系的可能性。上述尽职调查程序是指由圣基茨和尼维斯政府将申请人信息发送至国际机构的数据库进行背景核实。一般常用的数据库包括国际刑警组织、美国 FBI 及英国英格兰场等，[1] 意图通过交叉筛查的方式排除犯罪人员成为投资移民，但是以数据库筛查的方式对投资移民身份进行核实并不是完美无缺的。这种身份核实欠

---

〔1〕 "Controversy Rocks St Kitts over Chinese Citizen Wanted by Beijing for Fraud", available at https://www.stabroeknews.com/2017/news/regional/05/12/controversy-rocks-st-kitts-chinese-citizen-wanted-beijing-fraud/, last visited on 2019-7-20.

缺移民国主管部门主动介入签证材料，只是进行身份背景的筛查，无法真实体现出申请人是否确实具备经商经历和才能。而且这种背景调查只针对申请者是否存在被刑事定罪或进入刑事案件调查的情形，对申请者是否存在变换身份骗取投资移民情形的有效性有待考证。

安提瓜和巴布达也是通过国际机构的数据库进行调查。这种单纯通过数据检索的核查方式显然无法达到尽职调查的要求，2017 年，印度一名涉嫌金融欺诈的珠宝商，从印度出逃通过投资移民获得了安提瓜和巴布达的护照。[1]同年，通过投资移民渠道，安提瓜和巴布达授予世界最大暗网建立者——亚历山大·卡兹（Alexandre Cazes）本国护照。尽管安提瓜和巴布达政府宣布自 2017 年起不接受伊拉克、朝鲜、索马里、也门及阿富汗国籍的申请者，除非其拥有美国或英国的永久居留权，但是这一政策并不能从根本上堵塞安提瓜和巴布达政府对申请者背景调查的漏洞，也无法改善投资移民项目被腐败、金融、有组织犯罪所利用的局面。

圣卢西亚政府也通过数据检索的核查方式对申请者背景进行尽职调查。尽管圣卢西亚政府要求申请应通过当地批准的中介机构进行，试图通过相对规范的中介机构以更好地对申请者进行调查核实，但由于尽职调查有效性不足并且没有提出申请人必须与签证官进行面谈的要求，在一定程度上限制了对申请人背景的有效了解。

多米尼克投资移民程序中也规定了尽职调查。多米尼克的尽职调查是由其投资移民部负责，并委托一家以上的专业机构，如律所对申请人背景进行调查。投资移民部认为需要对申请人进行面谈时，申请人必须进行面谈。在政府网站上，投资移民部门表明根据申请人的情形可能会进行加强尽职调查。[2]但是并没有法律和规定明确说明可能涉及加强尽职调查的因素，也没有明确加强尽职调查应达到怎样的标准。

在加勒比地区国家中，格林纳达制定了相对严格的申请人背景审查，要求申请人必须通过具有政府授权执照的中介机构提交申请。通过中介机构实

---

〔1〕 "Indian Man Allegedly Wanted for Fraud is Antigua CIP Citizen", available at https://antiguanewsroom.com/news/indian-man-allegedly-wanted-fraud-is-antigua-cip-citizen/, last visited on 2018-5-10.

〔2〕 "Dominica CBIU Application Documents", available at https://cbiu.gov.dm/dominica-citizenship/required-documents/, last visited on 2018-5-9.

现对申请者的初步管理，同时政府定期对中介机构进行审核，以发放执照的准入制对中介机构进行管理。格林纳达政府规定申请人应在获得永久居留6个月内，前往格林纳达使领馆进行面谈，以核实材料的真实性。如果申请人未能在规定时间内前往领事馆进行面谈，则会面临剥夺永久居留身份和投资资金无法返还的处罚。

俄罗斯是由政府机构负责对移民申请人背景进行专业化的调查，以排除恐怖分子或其他犯罪人员通过投资移民转化身份的可能性。俄罗斯《公民身份法》第14条规定，俄罗斯移民局及其下属的反恐处通过专门的程序对申请人背景进行审查。

第三节　身份欺诈

各国移民法律普遍规定，投资移民或移民申请者在签证申请材料中使用虚假材料都将构成移民欺诈，面临撤销身份的处罚或其他的刑事、行政处罚。

美国《刑法典》和《移民与国籍法》对投资移民申请者涉嫌身份欺诈构成违法犯罪的，规定了相应的刑事处罚措施。美国《移民与国籍法》规定，因身份欺诈涉及违法行为包括但不限于：一是非法入境。美国《移民与国籍法》第275条规定，无论任何时间、地点，试图以虚假材料或是虚假陈述，如通过虚假婚姻或建立虚假公司进入美国境内，都属于非法入境，将处以罚金或不超过6个月的监禁，若行为被刑事定罪则处以不超过2年的刑期。同时处以50美元~250美元的民事处罚。由法官根据《联邦量刑指南》决定对其适用刑事罚金或监禁刑。二是被驱逐出境后重新非法入境。美国《移民与国籍法》第276条规定，被驱逐后重新非法入境属于重罪，处以最高2年的监禁刑并/或处以罚金。如果行为人被驱逐是因为犯有"恶性重罪"、毒品相关犯罪或因国家安全原因拒绝入境的，将被处以更高的刑期。对非法入境的定罪不需要行为人有特定的入境意图，政府也不需要证明行为人不知道其不符合入境的要求。三是与帮助非美国公民入境或非法滞留美国境内相关的犯罪行为，包括带领、运输、隐藏或教唆非美国公民进入美国境内。四是虚假陈述、提供虚假文件、欺诈及共谋。五是没有执行驱逐令。美国《移民与国籍法》规定，被驱逐人员将面临被驱逐出境或美国政府拒绝提供难民庇护。

因申请材料不合格导致申请被拒绝属于美国移民法中规定的不予入境。

美国《移民与国籍法》第 212（a）条规定了不能够获得美国签证及入境美国的情形，其中包括：其一，健康问题，申请者如患有传染性疾病并且可能威胁公众健康的。其二，犯罪相关问题，申请者 18 周岁以前所犯的轻微犯罪并不属于阻却其成为美国公民的消极因素，但在申请者提出申请 5 年之前的定罪判决都属于阻却其成为美国公民的消极因素。其三，安全问题，如加入恐怖组织。其四，违反移民法律或是程序问题，包括非法入境、曾被驱逐、不合法出现。申请者在还没有成为美国公民之前，曾有非法入境的情况，或是没有合法正当理由缺席撤销身份的听证会，或是申请者在申请移民的材料中作出虚假陈述，以及在转为永久居民时未能达到移民所要求的在美居住的时间等，都属于违反移民法律的情形。其五，涉及公众债务问题。其六，其他事项，如某些外国政策的影响以及宪法问题。

在投资移民中，申请者违反移民法律规定或是程序性事项较为常见的情形是申请中的欺诈行为及自愿作出的虚假陈述。申请者没有根据事实情况作出表述或主张，包括申请签证期间的口头表述和纸质申请文件以及相关证明材料。虚假陈述必须是对美国政府作出的，即在申请签证过程中对领事馆的官员或是国土安全部的官员作出的，并且虚假陈述必须是存在于申请者的签证材料中，包括虚假陈述是由申请人的律师或是代理人作出的，只要申请人认识到在申请过程中将会采用虚假的材料，都被认为是申请人的虚假陈述。依据美国《移民与国籍法》的规定，自愿作出虚假陈述是指行为人明知或故意的行为，行为人对虚假材料性质有完全的认识，并故意或有意地进行不真实的表述。虚假陈述与申请人未能提供真实信息之间的区别在于申请人是否对隐藏的真实材料采取默示态度。

根据加拿大《移民与国籍法》的规定，移民欺诈构成拒绝入境、拒绝授予加拿大永久身份的事由。加拿大《移民与国籍法》规定的不予入境情形包括：一是安全原因。加拿大的永久居民或外国公民参与间谍或颠覆反对加拿大民主政府、机构或程序的活动；参与或教唆武力颠覆政府；参与恐怖组织；威胁加拿大国家安全；对处于加拿大境内的人实施暴力行为可能会危及其生命或安全；有理由相信其参与组织实施上述前三款行为，除非加拿大移民部长认为实施上述行为的人出现在加拿大境内不会对国家利益造成损害。二是违反人权或国际普遍权利。加拿大的永久居民或外国公民在加拿大境外实施《反人类罪和战争罪法案》第 4~7 条规定的犯罪；作为政府高级官员参与或曾经参与恐怖组织；系严重侵犯人类权利、灭绝种族罪、战争罪或实施《反人类罪和战争罪法案》第6条第(3)~(5)款的犯罪行为；作为个人而不是永久居民入境或在加拿大境内是为了促使国际或地区组织作出决定或措施以使某一国家对加拿大进行制裁，除非加拿大移民部长认为实施上述行为的人出现在加拿大境内不会对国家利益造成损害。三是严重犯罪行为。加拿大的永久居民或外国公民在加拿大被定罪，处以最高至少10年的监禁刑或是已经处以超过6个月的监禁刑；在加拿大境外被定罪，而这一犯罪行为如果是在加拿大境内实施可能被判处最高至少10年的监禁刑；在加拿大境外实施犯罪，而这一犯罪行为如果是在加拿大境内实施可能被判处最高至少10年的监禁刑。四是犯罪行为。加拿大的永久居民或外国公民在加拿大被起诉定罪或不是因为同一事件两次定罪；在加拿大境外被定罪，而这一犯罪行为如果是在加拿大境内实施会在加拿大被起诉定罪，或不是因为同一事件两次定罪；在入境加拿大时实施法律规定的犯罪行为。五是有组织犯罪行为。有理由相信加拿大的永久居民或外国公民是有组织犯罪的成员或曾经参与一系列有组织的犯罪行为，无论这种犯罪行为是否在加拿大境内实施，依据加拿大法律属于应被提起公诉的犯罪；参与跨国犯罪，如贩卖人口。六是健康原因。可能会对加拿大的永久居民或外国公民的公共健康、公共安全产生威胁，或有理由相信其可能会造成过多的社会服务或健康资源需要。但第3款的情形不适用于外国公民的家庭成员、依据《关于难民地位的公约》或相似情形申请永久居民、受保护的人及其家庭成员。七是经济原因。加拿大的永久居民或外国公民因为经济原因无法或不愿意提供自己或任何需要依附于他生活的人，使其需要社会援助或已经接受社会援助。八是虚假陈述。入境加拿大的永久居民或外国公民直接或间接进行虚假陈述或提供虚假签证材料，导致或可能导致加拿大相关部门作出错误的决定；赞助或曾经赞助通过虚假陈述的人入境加拿大；难民请求中进行虚假陈述；入籍中进行虚假陈述。九是不遵守《移民及难民保护法》。外国公民直接或间接违反《移民及难民保护法》；永久居民未遵守《移民及难民保护法》第27(2)条及第28条。

根据加拿大《移民与国籍法》的规定，加拿大对一般移民拒绝授予永久居民身份事由包括：一是健康问题。加拿大联邦政府指定的医生负责对申请者进行体检，健康体检是签证审核的一项内容，应在进行签证审核之前进行。二是犯罪问题。申请者应提供警察局出示的无犯罪证明，证明其在18周岁之后没有任何违法行为被定罪。此外，签证官还有权通过其他渠道以确定申请人没有参与任何违法活动，只有签证官相信申请者在加拿大没有犯罪的可能性才会发放签证。三是申请者没有在加拿大独立生活的能力。申请人须提供合理证据证明自己有独立生活的能力。四是申请者不是一个真诚的永久居民。为满足永久居民的要求，申请人应向签证官证明自己有在加拿大永久生活的意图。五是虚假陈述。申请者在其签证材料或面试中作出任何不真实的表述。虚假陈述并不需要申请者有故意的意图，只要存在虚假情形即可认定。2005年加拿大驻北京使馆拒绝了一名申请人申请永久居民身份的签证，因其认定申请人在投资资金来源中使用了虚假材料，申请人无法阐述资金的详细来源。由于使用虚假材料属于事实问题，北京使馆同时也驳回了申请人提出司法复审的请求。〔1〕六是其他事由，如申请人可能是恐怖分子。七是实施过违反移民法律法规的行为，如申请人之前曾被驱逐出加拿大，包括其附属申请人曾有被驱逐的记录。在某些情形下，签证官可以决定将曾被驱逐的个案上报至移民部长，由其决定是否允许申请人回到加拿大。

移民官员认为永久居民或外国公民属于不予入境的人，应当收集整理相关材料报告给移民部长。如果移民部长认为材料确实充分，将此报告转交给移民局。除非永久居民或外国公民属于没有遵守《移民及难民保护法》的情形，移民局将对不予入境事项举行听证会，听证会通过后由移民部长签发驱逐令。另外，移民官员有权对在加拿大境内举行听证会的永久居民或外国公民规定其他条件，如缴纳一定数额的钱款以保证其在等待听证会期间遵守相关条件。

加拿大移民局负责在听证会结束后作出下列决定：首先，依据《印第安法案》，承认其原住民或永久居民的身份；其次，如果外国公民符合法律规定，授予其永久或短期居留身份；再次，有条件或无条件授予永久居民或外国公民入境加拿大，并进行进一步检查；最后，对不满足不予入境但未经授权进入加拿大的外国人，以及对满足不予入境条件的外国公民和永久居民发布驱逐令。

由此可见，加拿大对涉及移民欺诈的情形持坚决的否定态度，具体表现

---

〔1〕　Zhang c. Canada（Minister de la Citoyenneté & de l'immigraiton），2005 F. C. J. No. 1594，281 F. T. R. 35，2005 CarswellNat 2969，2005 CarsellNat 5557，2005FC 1313（F. C.）.

如下：一是加拿大政府通过《移民与国籍法》的规定清晰地表达了只要移民有涉及身份欺诈的情形，无论是否具有主观上的故意，只要客观上构成身份欺诈或与真实情形不符的，都认定为欺诈并处以不予入境或其他措施。二是认定身份欺诈所作出的裁决具有溯及力，无论移民是否已经获得永久居留或护照身份，只要认定身份欺诈都将剥夺其移民身份或永久居留权、护照。三是拒绝身份欺诈的范围还包括行为人曾经资助过进行身份欺诈的人，对身份欺诈的范围作出了扩大化处理，不仅仅是行为人本人有身份欺诈的情形，只要对身份欺诈进行资助都属于身份欺诈人员。但对资助人要求有主观上的故意，即明知行为人会进行或在进行身份欺诈，仍对其实施资助。可见，加拿大对涉嫌移民身份欺诈的立法是十分严格的，采用了类似于对涉恐情形的立法处理，有过经济资助的行为都可认定为违法行为。四是对被认定身份欺诈的人员设置了上诉程序以保障其基本权利。根据加拿大《移民与国籍法》的规定，在认定身份欺诈后，移民部长应通过听证会的形式，要求对不予入境的决定进行裁决以决定是否发布驱逐令。但是如果加拿大移民局认为移民申请者是故意提供虚假材料则属于事实问题，移民申请者不能通过司法程序进行上诉。只有在加拿大移民局适用法律错误时，移民申请者才能够以司法程序作为救济手段。

"百名红通人员"第 65 号——原武汉市城市排水发展有限公司拆迁协调部部长蒋谦，在其任职期间伙同他人以虚增拆迁项目和改变房产性质的方式，骗取国家巨额拆迁补偿，涉嫌贪污和滥用职权罪。蒋谦在 2008 年伪造身份办理了加拿大投资移民，并获得永久居民身份，且于 2011 年 11 月潜逃至加拿大。在我国向加拿大提出司法协助请求后，加拿大方面采信了我方提交的蒋谦涉嫌移民欺诈的证据，拒绝了蒋谦永久居留延期申请并对其发出拘捕令。[1]2016 年 9 月 22 日，蒋谦最终选择从加拿大回国投案自首。[2]对于蒋谦这一案例，下文将结合加拿大移民法及投资移民法律制度，对我国司法机关成功破解外逃人员通过投资移民渠道获得境外身份的困难，最终成功将其

---

〔1〕《"65号红通"归国前沦落到租地下室》，载中国新闻网：http://www.ln.chinanews.com/news/2017/0410/41633.html，最后访问日期：2018 年 5 月 6 日。

〔2〕《红通逃犯帮人铲雪月入 500 每天吃清水煮面条度日》，载凤凰网：http://news.ifeng.com/c/7jREinAWJHM，最后访问日期：2018 年 5 月 19 日。

劝返进行分析。

第一，加拿大的移民法律程序与规则。在针对蒋谦通过投资移民外逃并获得合法身份的案件中，首先需要关注的是加拿大的相关移民法律制度。加拿大现行引渡法律主要是 1999 年《引渡法》，加拿大基本奉行引渡条约前置主义，即引渡的执行应以签署双边引渡条约为基础，除非一些特殊的案件，加拿大外交部部长在征得司法部部长同意的情形下，可通过签订"特定协定"的方式与未签署引渡条约的国家进行引渡。加拿大对引渡的审查分为司法审查和行政审查两个部分，分别由法院和司法部部长负责。司法部是加拿大引渡事务的主管机关，司法部部长在收到引渡请求后，若其认为引渡所指行为属于可引渡的情形，则签发"审理授权书"，由主审法官对引渡案件进行审理，主审法官对引渡案件的审理属于司法审查。主审法官审查后认为可以引渡的，案件还将提交至司法部部长，由司法部部长进行行政审查。不同于司法审查只是从法律构成要件的角度针对引渡请求所指行为进行审理，行政审查的裁量范围宽泛，包含了基本人权、政治因素、追诉时效、军事犯罪等各种形态。依据加拿大 1999 年《引渡法》第 44 条规定，若移交被引渡请求人将是不公正或具有压迫性的，那么司法部部长应当且有权拒绝引渡，推翻之前主审法官作出的引渡决定。[1] 由于中国和加拿大并没有签订双边引渡条约，蒋谦当时也已经获得了加拿大的永久居民身份，按照加拿大法律的规定，是受加拿大法律保护的加拿大公民。根据加拿大的引渡前置主义以及"本国公民不引渡"原则，显然，通过引渡这一道路是无法实现将其追逃回国的。因此，我国执法机关选择了更为灵活的劝返方式，既避开了引渡条约的限制，又能够更为便捷地实现追逃。

第二，积极寻找并提供蒋谦非法移民身份的证据。对通过投资移民渠道外逃的贪腐人员而言，只要在申请投资移民过程中存在任何对身份信息、投资资金来源合法性信息的隐瞒和虚构行为都会构成身份欺诈。蒋谦在办理投资移民时，涉嫌通过洗钱的方式将非法资产转移出境，最终获得了移民身份。根据加拿大《移民及难民保护法》的规定，申请者在其签证材料或面试中作出任何不真实的表述，哪怕没有故意的意图，由于疏忽或大意导致的不真实都会被认定存在虚假情形。因此，在国际合作中，我方通过提供蒋谦真实身

---

〔1〕 杨超：《从〈加美引渡条约〉看孟晚舟案的未来发展》，载《中国审判》2018 年第 24 期。

份的有效材料，促使外国移民主管机关通过剥夺外逃人员移民身份的方式将其驱逐出境。同时，我方通过积极的取证行为给外逃人员以心理压力，使其无法在境外实现正常的生活状态，通过施加的心理压力有助于其放弃在境外负隅抵抗的心理，选择回国自首。在此过程中，证据的证明力就尤为关键。我方提出的证据规则应当立足于被请求方法律的规定，确保证据符合对方法律要求并能够被采纳。

第三，排除政治犯罪的干扰。《联合国反腐败公约》第 44 条第 4 款已经有明文规定，任何属于《联合国反腐败公约》规定的罪行都不能被认定为政治犯罪，从而逃脱法律的制裁。因此，对于外逃人员提出政治避难的情形，我国司法机关需要提供能够被外国司法机关所认可的证据材料，证明外逃人员在国内所实施的罪行与政治无关，以排除政治等不当因素干扰国际刑事合作的正常进程。

第四，运用违法所得特别没收程序，切断外逃人员的资金流。切断外逃人员的资金流是极其重要的。在过往案件中，不少外逃人员正是利用了非法转移出境的资金，在境外高薪聘请律师团队，试图利用外国司法程序对抗国内追逃。因此，切断外逃人员的资金流，加强对外逃人员资金流转过程的追溯是成功进行追逃工作的基础。这就需要通过与金融机构的合作，充分掌握外逃人员的资金流情况，对尚留在国内的资金依法进行冻结；已经转移出国外的资金，通过提交合格证据，敦促境外司法机关冻结涉案的非法资产；实施异地追诉，通过异地追诉向有关国家提供证据材料证明外逃人员通过欺诈手段或其他违法手段向当地非法转移资产以获得移民身份，所涉及的洗钱等行为根据被请求方的法律规定构成犯罪，促使被请求方的主管机关采取法律行动。[1]

俄罗斯《公民身份法》规定了移民及投资移民者违法犯罪情形的处理措施。如果申请者在申请材料中故意使用了任何与实际情况不符的材料，都将面临拒绝签证或剥夺身份、驱逐出境的处罚。俄罗斯法律对申请人提供虚假材料的处罚，要求行为人具有故意的主观意图，并不包括行为人在不知情的情形下错误使用。申请者故意使用虚假材料进行签证或护照申请，同样还会

---

[1] 《红通逃犯帮人铲雪月入 500 每天吃清水煮面条度日》，载凤凰网：http://news.ifeng.com/c/7jREin-AWJHM，最后访问日期：2018 年 2 月 6 日。

构成俄罗斯《刑法》规定的犯罪行为，面临法院的刑事判决。

爱尔兰移民法律规定在涉及下列情形时，投资移民申请者的居留权将被立即撤销：一是通过欺诈获得居留；二是申请者违反了驱逐法令；三是申请者被证明有刑事犯罪；四是申请者最终未能在规定期间内符合投资移民的要求；五是申请者未能在规定时间内提供相关证明材料，移民局由此可以推定其不具有良好品格。爱尔兰移民局对投资移民作出的决定是终局的，申请者没有任何的复审或上诉权利。但是，申请者被撤销居留的决定并不构成提交新申请的消极因素，申请者仍然有权在被撤销居留权后重新申请。

多米尼克《投资移民法》第 4 条规定，如果申请人作出虚假陈述或故意隐瞒信息，有可能会被拒绝签证。如果在申请人获得公民身份后发现其公民身份是通过虚假或不正确或故意删除一些实质性材料所获得的，有可能会面临被剥夺身份的处罚。以上这两种在签证申请中涉及虚假和故意隐瞒真实状况的处罚都只是有被拒绝签证和剥夺身份的可能性，并不是绝对性的处罚，惩处措施较为宽松，给利用投资移民项目的不法人员创造了更多逃避法律处罚的空间。多米尼克《投资移民法》第 5 条规定，申请人在申请表格中使用虚假材料或不告知曾有犯罪记录，故意隐瞒本人是已经知道或应当知道刑事调查的主体，对多米尼克国家有危险或可能破坏声誉，都不应被授予公民身份。[1]需要注意的是，根据多米尼克法律规定，犯罪记录是指已经定罪并且最高监禁刑期超过 6 个月的罪行，未被判处超过 6 个月监禁刑的行为只被视为轻罪记录，并不绝对影响投资移民签证。申请人只有在公民身份登记中进行虚假陈述或欺诈或故意隐瞒重大事实，或对多米尼克有叛国或煽动叛乱的行为，才会面临被剥夺国籍的处罚。

格林纳达《投资移民身份法》规定，申请人如果有下列情形，都将面临被剥夺国籍的处罚：首先，申请者在签证申请中提供了虚假信息或不告知曾有过犯罪记录，即申请者在任何时候被任何一个国家定罪并处以最高监禁刑期超过 6 个月的监禁，而未获赦免，并且这一罪行依据格林纳达法律也会作出类似的判决；其次，申请者是正在进行的刑事调查的主体；再次，对格林

---

〔1〕 "2014 Commonwealth of Dominica S. R. O. 37 Citizenship by Investment", available at https://cbiu. gov. dm/wp-content/uploads/2018/02/Commonwealth-of-Dominica-Citizenship-by-Investment-Regulations-2014-S. R. O. -37-of-2014. pdf, last visited on 2018-5-18.

纳达或任何其他国家的国土安全存在潜在风险；复次，参与过任何可能会对格林纳达的声誉造成损伤的活动；最后，申请者被格林纳达免签国拒签，其后并未获得此国家发出的签证。申请者获得公民身份后，在身份登记时进行虚假陈述、欺诈或故意隐瞒重大事实；或在格林纳达有叛国或煽动叛乱的行为。[1]

菲律宾法律对投资移民涉嫌违反移民法的规定是申请材料中有任何虚假的材料，无论申请人是否故意，都会成为撤销投资移民签证处罚的依据。

各国移民法律对认定移民身份欺诈与身份欺诈的处理作出了不同的规定：首先，区分移民申请者是否具有主观上的故意意图。有些国家，如加拿大、菲律宾移民法律的规定相对严格，无论申请者是否具有主观上的故意，一旦在签证或其他移民事项的材料和陈述中发现与客观事实不相符的情形都被认为是身份欺诈。反观俄罗斯的移民法律规定，移民身份者具有主观上的故意是构成移民欺诈的必要条件。其次，虚假欺诈发生的阶段。身份欺诈行为的发生是否只限于签证材料或面谈？准备签证材料过程中出现的欺诈行为是否会被认定为欺诈？再次，进行身份欺诈是否对获得签证、永久居民身份或护照构成实质性影响。根据爱尔兰移民法规定，投资移民申请者通过欺诈获得居留将导致居留权立即被撤销。另一些国家的立法则规定身份欺诈并不是导致护照或永久居留权被撤销的绝对因素，还要看身份欺诈对申请者获得移民身份的影响。根据多米尼克《投资移民法》的规定，申请者是否隐瞒重大事实，申请者隐瞒、删除是否会对投资移民身份的获得具有实质性影响，构成是否剥夺签证或护照的影响因素。构成身份欺诈的内容是包括在签证或移民身份申请中的所有事项，还是仅仅对获得签证或移民身份有实质性影响的部分？最后，对身份欺诈的处理是否设置了相关的上诉程序以保障移民申请者的程序权利。加拿大移民法律规定，对移民申请者认定身份欺诈后，被认定人员有权通过司法程序或行政复审程序对身份欺诈的裁决进行复审或复核，给予移民申请者较为充分的权利保障。马耳他移民上诉委员会根据移民法律拥有对签证和居留申请或上诉的审判权和决定权。移民申请者对澳大利亚移

---

〔1〕 "2013 Grenada Citizenship by Investment Act 15", available at http://www.cbi.gov.gd/wp-content/uploads/2015/05/Act_No._15_of_2013_Grenada_Citizenship_by_Investment_Act1.pdf, last visited on 2018-5-19.

民法庭作出的行政命令，可以通过司法途径进行上诉。爱尔兰则对投资移民上诉权利作出特殊规定，爱尔兰移民局对投资移民作出的决定是终局的，申请者没有任何复审或上诉权利。

第四节 建立对可疑（违法）人员的信息通报与共享机制

投资移民流入国主管机构发现身份可疑或是通过身份欺诈获得投资移民身份的申请者：确定申请者是通过身份欺诈获得移民身份时，一般会根据移民法采取遣返措施、剥夺身份并驱逐出境。若身份欺诈者还有其他违法犯罪行为，还应根据当地法律规定进行审判处罚。而对于可疑的投资移民申请者，由于其身份可疑还处于一种未能确定的状况之下，是否能及时有效地采取措施，启动对存疑申请者的鉴别程序，是避免投资移民政策被不法人员利用的重要方法。

现阶段鉴于投资移民制度天然带有的不透明特性，这种不透明的身份信息导致国际合作更加困难。以加勒比地区为例，这一地区多国盛行投资移民直接入籍或直接获得永久居留权。就申请程序而言，申请投资移民不需要申请者本人入境申请国就能够直接获得护照。这种没有对人员进行面谈的方式不仅会大大降低对申请人的了解，无疑也是给犯罪人员更多的利用空间。此地区中多个国家，如圣基茨和尼维斯、圣卢西亚、多米尼克都允许公民同时持有两个以上护照，同时并不要求移民在获得护照后向原国籍国作出声明。移民流入国不向申请者来源国公布申请者信息，在发现投资移民申请者身份存疑时也没有与移民来源国主管机构进行及时沟通。另外，还有一点需要注意的是，相对于其他地区的投资移民政策，加勒比地区的投资移民政策中能够通过家庭成员附属身份获得投资移民人员的范围要宽泛得多，例如格林纳达家庭申请方式包括以下家庭成员：一是主申请人的配偶；二是主申请人或其配偶的未满 18 周岁的子女，"子女"为主申请人或其配偶亲生或合法领养的子女；三是主申请人或其配偶年满 18 周岁不满 26 周岁的子女，在认可的高等学府全职学习并由主申请人全权资助；四是主申请人或其配偶年满 18 周岁且身体上或精神上不健全的子女，并与主申请人一同居住，由主申请人全权抚养；五是主申请人或其配偶 65 周岁以上的父母或祖父母，并与主申请人一同居住，由主申请人全权赡养。这种扩大化的家庭成员规定不仅仅是格林纳达，其他加勒比地区的国家，如多米尼克、圣基茨和尼维斯等国都有着极为类似的条款。加勒比地区各国投资移民的法律与政策基本相似，对投资移民的资金要求普遍较低且办理时间很快，通过家庭共同成员方式申请投资移民，可在较大范围内使得直系家庭成员获得投资移民身份。因此，就我国而言，构建反腐败防逃网络，不仅对公职人员、国有企业管理人员本人，对其子女、配偶或其他直系亲属等家庭人员信息的掌握同样是十分重要的。在已有案例中，腐败人员依靠其配偶或家庭成员获得投资移民身份的不在少数。因此，对申请人的背景核实调查尤为重要，各国应考虑建立区域性的信息沟通平台实现信息共享。

建立对身份可疑人员的信息通报机制及其他相关制度是非常重要的。相对于上述从反洗钱、居住时间等层面进行预防性的规定，对身份可疑人员通报机制是弥补性措施，在发现可能有违法犯罪人员利用投资移民政策转换身份时，应能够及时与来源国进行沟通，实现拒绝贪腐人员入境，断绝恐怖主义人员外逃，避免其他违法犯罪人员滥用投资移民渠道的目的。因此，笔者建议构建可疑投资移民身份信息通报制度。可疑投资移民是指当移民接收国在对投资移民申请者进行背景身份调查时，发现申请者可能涉嫌移民欺诈。在这种情形下，移民流入国应对身份材料进行深入调查，并要求进行面谈以核实身份材料的真实性；同时还应向移民来源国进行通报，这也有助于移民接收国排除虚假移民申请。具体而言，建立身份可疑人员信息通报机制可考虑从以下几方面着手：

第一，可疑标准的划定。移民流入国的官员认定移民申请者可能具有可疑身份的前提是对移民申请材料进行细致审查。在签证材料中，虚假信息往往是有迹可循的，如多名申请者使用同一居住地址，这种情形显然涉及可疑信息。为了更好地有效收集信息，及时发现可疑线索，移民主管机构应加强对移民者身份信息的采集，通过移民身份信息数据库的建立，与本国金融监管、国际刑警组织等数据库进行常态性交叉检索，更好地掌握投资移民在入境时和入境后的动态与投资活动，并以此确保对投资移民的监管与管理是长效性的，对可疑投资移民的确认不仅仅停留在签证申请这一阶段，而是通过长效性的监管制度确认是否属于可疑身份人员。

第二，移民官员在对投资移民申请者的身份信息产生疑问时，应强制性启动面谈程序。移民官员告知申请者必须在一定时间内前往移民目的国的使领馆或入境，并由移民官员对投资移民申请者进行面谈，便于对申请者的身份进行确认。在确认可疑信息时，移民流入国应通过信息通报机制及时告知来源国主管机构。

第三，可疑投资移民身份信息通报制度应通过警务合作来实现。通过移民主管机构或中央机关及时向身份可疑人员的来源国进行通报，考虑到各国主管机关的不同职能，对可疑投资移民身份信息的通报可以考虑通过警务信息交换实现，首先，应能确保信息交换的及时性，在审核过程中一旦发现有可疑身份的申请者，应及时向申请者来源国主管机关进行信息沟通。当然，由于这涉及国家部分主权的让渡，如何在信息交换过程中提高参与方的主动积极性是关键性问题。对此，进行可疑投资移民申请者信息通报可以先考虑以区域组织为平台。通过与重点区域的合作，直接建立区域性的信息通报机制。区域平台主要发挥信息共享的功能，这种平台信息共享是指在投资移民已经获得移民身份后，面临移民法处罚，涉嫌移民欺诈、驱逐出境时，及时进行身份信息的交换。例如，为应对欧盟内部交通往来自由情形，欧盟成员国提出重新加强边境检查的要求。加强边境检查是区域性合作的体现。这种区域性合作是非常重要的，能够形成并加强区域内各国执法机关的联动性。同时，通过加强区域数据库的建设，进一步实现与其他司法管辖区主管机构的数据共享。其次，针对主要移民来源国，移民流入国应与主要来源通过协议或备忘录形式达成一致，建立定期通报机制，与主要来源国交换移民申请的相关信息。

第四，各国应当建立一个具有高风险的投资移民"黑名单"。这一"黑名单"是专门针对贪腐犯罪所制定的，包括国外政治敏感人员、曾经担任过重要职位的公职人员都属于名单范围。名单的设定可以不一一列举具体的人员，而是划定一定的职位或是金融交易记录为标准。符合"黑名单"标准的人员在进行投资移民申请时，应当首先与来源国主管机构进行沟通，并启动强化型的调查程序，以对身份和资金来源都进行核查，预防贪腐人员潜逃。

第五，就我国而言，应在国内建立重点监测与信息共享的名单，通过跟踪研究各国投资移民制度及我国向外投资移民数量的变化，制定、更新需要重点监测与合作国家及地区的名单，加强与重点地区或国家的合作。现阶段，我国可以考虑以区域组织为平台，通过与重点区域的合作直接建立区域性的信息通报机制。

第一节 资金调查及要求

投资资金是投资移民制度中的一个重要内容，一些经济相对不发达的国家设立的投资移民制度，对投资移民申请者的要求更多地集中于投资资金，包括资金数额、资金入境到账的确认、投资资金不可撤回等。从法律监管制度的角度来看，对投资移民资金的入境监管主要集中于资金来源合法性和转款手段与途径，以排除非法资金借用投资移民方式达到洗钱并转换身份的目的。

一、资金来源合法性说明

资金来源合法性说明是指投资移民申请者在提交申请材料时应对投资资金的来源作出明确清晰、符合证明要求的说明。申请者一般可通过税单、工资收入证明、银行对账单等一系列材料进行证明。但目前，并不是所有实行投资移民政策的国家都将资金来源合法性作为一项强制性说明要求纳入投资移民审查的范围，这导致对资金来源的监管存在漏洞。此外，在对资金来源合法性作出要求的国家中，也并不是所有的国家都明确了对资金来源合法性的证明标准，没有将民事证明标准运用于投资资金的证明当中，没有达到其他移民类型对同等证明材料的证明力要求，对投资移民资金来源的证明力要求过低。

（一）对资金来源合法性设有强制性要求

对资金来源合法性的证明是美国 EB-5 投资移民签证的一项基本要求，申请者须通过合法来源收入进行投资。不同的资金方式需要通过不同的证明材料来证明资金来源的合法性。EB-5 投资移民签证在资金来源合法性上有着明确的要求，即用于投资的资金必须合法，无论是直接还是间接获得，资金应可回溯。

例如，以工资包括工作或受雇所挣的钱以及用这些钱购买的所有资产作为投资移民资金来源，那么工资的合法来源证明文件应包括过去 5 年的收入纳税证明、资金来源声明、配偶的资金来源声明、雇主的收入证明、雇用合同、银行对账单、房产所有权证明及其他资产的证明。除此之外，投资资金的来源还可以是以资产担保所获贷款的形式、赠予、卖出有价证券、卖出在私人公司持有的股权所获收益、出售房产。同时，美国投资移民仍接受博彩业资金作为合法的投资来源，并且没有对转款资金的途径作出明确规定。

澳大利亚移民法律对投资移民的资金来源合法性有明确且强制性的要求，申请者必须能够形成完整的证据链以证明投资资金来源的合法性。澳大利亚要求申请者递交申请时必须附上关于其财产的会计师事务所无瑕疵审计报告，并且只有毕马威等国际五大会计师事务所、澳大利亚会计师事务所出具的审计报告才被接受。另外，申请人必须提供投资资金合法性过程的证明文件，包括纳税记录，以清楚合法地说明投资移民的投资资金来源。澳大利亚移民主管部门还通过反洗钱调查，采取预防、监控措施，建立健全申请人身份识别制度、申请人身份资料和资金汇入记录保存制度。

爱尔兰移民法律要求投资移民申请者须提供资金来源合法性的说明，以避免大量非法资金过于轻易地通过投资移民渠道转移到境外。投资资金若是通过爱尔兰境外银行账户须提供银行原件，覆盖申请者连续 3 个月的交易流水。根据财产来源的主要可能性，主要分为商业和投资收入、买卖收入、遗产和离婚资产，并分别规定了不同的证明方式。通过覆盖资金转移渠道的证明方式，能够有效降低投资移民被贪腐人员利用的可能性。除此之外，申请人还应提供良好品格的证明材料。

俄罗斯《公民身份法》对获得俄罗斯护照作出了一般性规定和简要性规定，投资移民属于可以依据简要性规定申请俄罗斯护照的人群。《公民身份法》规定，但凡生活在俄罗斯，申请俄罗斯护照的外国人都须对其资金来源的合法性作出说明。证明材料应当是税务机关提供的纳税证明并盖有公章。

尽管有些国家对资金来源合法性作出了强制性要求，但没有对具体证明方式和证明力作出明确规定，同样无法避免巨大的监管漏洞。2014 年英国政府对《投资移民法案》进行修改，目的是吸引更多的投资者，特别是高额投资者前来。因此，2014 年修订后的《投资移民法案》对高额投资者提供了一定的便利条件，对申请人本人的要求较低，没有设定申请人的年龄上限及学历、经商经验的要求，且使高额投资者能够在更短的时间内获得英国永久居民身份，这体现出英国政府在吸引投资移民时，对资金的重视度较高。对投资资金来源合法性的证明，相比于美国、澳大利亚，英国只要求提供一个大概说明资产来源的证明，对于所申报的资产可通过继承、赠予、证券投资、期货买卖、生意经营等任何一种形式获得，对资产证明的要求低。法律并没有对证明方式作出明确的限定，没有要求达到民事证据证明力标准。这种证明方式十分容易形成，在不要求提供税单且没有与金融系统相关信息匹配的情形下，通过虚假材料形成说明有很高的可能性。英国上议院议员、自由民主党人华莱士（Wallace）勋爵认为，"英国现行的投资移民政策与那些避税岛国的政策无异，允许有钱人用金钱获得护照，并且这当中的一部分人很有可能并不属于受欢迎的移民，只是希望逃离原来的国家。"[1]更为可怕的是，这些用于申请投资移民的资金极有可能是非法所得，不需要经过必要的安全审查就被英国放行。根据英国尼克·麦克斯威尔（Nick Maxwell）的估计，仅就中国和俄罗斯而言，大约有1.88亿英镑通过投资移民渠道进入英国，英国对这些资金缺乏适当的反洗钱调查与监控。英国开放投资移民政策，很大程度上不是吸引高净值人群前来投资经商，而是吸引"腐败高净值"人群通过投资移民进行洗钱。

西班牙法律虽然规定投资者应对投资资金的来源作出说明，但只是要求在申请者提交的商业计划报告中说明资金的来源是什么，没有对资金证明方式和材料作出进一步强制性和明确性的要求。日本投资移民法律要求申请者应拥有1000万日元以上的资产，资产来源不一定必须由申请人经商累积所得，也可以来自赠予、继承或其他合法方式。[2]

在投资资金来源合法性证明方面，加勒比地区国家也面临同样的问题，安提瓜和巴布达的投资移民项目要求申请者提供投资移民资金来源合法性证明，由申请人本人提供声明表示资金来源合法，并提供相关的证明材料。但

---

[1] Thomas Burrows, "Home Office Admits It Has NO IDEA Where 3000 'McMafia' Foreigners Are after Jailed Banker's Wife Who Blew £16m of 'Stolen Cash' at Harrods Is Revealed", available at https://www. thesun. co. uk/news/7479673/home-office-admits-it-has-no-idea-where-3000-mcmafia-foreigners-are-after-jailed-bankers-wife-who-blew-16m-at-harrods-is-revealed/, last visited on 2019-1-4.

[2] 《日本投资移民有哪些要求》，载 https://www. 66law. cn/laws/549431. aspx，最后访问日期：2018年3月8日。

安提瓜和巴布达政府没有对具体的证明材料应达到何种证明力作出明确规定。圣卢西亚投资移民法律要求申请人提供投资资金来源合法的声明，并提交相关的证明材料，然而对证明材料证明力的要求也不明确。同时，圣卢西亚投资移民项目对资金转款欠缺法律规定，在签证审理上也未能保证绝对的独立性，使得投资移民项目有很大的可能性与当地腐败问题、洗钱等金融犯罪牵连。[1]格林纳达《投资移民身份法》第 6 条对投资资金的说明作出了规定，但其重点在于证明资金流入格林纳达，要求资金只有在汇入不可撤回的托管账户中才能被认可，托管账户应当是由政府规定的中介机构，需符合格林纳达国家法律规定。[2]显然，格林纳达的相关法律规定仍然缺乏对投资资金来源合法性及资金回溯性的要求。多米尼克《投资移民法》要求申请人提供资金来源证明书及申请人的商业背景报告，但法律并没有对这些证明性文件的具体形式、证明力标准作出具体规定，对资金来源证明力的要求较低。根据多米尼克《投资移民法》的规定，只有在申请人将投资资金已经汇入不可撤回的托管账户，房产项目已经依照规定进行后，才可能授予其公民身份。对撤销身份的处罚也主要集中在资金管理方面，如果资金转账被认定无效或没有支付相关费用，申请者将面临撤销身份的处罚。投资移民法律监管的"着力点"显然是在投资移民程序的"后半段"，即资金是否到位，是否实际进入多米尼克境内；而对申请者的"前半段"——是否依据移民流出国法律规定进行转移、来源是否合法，基本无所涉及。

现金捐赠方式的投资移民政策，对现金投入金额有明确的要求，而对投资人经商背景和资金来源合法性的要求相对弱化或是欠缺。因此，对于现金捐赠形式的投资移民审核，如果不对资金来源和转账方式作出严密的规定，就难以实现避免贪腐及其他非法资金入境的目的。

总而言之，笔者认为对投资资金来源合法性的强制性规定，应当成为投资移民政策中最为基础性的要求，只有首先确保了用于投资的资金是合法正当的，才能避免犯罪人员利用投资移民渠道。例如中国"百名红通人员"第

---

[1] "Saint Lucia Flagged in US Money Laundering Report", available at https://www.htsstlucia.org/saint-lucia-flagged-in-us-money-laundering-report/, last visited on 2019-1-4.

[2] "2013 Grenada Citizenship by Investment Act 15", available at http://www.cbi.gov.gd/wp-content/uploads/2015/05/Act_No._15_of_2013_Grenada_Citizenship_by_Investment_Act1.pdf, last visited on 2018-5-14.

2 号李华波正是通过投资移民获得了新加坡护照。

李华波在担任江西省鄱阳县财政局经建股股长期间，利用职务之便与当地信用社主任勾结，通过私刻公章等手段，在 2006—2010 年期间从财政专项账户上套取 9400 万元人民币。2009 年 12 月，李华波以景德镇市景禹新能源有限公司总经理的虚假身份，投资 150 万新元（750 万元人民币）给一家名为第二兴趣公司（The Enterprise Fun II）的基金公司，申请办理全家移民新加坡手续。2010 年 3 月，澳德华信息咨询有限公司的董事埃迪文·希赫（Edwin Shieh）根据李华波提供的资料，通过"全球投资者计划"帮助其申请新加坡永久居民。同年 8 月，李华波接受移民面试。面试期间李华波声称自己是景德镇景禹（音译 Jing Yu）新能源发展有限公司的总经理，在移民资料、面试及评估过程中，李华波均未提及自己中国政府官员的身份。2010 年 10 月初，李华波及妻子在新加坡大华银行开立数个账户，包括李华波名下的大华高收益账户，用于接收来自中国的汇款。李华波是该账户的唯一受益人，也是该账户全部存款的接收人。在银行主管的介绍下，李华波又结识了新加坡中央人民币汇款服务有限公司的老板王阿沈（Ong Ah Sim）。2010 年 10 月—2011 年 1 月期间，李华波通过新加坡中央人民币汇款服务有限公司在中国指定或持有的银行账户进行转账，在王阿沈的安排下，这些人民币资金被兑换成新元存入李华波及妻子在新加坡大华银行的账户。2011 年 1 月 6 日，李华波及妻子徐爱红、女儿李媛和李津获得新加坡永久居民资格。2011 年 1 月，李华波辞去鄱阳县财政局经建股股长一职，举家移民。2011 年 2 月 24 日，李华波遭到国际刑警通缉，两天后，有人向新加坡警方匿名举报李华波在新加坡转移赃款，新加坡商业罪案调查科随即介入调查，新加坡商业事务局协助调查。案发后，新加坡商业事务局冻结了李华波 900 万元人民币的资产。2012 年 1 月，李华波遭到指控，控状显示，李华波在 2010 年 12 月 6 日、2011 年 1 月 13 日和 15 日用他的新加坡大华银行高收益账户，接收 90 万元人民币的赃款。然而李华波否认对他的三项指控。控方当时也指出李华波看准新加坡没有跟中国签订引渡协议，就选择来新加坡，李华波当时还向新加坡的职员隐瞒了自己中国政府官员的身份。[1]

---

〔1〕 张静：《江西卷款亿元股长李华波在新加坡再审定案》，载 http://finance.sina.com.cn/china/20140716/012319714215.shtml，最后访问日期：2019 年 1 月 10 日。

2011 年 2 月，鄱阳县人民检察院分别对李华波、其妻徐爱红以涉嫌贪污罪立案侦查。2011 年 2 月 23 日，最高人民检察院通过公安部向国际刑警组织请求对李华波、徐爱红夫妇发布红色通缉令，并向新加坡国际刑警发出了协查函。2011 年 3 月初，新加坡警方以涉嫌洗钱罪拘捕了李华波、徐爱红夫妇，二人后被取保候审。随后，新加坡法院法官三次发出冻结令，冻结李华波夫妇共计约 545 万新元的涉案财产，包括四套房产和大约 260 万新元存款。2011 年和 2013 年，李华波、徐爱红及两个女儿的护照先后被依法吊销，中方通过司法协助的途径正式通知新方。新加坡移民局也作出取消李华波全家四人新加坡永久居留权的决定。[1]

事实上，新加坡法律对投资移民申请人商业背景制定了较为严格的审核标准，申请人应提交 3 年中经营公司的证明材料，这些材料须由合法的会计师事务所提供。新加坡政府还对会计师事务所的资格作出了进一步规定，即应是新加坡合法注册的或是美国公众公司会计监督委员会发布名单中的一家，或是中国注册会计师协会所发布名单中的前 50 个。[2]但是，从这一案件中能够看出，尽管新加坡对投资移民申请人背景审核作出了明确的要求，却在资金来源合法性说明方面没有明确的说明要求，也没有达到谨慎监管的标准，对转款途径也没有具体的说明要求，使得腐败人员得以通过背景审核获得投资移民身份。

2012 年，葡萄牙内政部颁布新的移民法，即"黄金居留"签证。作为伊比利亚半岛的邻居，葡萄牙投资移民政策虽起步比西班牙晚，但因投资移民项目资金门槛较低又奉行宽松监管原则，在短时间内就吸引了大量的申请者，他们主要来自南美的葡萄牙语国家、俄罗斯和中国。2012 年—2014 年 3 月，葡萄牙共计发放 734 份"黄金居留"签证，578 份签证发给中国的申请者。在短短两年内，葡萄牙依靠这一签证，就从来自中国的投资移民者处获得 1.7 亿美元的资金。截至 2014 年年底，共有 1629 名中国公民获得葡萄牙"黄金居留"签证。[3]

---

〔1〕《李华波案件案情回顾，李华波妻子徐爱红女儿李媛和李津简介（2）》，载 http://mrmodern. com/nanse/10863_2. html，最后访问日期：2019 年 1 月 10 日。

〔2〕 "Global Investor Programme", available at https://www. contactsingapore. sg/en/investors-business-owners/invest-in-singapore/global-investor-programme, last visited on 2018-5-14.

〔3〕《葡萄牙移民局发布 12 月最新"黄金签证"数据》，载 http://www. united1991. com/details_2753. html，最后访问日期：2018 年 5 月 14 日。

然而，同样因为"黄金居留"签证监管不力，申请者中混杂了不少涉及腐败及其他犯罪的人员，这些人员在申请过程中向移民官员行贿，以试图隐瞒身份、逃避监管，并获得居留身份，最终导致葡萄牙移民局爆出了全国性的腐败丑闻，上至葡萄牙移民局最高长官，下至葡萄牙各地区移民局都牵涉其中。2014年10月，当时的葡萄牙移民及边境局负责人马努埃尔·保罗斯（Manuel Palos）因涉嫌在"黄金居留"签证发放中贪污受贿，被葡萄牙警方逮捕。警方逮捕了葡萄牙各地移民局中的数十名官员，他们都涉嫌接受外国投资移民申请者的贿赂、影响力非法交易行为以及洗钱。事实上，葡萄牙"黄金居留"签证所涉及的腐败问题远不止于此。2017年，一起在巴西发生的腐败案件牵出一名安哥拉官员被控接受贿赂，并通过贿赂所得资金获得了葡萄牙"黄金居留"签证。这起案件历经两年多的调查，案件涉及数百万美元及数百名官员、商人，数十人被最终定罪，其中之一为奥塔威尔·阿泽维多（Otavio Azevedo），其为巴西国内第二大建筑公司安德雷德·古特雷斯（Andrade Gutierrez）的前主席，他因贪污被判18年有期徒刑。被捕前的两年，他在里斯本购买了价值140万欧元的房产，并获得了有效期至2014年的葡萄牙居留身份。这家公司另一名主要股东也通过"黄金居留"签证在里斯本购买了房产，并获得有效期至2014年的居留身份。南美最大建筑公司前主席帕得罗·诺威斯（Padro Novis）也在2013年通过"黄金居留"签证在里斯本购买了价值170万欧元的房产，签证申请在2013年年底提交，而这家公司被控在南美多地犯有贪污罪行。案件调查中，通过"黄金居留"签证获得葡萄牙居留又涉嫌贪污罪行的人员还包括：①马努埃尔·维森特（Manuel Vicente），安哥拉副总统的亲属；②卡洛斯·皮埃尔·奥利韦拉·蒂亚斯（Carlos Pires Oliveira Dias），卡马戈科·科雷亚（Camargo Correa）建筑和商业集团副主席，2014年获得"黄金居留"签证；③何塞·毛利西奥卡尔德拉（Jose Mauricio Caldeira），一家国有公司的董事会成员，2014年获得"黄金居留"签证；④若昂·马努埃尔·英格斯（Joao Manuel Ingles），安哥拉军队上校，2013年获得"黄金居留"签证；⑤佩德罗·塞巴斯汀奥·德塔（Pedro Sebastiao Teta），安哥拉国家IT部门秘书长，2013年获得"黄金居留"签证，次年他依靠国家矿产地图获得奖励，拥有一家IT公司30%的股份；⑥塞巴斯汀奥·加斯帕·马尔汀斯（Sebastiao Gaspar Martins），安哥拉国家石油公司执行官，他被认为是安哥拉副总统的接班人，2014年获得"黄金居留"签证；

⑦米尔哈·哈马尔·帕沙耶夫（Mir Jamal Pashayev），申请"黄金居留"签证，他的侄女是阿塞拜疆总统夫人。[1]

非欧盟居民通过购买葡萄牙境内的不动产以换取居留身份这一举措给葡萄牙带来了超过1亿欧元的资金，在一定程度上帮助葡萄牙缓解了国内经济危机。但是，表面上对葡萄牙经济特别是房地产业的推动并不能从实质上缓解经济危机对葡萄牙整体经济的创伤。葡萄牙国内也有政党人士认为，"黄金居留"签证显然是给各种犯罪活动，特别是腐败犯罪打开了葡萄牙的大门，尽管政府有系统的签证审核程序对申请者进行审查，但葡萄牙移民局官员受贿的丑闻足以说明，目前葡萄牙对投资移民的审核程序存在漏洞。[2]不仅是政府官员对购买房产进行投资移民的方式存在疑问，葡萄牙的一些居民也并不认为投资移民的到来会给他们的生活带来好的影响，如葡萄牙卡斯卡伊斯（Cascais）市的居民认为，投资移民虽然给葡萄牙带来了资金，但这些资金只是用于他们自己的生活，并不会给当地人创造更好的经济价值。从实践来看，葡萄牙"黄金居留"签证所暴露出的问题与其所吸引来的申请者数量一样——居高不下。葡萄牙移民和边境服务局作为《移民法》的执法部门，对"黄金居留"签证有较大影响力，因而众多工作人员都涉嫌贪污受贿、洗钱与影响力非法交易行为，这表明葡萄牙现行监督制度有待完善。

通过葡萄牙投资移民涉及国内腐败的案例能够看出：其一，腐败对投资移民的影响是双向的，投资移民政策中如果没有完善的法律监管体制，宽松投资移民监管在给腐败人员和资金提供机会的同时，也会给移民流入国法律制度的公正公平、社会秩序造成负面影响。其二，通过"黄金居留"签证获得居留身份的人员涉及面广，从巴西的这起腐败案例能够看出，在获得居留身份的人员当中有一国身居要职的人员，或是国家领导人亲属，也有国有企业董事会成员，还包括军方人员，许多人员都属于身居高位或掌握一国重要资源的人，这些人员获得其他国家的居留身份，难免会对一国的金融、法律

[1]　David Pegg, "Corrupt Brazilian Tycoon among Applicants for Portugal's Golden Visa", available at https://www. theguardian. com/world/2017/sep/18/portugal-golden-visas-corrupt-brazilian-tycoon-among-applicants, last visited on 2018-5-14.

[2]　"Portugal Immigration Chief Arrested in 'Golden Visas´ Corruption Investigation", available at https://www. reuters. com/article/us-portugal-corruption-visas-idUSKCN0IX22S20141113, last visited on 2018-5-14.

制度产生不良影响。从对投资移民申请人的背景审核来看，这些申请者都不应属于合格的投资者。其三，房产洗钱监管漏洞严重。在葡萄牙法律规定的数项投资方式中，对房地产投资的资金来源审核证明材料基本为零，只是对购买不同类别房产、证明申请人是资产所有人作出了规定，欠缺对资金合法来源的要求。其四，葡萄牙对投资者证明材料的要求体现为原则性要求，如《移民法》规定，符合国际有效转账要求的转账就能被认可，没有指定具体哪一个国内的金融机构负责对相关转账、资金进行审核，没有规定具体的转账方式，这就导致可能无法识别实际财产所有人。证明材料税单的要求也不是针对资金来源，只是证明申请人没有负债，对资金监管明显后移，只注重提供资金按要求入境的证明材料，对资金来源缺乏监管，没有履行拒绝腐败人员入境的国际职责。

（二）未规定强制性说明要求

推行投资移民的欧洲地区国家，特别是通过购买房产、国债、基金项目获得居留权身份的国家之立法普遍缺乏对资金来源合法性的说明。例如，德国引入了类似南欧地区国家"黄金居留"签证的项目，德国《居留法》第7条规定，非欧盟公民通过购买房产获得居留身份，申请者应至少购买价值30万欧元的房产，购买房产5年之后可以申请永久居留身份。同时申请人须提交每月至少有3000欧元的收入证明，这种收入应当来自于资本收入，如租金、生意获利、退休金或提供至少25万欧元的资产证明。这一收入证明可以视为对资金收入来源合法性的要求。但是，针对购买房产的资金，德国投资移民法律却没有作出合法性来源的明确规定，这成为投资移民法律审核监管中的一项漏洞。

2018年，在欧盟对其成员国投资移民政策涉及洗钱或审查不严的警告名单中，奥地利、拉脱维亚、塞浦路斯名列其中。欧盟认为，投资移民项目的流程审查有违欧盟相关的统一纲领和政策。在投资资金来源合法性的证明方面，奥地利投资移民法律审核制度存在漏洞，尽管奥地利推出的投资移民计划对申请者所要实施商业加护的要求较高，但是奥地利和拉脱维亚对反洗钱的审查都不够严格，投资移民项目中没有对资金来源合法性说明的明确标准或是没有对资金来源合法性的审核要求，这无疑是审核不严的表现，使得投资移民项目被罪犯利用的可能性大大增加。塞浦路斯要求投资者提交的证明材料能够形成证据链，但这一证据链所指向的是资金是否属于本人，是否已经符合投资移民的资金要求，资金是否到位，如要求提供通过电汇至塞浦路斯金融机构的名称和地址，却对资金来源的合法性问题没有要求。[1]塞尔维亚对投资移民资金来源合法性的说明则缺乏明确的标准，并没有对投资资金来源说明作出强制性要求，这导致投资移民项目涉及洗钱及腐败资产的可能性增大。

马耳他投资移民法律更新变化的速度非常快，近些年来马耳他政府一直在调整投资移民法案，包括推出新的投资移民方式：一方面，希望能够加强监管，符合欧盟及国际社会呼吁的透明标准；另一方面，也希望依靠更为便捷的投资移民方式吸引更多的投资移民。可以说，马耳他政府一直在寻求监管和便捷之间的平衡。然而，根据马耳他政府的数据统计，自2013年以来还没有被剥夺马耳他护照的案例发生，从实践数据来看也很难认为马耳他政府切实履行了谨慎监管的职责。从马耳他投资移民项目对投资移民的条件能够看出，对投资移民的要求还是以房地产业为主，体现出投资移民政策强烈的目的性，即能够推动本国房地产的发展，尤其是对特殊区域采用了降低房产购买价值的规定，以更好地推动经济相对滞后地区的发展。但综观马耳他投资移民项目的要求，其中并没有对资金收入来源合法性证明的法律要求，只要求申请人以宣誓证明的方式证明本人没有涉及相关诉讼程序，这种对资金和人员的审核方式显然不能够达到有效排除涉腐败或其他犯罪资产的要求。

印度尼西亚法律没有专门对投资资金来源合法性的强制性说明要求，但是印度尼西亚政府认为，移民总署授权中央和地方政府中的投资中心部门，向合格的投资移民申请者发送投资移民邀请函，换言之，只有获得邀请函的申请人才有资格申请投资移民签证，以此作为对投资移民及资金的审核机制。[2]因此，印度尼西亚对投资移民资金的审核主要是以预防性审查为主，将政府官方机构对申请者的背景、投资计划和投资资金的审核移至签证审核之前，只有对申请者和资金来源都认可之后才能发放投资移民邀请函，获得邀请函的申请人才能申请投资移民的签证。

---

[1] "Cyprus Investment Programme on the Basis of Subsection (2) of Section 111A of the Civil Registry Laws of 2002–217", 2018, p. 6.

[2] 二十国集团反腐败工作组"投资移民与腐败犯罪"研究项目印度尼西亚政府提供的问卷反馈。

二、投资资金转款途径及方式规定

对投资资金转款途径和方式的管理主要体现在投资移民流入国是否对投资资金的转账入境作出强制性的规定，是否要求资金汇入应当建立一条可追溯的链条，是否要求资金应当是从投资移民申请者来源国直接汇至移民流入国，转账的金融机构是否是合法成立运营的。明确对转款途径和方式的规定，能够减少资金通过地下钱庄进行交易，减少借投资移民进行洗钱。实践中不少国家只是对资金入境有明确的规定，即应当通过移民流入国指定的金融机构汇入，如阿根廷法律规定投资移民申请者提供资金来源合法性的证明材料，投资资金必须通过阿根廷央行授权的金融机构和银行汇入。

欧洲地区首个实施"黄金居留"签证的国家——希腊——也面临因未能对资金转账作出严格规定，未对投资移民资金来源规定有效的鉴别方式，导致投资移民渠道被利用的问题。对此，希腊政府在2018年作出了一系列的调整与改革。2018年8月31日，希腊内政部、移民局、金融监管机构联合发布通知，停止接受POS机方式（包括银联、MASTER、VISA等）支付购房款，只能通过汇款或支票支付。[1]2018年11月，希腊央行展开针对非欧盟公民使用信用卡购买房产换取"黄金签证"的调查，原因是此类交易行为涉嫌违反欧盟和希腊的相关金融法规。这些举措和调查表明希腊政府正在逐步加强对"黄金居留"签证的监管，核心目的是为了真实有效地识别财产所有人，以减少监管漏洞。

事实上，不少实施投资移民政策的国家对投资资金普遍存在监管不严的问题，对资金转移的方式方法或需要遵循的法律规则都没有作出强制性规定。例如，日本移民法律没有对投资资金来源合法性作出明确规定和强制性说明，同时也没有对转款方式的法定要求。又如，加勒比地区国家推行的投资移民政策普遍缺乏对转账方式的规定，圣基茨和尼维斯政府只要求申请人提供资金汇入托管账户的证明材料，显然欠缺对投资移民资金转款途径的说明和要求，给资金监管留下了巨大漏洞。

安提瓜和巴布达在2018年收到278份投资移民申请，其中261人通过现

---

〔1〕《现在的希腊移民你爱搭不理，未来怕是要高攀不起》，载 https://mp.weixin.qq.com/s/hFf5CmMXUz0nB9s6aCDpwQ，最后访问日期：2018年5月10日。

金捐赠，占绝对多数；2017 年上半年，187 份申请中只有 71 人通过现金捐赠的方式进行投资，78 人以企业股权的方式进行投资。[1]安提瓜和巴布达政府要求申请者提交的证明材料主要着重于资金流入安提瓜和巴布达的情况，没有对来源性和转款途径的严格及合规证明。2018 年，安提瓜和巴布达宣布接受电子货币的投资方式，给有效监管又提出了新的要求——如何对通过电子货币进行投资移民的申请者进行资金来源合法性和身份真实性的有效监管。

新西兰投资移民法律对转款途径与方式有着较为细化且科学的立法规定。新西兰政府明确要求申请人应通过银行系统直接以申请人名下的资金转入新西兰。同时，通过现金和外汇交易公司的转款也能够被认可，但须分别符合以下条件：一是通过现金转移，须符合以下条件：①符合新西兰的转款规定；②符合移出国的现金管理和限制性规定。二是通过外汇交易公司须符合如下要求：①通过银行系统转账；②申请人提交的材料中应能体现出转账是直接从银行转至外汇交易公司；③转账应符合新西兰和资金转出国的法律；④转账应是有迹可循的，现金存款可能不被接受；⑤外汇交易公司应是合法运营，不允许通过涉嫌或已被证明有欺诈或非法挪用行为的公司进行转账。[2]

根据统计数据，中国是新西兰投资移民的绝对主力，占到了新西兰投资移民的95%。[3]针对这一现象，新西兰政府对来自中国的投资移民申请者提出了单独的要求，即新西兰政府专门列出了从中国进行转款的规定，并推荐了四家金融机构和银行——国盛证券有限公司、工商银行、中国银行和建设银行，通过这四家机构进行转账被新西兰政府认可的可能性更大，但转账行为最终是否被认可，还是由新西兰政府依据实体和程序上的材料审核决定。

---

〔1〕"CIP 6-month report-1st January 2018-30th June 2018", available at http://cip. gov. ag/cip-6-month-report-1st-january-2018-30th-june-2018/, last visited on 2019-1-2.

〔2〕"Research and Statistics", available at https://www. immigration. govt. nz/about-us/research-and-statistics, last visited on 2018-5-19.

〔3〕"Statistics | Immigration New Zealand", available at https://www. immigration. govt. nz/about-us/research-and-statistics/statistics, last visited on 2018-5-19.

第二节　我国对策

一、强化金融体系监管

强化金融监管在反腐败工作中具有越来越重要的作用。反洗钱、反腐败、反避税这三项内容是相互联系、相互影响的。高透明度的有效信息交换已经成为国际社会反腐败的重要工具。洗钱、腐败和逃税行为不仅对金融市场产生长期的不平衡影响，干扰全球金融体系，使得税收不公平，同时也会对遵纪守法的公民及企业产生负面影响，使得他们对法律、市场稳定丧失信心。对国家而言，加强金融监管，不仅有利于金融体系的正常稳定运行，也有助于政府追踪、管理财富，更好地维护社会正常运行与法律体制的稳定。

（一）国内金融监管漏洞

目前，我国对金融市场的监管，形成了法律、行政法规、司法解释、部门规章和规范性文件及行业自律规章的法律框架。近年来，我国也逐步对金融领域加强监管，出台了一系列规则与办法，以减少金融管控的漏洞。但从整体而言，我国金融领域的法律存在着重要金融立法层级不够高、处罚措施不配套、细则延展性不强、职责与权能不相匹配的状况。例如，对洗钱犯罪的追溯，国际公约并没有详细规定，留予国内法进行具体规定。但我国反洗钱刑事立法尚未达到国际标准，《中华人民共和国刑法》（以下简称《刑法》）中关于洗钱犯罪的规定分散，无法显示出洗钱犯罪的共性，而且我国尚未将税收犯罪归入洗钱上游犯罪的范围，未能与国际接轨。就实际监管层面而言，由于我国内地尚未完全放开个人向境外转移资产，个人向海外转移资产多通过灰色渠道包括非法渠道绕过限制，利用制度管理漏洞。其方式主要包括：其一，利用亲属的外汇额度，"蚂蚁搬家"式地将资产一点点转移至海外账户。其二，通过我国香港地区"自由港"的优势"曲线移财"。这种方式一般需借助理财公司在香港设立账户，先将资金转移至香港，再转移至其他国家或地区。其三，理财产品抵押和银行海外分行贷款。对于金额较大的购房款转出，银行可以提供一些特殊渠道。比如，客户购买相当数量的私人理财产品，银行通过其海外分行以此为抵押贷款给客户，然后客户将贷款直接支付给房地产商。其四，实业资产抵押和海外分行贷款。用企业抵押取得银行贷款，用从银行贷来的钱组团到海外购置资产，再通过可以逃脱进出口核销的预付款及离岸公司佣金等科目转移部分资金。其五，通过地下钱庄、赌博洗钱等非法资金途径将资金转出。

上述这些"灰色转移"资产方式暴露出我国目前存在如下金融监管问题：其一，对利用亲属账户转移资产的，由于不同的银行或同一银行不同网点间没有实现数据的实时共享，无法识别上述资金是否汇往境外同一人，因此很难实现对分拆交易的事前预警。其二，在开展个人分拆结售汇案件调查取证时，需要对个人储蓄账户进行查询并对相关交易信息进行必要的核实，但现行外汇法规未赋予基层外汇局查询个人储蓄账户的权利。由于涉及个人资产隐私，在没有政策支持的情况下，即使分拆交易行为特征明显，基层外汇局也不能调取相关交易流水，因此调查取证难度较大。其三，对金融交易监管的一些具体细则未作出细化规定，一些具体操作内容在实践中难以有效落实，如国家外汇管理局《关于进一步完善个人结售汇业务管理的通知》（已失效）中关于个人分拆结售汇行为特征描述提到的"连续多日"并未明确。[1]

（二）建议与对策

在日常金融监管中，首先应该对交易金融地进行辨识与分类，对不良金融地的金融交易，应自动进入预警与加强审核的机制。笔者认为，对金融地辨识的因素应包括：该法域恐怖分子活动的证据；银行保密规定，以及对非居民的类似益处；银行监督的质量；金融交易量和实体经济的不平衡；国际专家对该法域"离岸天堂"的指认；该国/司法辖区的腐败状况；该国/司法辖区是否有法定的银行保密制度；该国/司法辖区是否通过了反洗钱法；针对境外避税收入进行的洗钱是否被认定为违法行为；该立法是否有效；该国/司法辖区是否对信托和企业服务的相关规定进行监管；该国/司法辖区的法律是否要求披露企业所有者的身份信息。

强化我国金融体系监管，笔者认为应从以下几点出发：首先，进一步加强国际合作，加强信息共享机制建设。截至 2018 年 12 月，中国人民银行反洗钱监测分析中心已经和 40 多个国家和地区签订了金融情报交流合作备忘录。通过共享信息网络平台的构建，不仅在国内层面实现了金融机构和监管

---

〔1〕　李彩虹、贺旸：《个人外汇分拆监管实践及国际借鉴——基于美国大额分拆监管法律视角》，载《武汉金融》2017 年第 8 期。

机构之间的信息共享，也实现了国际和区域性的信息平台共享。利用我国与边境国家的紧密经贸活动特点，进一步推动区域金融机构信息共享，以更好地发挥对金融交易的监管及人员身份的识别。其次，形成完备的监管机制。一方面，进一步推广交易实名制及可疑交易报告制度，对交易记录实行保存，监管银行实名制交易，通过硬性规定以降低现金使用度，从而扩大对交易的记录范围。另一方面，加强对金融机构人员反洗钱的培训，使其有能力对可疑交易进行追踪，对可疑信息进行过滤，并及时上报可疑交易。反洗钱由两大基础体系构成——报告及收集、交换信息。如果没有提交可疑交易的报告，反洗钱机制是不会被触发的。因故意或疏忽而对可疑交易不报告是导致反洗钱系统无效的一个最重要因素，特别是对系统中的雇员实施贿赂，使其故意或放任不报告可疑交易。因此需要建立系统性的监督与交叉管理，以避免个人因素对整个监测系统的影响。再次，完善个人身份信息管理，加大交易识别度，监管机构和金融部门做好反洗钱的尽职调查。对于"裸官"，应加强对主要亲属非法资产转移的监控，防范配偶、子女通过洗钱转移不法资产进行投资移民，使得贪腐人员也能够获得移民身份。复次，对银行及金融机构的职责和义务进一步作出明确规定，应赋予金融机构对账户检查的权限。对相关规定进行修订，赋予基层外汇局对个人储蓄账户检查的权限，探索建立跨网点、跨银行的监测平台，实时汇总居民个人在各单位的交易情况，并对"多日"的具体时间作出明确规定；提高银行审查的义务标准，对客户身份的审查核实中，须严格遵守标准流程，充分了解客户；确保金融机构充分履行尽职调查和监管职责。又次，对境外机构申请开立 NRA 账户的，[1]要对该境外机构实际控制人等信息进行审核，同时应加强境内非居民之间的外汇划转监测，全面掌握非居民外汇资金划转的资金链走向。最后，保持并进一步加大对地下钱庄等游离在法律管理体制之外的资金交易体系的打击，形成日常化的监管制度。

推进反洗钱工作也需要考虑对相关利益人的合法保护。反洗钱工作应做好对未定罪人员的信息保护，实现对相关权利人的隐私保障，平衡好公众利益和私人利益，防止公权力对私人信息的滥用。欧洲司法法院的判例表明，

---

[1] 国家外汇管理局于 2009 年 7 月 13 日发布的《关于境外机构境内外汇账户管理有关问题的通知》，允许境内银行为境外机构开立境内外汇账户，即为 NRA 账户。

对私人信息的保护并不是绝对的。2012 年，欧盟委员会的一份立法提案涉及职权机关在预防、调查、侦查或起诉刑事犯罪或执行刑事判决情形下对个人信息的保护，以及自由流动的权利，提案阐明对个人信息的保护应与社会需要相符合，[1]不能过分强调对社会利益的保护而忽略对未定罪人员隐私权的侵犯。银行信息保密制度并不是绝对的，对个人隐私信息的保护也不是绝对性权利，而应当设定一个相对的界限，在社会公共利益和个人隐私利益之间寻找一个平衡点。

二、加大海外税收信息获取

(一) 国际社会发展趋势

随着全球化进程的深入，透明度标准成为各国实现良好治理的一个重要组成部分。透明度的要求是多方面的，包括程序、行政以及金融信息等。国际社会越来越重视在信息交换和行政机关方面的国际合作，加强这方面的合作正是因为"避税天堂"的存在。这些地区或国家利用低税率或零税率吸引外国投资者前来，并利用银行保密制度制造了信息交换的盲区。国际社会希望通过信息交换，提高金融信息的透明度以破除银行保密制度带来的监管漏洞。在二十国集团的推动下，透明度全球化的合作一直在持续进行并不断深入，税务信息交换使得越来越多的相关金融信息得以被获知，政府的监管力度得到进一步加强。

事实上，"避税天堂"的存在给发展中国家带来了非常大的影响。根据相关调查研究的数据，"避税天堂"推行低税率或零税率政策吸引外国公司在此注册以减少在母国的应缴税款，发展中国家因此一年减少了近 1240 亿欧元的税收收入。[2]同时，"避税天堂"采用的低税率或零税率以吸引外国投资资金流入的方式，很容易导致恶性竞争，各个"避税天堂"为了吸引更多的外资，会倾向于采用更低的税率或更为优惠的税收方式，这种恶性竞争对其本国经济而言，也会带来负面影响，即加重国家的财政负担，不能实现经济的

---

〔1〕　Emmanuel Ioannides, *Fundamental Principles of EU Law Against Money Laundering*, Ashgate Press, 2014, p.137.

〔2〕　Oxfam, "Tax Have Crackdown Could Deliver ＄120bn a Year to Fight Poverty", available at http://www.oxfam.org/en/pressroom/pressrelease/2009-03-13/tax-haven-could-deliver-120bn-year-fight-poverty, last visited on 2018-5-19.

良性和可持续性发展。一些非洲发展中国家通过在本国范围内建立"避税天堂"以吸引更多的外国直接投资资金，这些国家认为只有极低的税率或零税率才能够吸引到外国投资资金，以打破没有外国投资资金流入的尴尬局面。但是，以"避税天堂"的方式吸引外国资金的弊端也很明显：容易忽略对资产实际所有人的识别，可能导致资金有更大可能性来自于非法手段或卷入犯罪活动。泽西岛（Jersey Island，英国属地）在 2011 年提出要与肯尼亚开展双边信息交换的谈判，原因正是肯尼亚政府的一名前部长和一名国有能源企业负责人利用泽西岛的银行保密制度，在泽西岛银行账户存入了高达 100 万美元的可疑受贿资金。

OECD 一直致力于解决国际避税问题，透明度和税收信息交换的标准成为问题的核心。2009 年 9 月，来自 84 个国家、地区及国际组织的代表在墨西哥举行会议，商讨执行《多边税收征管互助公约》中对于透明、信息交换的国际标准，期望通过机制化的建设实现信息交换，同时将信息交换变为自动性交换。[1]这一变化体现了 OECD 希望通过删除提出请求等一系列程序性的事项，以加快信息交换的流程，提高信息的有效性和时效性。同时，在 OECD 的推动下，截至 2009 年，全球已有 3600 份双边税收协定。[2]自 2017 年 6 月以来，近 80 个国家签订了新的双边税收协定，成为 OECD 推行税基侵蚀和利润转移（Base Erosion and Profit Shifting，BEPS）项目的新成果[3]，OECD 希望国际社会能够通过新的合作标准，如打开银行保密制度的大门，实现对"避税天堂"的打击和治理[4]。OECD 的标准可以概括为三个核心，即信息的可获取性、保证信息获取的渠道及进行信息交换。OECD 还对税收管辖区进行划分，分为白色、黑色和灰色。"白色标准"是指某一管辖区至少应签署 12 个达到 OECD 标准的条约，国家政府履行条约义务，将条约内容转换为国内法并予以践行，同时政府还具有进一步签署条约的谈判意愿。

---

〔1〕 "Tackling Offshore Tax Evasion The G20/OECD Continues to Make Progress June 2012"（Report by Secretary-General Gurria of the OECD），available at http://www.royalgazette.com/assets/pdf/RG120127 622.pdf，last visited on 2018-5-19.

〔2〕 Emmanuel Ioannides, *Fundamental Principles of EU Law Against Money Laundering*, Ashgate Press, 2015, p.87.

〔3〕 Tax Treaties, available at http://www.oecd.org/tax/treaties/, last visited on 2020-9-12.

〔4〕 Kofler, Tumpel, *Tax Information Exchange Agreements*, International Amtshilfe Press, 2011, p.181.

税收条约成为国际社会打击国际逃税最为重要的一项法律工具。税收双边条约从总体上来看可分为三类：第一类为直接依照示范性文本，如遵循OECD示范文本或联合国示范文本。OECD示范文本更新较为及时，联合国示范文本更新较慢。目前，大多数已经签署的税收双边条约都是遵循OECD示范文本，如赞比亚和中国的税收双边条约（依据OECD 2005年示范文本）、埃塞俄比亚和捷克共和国的税收双边条约（依据OECD 2000年示范文本）、莫桑比克和南非的税收双边条约（依据OECD 2000年示范文本）、乌干达和丹麦的税收双边条约（依据OECD 1995年示范文本）。依照联合国示范文本签署的税收双边条约，如津巴布韦和挪威的税收双边条约、津巴布韦和瑞典的税收双边条约。第二类则是采用混合模式，即遵循OECD示范文本，但同时采用了联合国示范文本中预防逃税的目的条款，如中国和埃塞俄比亚的税收双边条约（依据OECD 2000年示范文本与联合国示范文本预防逃税的目的条款）、埃塞俄比亚和以色列的税收双边条约（依据OECD 1963年示范文本与联合国示范文本预防逃税和欺诈的目的条款）、埃塞俄比亚和英国的税收双边条约（依据OECD 2005年示范文本与联合国示范文本预防欺诈和打击合法避税的目的条款）。第三类为采用联合国示范文本或OECD示范文本框架，但具体内容为双方谈判所达成。OECD示范文本对双边条约的签订起到了基础性的作用，签约双方根据具体条款进行协商，如限定信息交换的范围，或是限定交换的信息只能适用于某些特定的案件，或是如何设定信息的保密措施。另外，在一些双边条约中还出现了一些附加性条款，例如在签署双方主管机构都同意并授权的情形下，可以将所交换的信息用于条约规定之外的其他目的，如埃塞俄比亚和印度的税收双边条约、莫桑比克和印度的税收双边条约、马拉维和挪威的税收双边条约等。在坦桑尼亚和印度的税收双边条约、赞比亚和印度的税收双边条约中则规定了签署国双方达成自动交换信息的机制，不再需要提出专门的请求。其他行政双边互助的条约也可能涉及税收信息交换，如莫桑比克和葡萄牙签订的双边行政互助协议（2011年）。

两国之间关于税收信息交换的内容并不局限于税收双边条约。在税收条约之外也出现了税收信息交换条款，不同于全部的税收条约，这种条款只是单一性地涉及税收信息交换内容，可以实现独立签署，而并不一定囊括在税收双边条约之中。这种独立条款无疑可以极大地推动信息交换的进程，只要签署国双方就信息交换的具体范围和沟通流程达成一致就可实现信息共享。

税收信息交换条款因其具有的影响因素更少、更加便于谈判意向达成的特点，被认为是税收性条约的重要替代项之一。例如泽西岛、根西岛（Guernsey，英国属地）都是签订信息交换条款的先驱，虽然这两个地区主要依靠低税率或零税率建立"避税天堂"吸引外资，但同时也与其他国家和地区签订了大量的税收信息交换条款，打破了传统形态下"避税天堂"对税收信息的保密制度。这两个岛屿行政区通过签订大量的税收信息条款已符合 OECD 推行的透明度标准。

可以说，联合国示范文本和 OECD 示范文本成为各国政府进行税收信息交换的法律基础。税收信息交换主要包括收集税收信息、交换及交换规则等内容：

第一，收集税收信息的互助问题。联合国示范文本和 OECD 示范文本对此规定完全一样，联合国示范文本第 27 条规定，收集税收相关信息时签署国主管机关应当予以协助。不同于信息交换条款，收集信息的范围并不限于联合国示范文本第 1、2 条规定的范围，只要不与公约内容相违背，都属于收集信息的范畴。

第二，税收信息交换问题。OECD 示范文本第 26、27 条及联合国示范文本都对税务机关之间进行税收信息交换作出了规定。这一条款保证了税务机关有权力在其他管辖权地进行税务信息的收集。OECD 示范文本和联合国示范文本在税务信息交换上有一个很大的区别，即 OECD 示范文本只是对税收信息收集作出了规定，而联合国示范文本关于税收信息收集的第 26 条则着重于预防税收欺诈，并强调了进行税收信息收集是为了打击国际避税。同时，联合国示范文本的评论对此作出了解释，联合国示范文本是为了给成员国提供指导性建议，从而对国际避税进行有效打击。OECD 示范文本则是提及信息交换，涉及税收信息交换并完善对避税、逃税等相关行为的对策。由于发展中国家的相关机制还未完善，面对不断出现且请求数量迅速增加的信息交换，可能没有足够的资源应对这些请求，对此联合国示范文本的解释作出了回应，联合国认为在信息交换请求中，若出现了特别高昂的费用，那么应当由请求国承担。有学者提出，可以通过建立"税收分享"机制以推动发展中国家建立本国的税收信息系统，因而在国际社会中能够更好地承担信息分享的职责。[1]通过"税

---

〔1〕 Paolini Dimitri, Pistone Pasquale, Pulina Giuseppe, Zagler Martin, *Tax Treaties and the Allocation of Taxing Rights with Developing Countries*, WU International Taxation Research Paper Series, No. 2012-08, available at https://epub.wu.ac.at/3768/1/2012_08_Paolini_Pistone_Pulina_Zagler_SSRN.pdf, last visited on 2018-5-11.

收分享"机制，由发达国家通过经济援助帮助发展中国家在本国建立更为高效的信息收集机制。通过这种机制，发展中国家在与发达国家谈判建立信息分享协定时能够拥有更有利的支撑。

联合国示范文本在 2011 年作出更新，比较重要的几项修订如下：其一，联合国示范文本规定信息交换不局限于该公约中规定的交换内容，还应涵盖国内法中所涉及的税收信息。税收信息交换的目的是防止欺诈和逃税。显然，一方面，这次更新极大地扩大了信息交换的范围，使得非居民的税收信息被纳入交换范围；另一方面，这一扩大也给行政机关带来了较大的负担。其二，更新后的公约规定了在成员国国内法框架下，银行保密制度不再成为信息交换的阻却性因素，被请求国不得仅因某一信息并不为本国政府所需要而拒绝信息交换的请求。联合国示范文本第 26 条还规定了主管机关应当确定通过什么方式进行信息交换。其三，新增加了第 25 B 条，即新增了一种互助方式——强制仲裁。虽然强制仲裁的方式与 OECD 示范文本有类似之处，但两个文本的规定仍然存在着几点不同：①仲裁的时间限制。联合国示范文本规定的是双方达成调解合意的 3 年之内，OECD 示范文本规定的则是 2 年。②提交仲裁的主体。联合国示范文本指出只要争议双方任一主管机关认为应提交仲裁，就可以开启仲裁程序。OECD 示范文本规定的则是只有纳税者本人才是提出仲裁请求的适格主体。③联合国示范文本规定主管机关在提交仲裁的 6 个月内，若双方达成一致，可以通过其他方式化解争端，OECD 示范文本并未对此作出规定。

第三，收集税收信息的具体规则。目前，在国际社会所签订的税收双边条约中只有少数双边条约规定了收集税收信息的具体规则。收集信息规则于 2003 年才由 OECD 示范文本引入，并在 2006 年经联合国示范文本正式公布。因此，2003 年之前签订的双边条约由于没有范本可循，基本根据签署国自身情况对这一内容作出规定。例如，莫桑比克和葡萄牙的双边税收条约第 27 条规定，签署国的主管机构，在税收领域应以合作并达成一致的视角，培训、交换人员、信息、技术性学习，或是通过相关领域的国际组织和税收行政机关进行上述培训和交换。同时，莫桑比克和葡萄牙还签订了一个双边行政协助协议，其规定了签署国双方的主管机关应当自动、同步地交换信息。这份双边行政协助协议与欧盟框架中的信息交换指令非常相似，只是没有使用欧盟框架中的"指令"这一用语。这就表明税收信息的交换可以通过多种形式的双边协议与区域性多边框架进行，充分拓展信息交换的各种渠道与可能性。

(二) 我国合作状况及完善建议

在海外税收信息的收集方面，我国选择加入了"统一申报标准体系"(Common Report System, CRS)，并在 2018 年首次实现了信息交换，获得了大量海外税收账户信息。但以美国为代表的部分国家仍未加入 CRS，使得我国通过这一体系能够获得的税收信息有限。同时，在以部分加勒比地区国家为代表的既是离岸金融中心又推行投资移民政策的国家当中，部分国家和地区尚未与我国建交，无法实现税收信息的双边共享，贪腐人员仍然可能利用投资移民政策存在的监管漏洞实施外逃，加大了打击反腐败犯罪案件的难度。

签订双边或多边税收性条约是打击国际逃税最为重要的一项法律工具。税收信息交换条款作为涉及税收信息交换内容的单一性条款，因其具有的影响因素更少、更加便于谈判意向达成的特点，被认为是税收性条约的重要替代项之一。以英国属地泽西岛和根西岛为例，虽然这两个地区主要依靠推行低税率或零税率建立"避税天堂"吸引外资，但同时也与其他国家和地区签订了大量的税收信息交换条款，打破了传统形态下"避税天堂"对税收信息的保密限制。[1]我国也可以通过签订双边或多边税收性条约，或者通过签订税收信息交换条款，拓展海外税收信息的来源渠道，为打击腐败犯罪提供便利。

第一，拓展海外税收信息的来源渠道，扩大税收信息覆盖范围。面对目前仍存在税收信息空白的国家与地区，我国应继续通过签订双边税收条约及单独税收信息交换条款的方式，拓展海外税收信息的来源渠道，提升我国政府对海外税收账户的掌握程度，为反腐败追逃追赃工作提供便利。税务机关应当加强对中介、顾问人员和海外账户实际受益人身份的识别，防止贪腐人员通过中介机构向境外转移资产。

第二，与投资移民目的国深入合作，加强对移民信息的收集和分析。考虑到贪腐人员可能利用投资移民项目转移资产并实施外逃，我国应当加强对投资移民相关信息的收集和分析，有针对性地与实施投资移民入籍政策、我国投资移民数量增长较快的离岸金融地国家签订全方位、深层次的税收协议，特别是税收信息交换协议。通过与移民目的国实现信息共享，及时掌握移民信息、监测移民动向，防止贪腐人员利用离岸金融地转移资产并外逃，为打

---

〔1〕 Daurer V., *Tax Treaties and Developing Countries*, Wolters Kluwer Press, 2014.

击腐败犯罪提供便利。

第三，充分认识税收信息与反洗钱监测之间的关系，打击违法犯罪。目前，我国已与一些国家开展境外（离岸）资产税务监管合作，应及时实现反洗钱监管机制与国际收支统计申报机制的接轨。[1]相关部门应当充分认识税收信息与反洗钱监测之间的关系，充分利用国际社会与区域组织的平台建设，实现对税收信息与反洗钱信息的共同监控和使用，将打击偷逃税犯罪和打击洗钱犯罪合二为一。

第四，扩大税收信息情报在双边税收协议中的适用范围。需要注意的是，税收性条约或双边协议在签订时，会对税收信息情报的使用作出明确限定。截至 2019 年 5 月，我国已与 10 个国家或地区签订了双边税收信息情报交换协议。在这些双边协议中，税收信息情报的交换有明确的使用规定，虽允许将税收信息情报作为证据提交于司法机关在诉讼程序中使用，但配有保密条款，即未经对方主管机构书面许可，不得将相关税收情报泄露给除主管机构外的第三方或其他司法管辖区。因此，我国应考虑在双边协议中规定涉及特定情形的犯罪行为，如洗钱、贪污贿赂犯罪时，将税务信息情报的使用扩展至双方的其他相关主管部门，特别是若在协议双方达成一致时，可以将税收信息情报的使用扩展至所有犯罪行为的调查。

随着全球化进程的不断深化和信息化社会的不断发展，反腐败斗争形势依旧复杂，打击腐败犯罪必须及时更新思维，通过提升税收信息在打击腐败犯罪中的作用，通过监测税收信息的异常变动，及时发现和查处腐败犯罪行为，及时惩处和治理偷逃税案件。

三、强化反洗钱与金融机构的信息共享

（一）反洗钱国际公约

1. 《联合国打击跨国有组织犯罪公约》

《联合国打击跨国有组织犯罪公约》对反洗钱的具体措施和国际合作进行了全面规定，第 6 条明确成员国应将洗钱行为规定为刑事犯罪；第 7 条是关于打击洗钱活动的措施，要求银行和非银行金融机构都应建立管理和监督制

---

〔1〕　赵丽、王坤：《警方打击地下钱庄行动揭贪官转移赃款路径 反洗钱需强化"投资移民"资金监管》，载《法制日报》2016 年 1 月 13 日，第 5 版。

度，这种制度应强调验证客户身份、保持记录和报告可疑的交易等，建立国家级的金融情报机构，制定切实可行的措施以调查和监督现金和有关流通票据出入本国国境的情况；第8条要求成员国将腐败行为纳入刑事法律规制的范畴；同时在第9条规定了反腐败措施，成员国应以立法、行政、预防及其他措施综合构建打击腐败犯罪的国内法律制度；第10条则是有关法人犯罪的责任，将法人实施的洗钱行为、腐败行为以及其他严重犯罪行为都纳入刑罚制裁体系。

《联合国打击跨国有组织犯罪公约》是针对跨国有组织犯罪的公约，因此其对有组织犯罪以及所涉及的腐败犯罪作出了充分的界定，并且为应对有组织犯罪，对相关腐败犯罪行为也作出了专门处理规定，要求统一纳入刑事制裁体系。《联合国打击跨国有组织犯罪公约》推出了一项十分重要的举措，即国家监督制度的构建，包括设立国家级别的金融情报中心，通过这一国家级信息平台的搭建能够有效整合信息，收集汇总可疑交易信息，有助于鉴别非法资金的性质来源和流动走向，这对于追踪非法资金转移及反洗钱而言是非常重要的。

2.《联合国反腐败公约》

《联合国反腐败公约》通过术语等总则性内容、预防措施、定罪和执法、国际合作、资产的追回、技术援助信息交流、实施机制和最后条款共八章对腐败犯罪的方方面面都作了详尽规定，成为国际社会打击腐败犯罪的基础性公约。《联合国反腐败公约》的颁布也彰显了国际社会打击腐败行为的决心。

《联合国反腐败公约》第52条对预防和监测犯罪所得的转移作出相关规定，这也是涉及跨国跨境转移非法资产的专门条款，该条要求各国严密监管金融机构、特定非金融机构以及经营现金或者等值转移正规或非正规业务的自然人或法人，建立必要的制度监测和遏制相关领域内的洗钱活动，尤其是腐败犯罪，专门对曾担任重要公职的人员及其家庭成员、关系密切人员或代理人的账户进行强化审查，对客户尽职调查、交易记录保存和可疑交易报告作出明确规定。这一条款从国际法层面对金融机构和非金融机构的义务进行了详细规定，要求相关金融机构应当履行尽职调查、保存记录和报告义务，不能为追求经济收益而令反洗钱工作沦为空谈。同时该条款还涉及公职人员财产公开与外国账户信息沟通等内容，要求各成员国应在国内建立健全相关的法律，公职人员应进行财产申报，在国外金融机构开设账户应履行报告义务。总体而言，《联合国反腐败公约》对洗钱的监测和预防规划了整体的法律义务框架，但就相关金融和非金融机构的具体反洗钱实施细则，还需要各成员国在本国国内制定细则与落实。

3. 反洗钱金融行动特别工作组新《40 条建议》

2012 年 2 月，反洗钱金融行动特别工作组在旧的《40 条建议》的基础上，结合过去数十年间发布的修正建议，形成了新《40 条建议》。新《40 条建议》建立了反洗钱、反恐融资及扩散融资的总体框架，尤其强调对洗钱的预防措施，对客户身份调查、可疑交易报告、资金流向监控及非金融行业的反洗钱要求和标准都作出了十分详尽与精确的规定，成为指导各国国内立法的标杆。新《40 条建议》规定了银行金融业对客户身份审查的普适性标准与流程，并希望各国能够将其推广适用。同时，将逃税扩大为上游犯罪，强化对政治公共人物的监测和检查标准，加强确认实益拥有人的标准。新《40 条建议》的第 25 条规定了，各国应注意空壳公司被滥用从事洗钱活动的可能性，并应考虑是否采取额外措施，以防这类公司被非法利用。由此能看出，新《40 条建议》关注到空壳公司可能的作用和影响，鉴于各国不同的银行保密制度与法律制度，对空壳公司的规制留待各国国内法处理，在可能涉及洗钱的情况下应采取适当的补充措施。

除了国际社会已经达成的公约，联合国毒品和犯罪问题办公室还分别在 2005 年和 2009 年出台并修订了针对英美法系和大陆法系国家的《反洗钱与反恐怖融资示范法》。从国内法角度出发，给各国国内制定、修订反洗钱与反恐融资法律作出示例。《反洗钱与反恐怖融资示范法》不仅勾勒了反洗钱与反恐融资的法律框架，还涉及具体的操作细则，如设定了银行及金融机构进行透明交易的标准，对涉及洗钱和恐怖资金的侦查方式，包括上报可疑交易信息、对上报者免除未保守秘密的责任；对客户信息的鉴别程序和内容、对交易的追踪和记录等。《反洗钱与反恐怖融资示范法》涉及金融机构和非金融机构交易的各个流程和各方面内容，联合国毒品和犯罪问题办公室公布示范法正是希望能推动各国通过法律形式对金融机构和非金融机构的义务划定标准，以更好地规范相关机构进行反洗钱工作。

（二）国际金融监管体系

表 8　离岸金融市场的国际监管机构及各自的主要职责[1]

类　　别	机构名称	主要职责
离岸金融市场监管标准的制定者	巴塞尔委员会	制定离岸银行业务的监管标准，巴塞尔核心原则
	国际保险监督官协会	制定离岸保险业务的监管标准，IAIS 核心原则
	国际证监会组织	制定离岸证券业务的监管标准，IOSCO 目标和原则
	反洗钱金融行动特别工作组	提出 40 条反洗钱建议和 8 条反恐融资建议
离岸金融中心监管体系的评估者	国际货币基金组织	开展离岸金融中心项目，评估各中心贯彻监管标准的情况，进行数据统计并提供技术援助等
离岸金融市场监管的协助者	离岸银行业监管者集团	对离岸银行的监管提供建议
	离岸保险业监管者集团	对离岸保险的监管提供建议
	金融稳定论坛	对离岸金融中心项目提供建议，并劝说离岸金融中心参与评估等
其　　他	经济合作与发展组织	倡导反有害税收竞争

　　以巴塞尔委员会为代表的国际金融监管机构的职责是保证离岸金融市场的平稳发展，促进离岸金融市场内部能够形成更为完善的法律监管制度，减少利用离岸金融市场所进行的金融犯罪。从实质上而言，这些机构并不是传统意义上的国际组织，而是非传统化的"服务型"国际机构的代表。这些监管机构一方面从专业化角度制定行业标准，规范离岸金融市场活动；另一方

---

〔1〕巴曙松等：《离岸金融市场发展研究——国际趋势与中国路径》，北京大学出版社 2008 年版，第 147 页。

面则起到加强离岸金融市场相互合作沟通的作用。尽管这些行业标准的文件大多不具备法律效力，但是通过这些国际机构出台的监管和建议文件形成的行业标准在全球广泛推广适用。同时，其他的国际机构和国家也能够依据此标准对离岸金融市场的运行和监管状况进行评估。

巴塞尔委员会作为银行业监管组织，旨在加强各国金融监管当局间的合作，尤其在跨境交易中强调东道国和母国之间的合作与信息交流，以堵塞国际监管的漏洞。在监管方面，其出台了"最低要求"文件，强调通过商业银行信息披露的完善提高透明度，建立有效的市场约束机制。同时，巴塞尔委员会依靠开展金融研究，为金融机构提供建议以促进发展。随着近些年离岸金融的快速发展，巴塞尔体系逐渐表现出监管不足的态势，且因文件不具备法律约束力，在实践中往往缺乏有效的执行力度。因此，巴塞尔委员会更加寄希望于各国政府能够将其出台的行业监管规则转化为国内法律，与本国法律制度对接并细化执行规则，从而更好地发挥监管作用。

国际货币基金组织（IMF）于 2007 年出台了一份名为《财政透明良好做法守则》的文件，这也成为国际货币基金领域最为重要的文件之一，其建立了一系列准则和操作规范以帮助各国政府给其国民提供全方位的公共财政服务。实际上，无论是国际社会还是国内社会，对于公共财政而言，透明度和说明责任都是基础性要求。与之相联系的，则是政府公务人员对其财政来源的申报和说明要求。

《联合国反腐败公约》以及新《40 条建议》等国际反洗钱法律文献都一致要求各国采取必要的措施提高私营公司和经营实体的透明度，通过立法的方法形成识别公司实体实际管理和所有权人的制度性措施。《联合国反腐败公约》还要求各缔约国建立有效的公职人员财产申报制度，对不遵守财产申报制度的行为给予必要的制裁。《联合国反腐败公约》还希望各缔约国采取切实的措施，要求本国的公职人员申报其在外国银行中拥有的权益，要求在外国银行拥有签字权的公职人员进行必要的报告，加强对这类人员的管理，并对其外国账户的活动进行必要的记录，对公职人员外国账户中的违法行为给予必要的制裁。

（三）代表性法律规范

因离岸金融地奉行银行保密制度，信息不透明导致流入资金有很高的可能性卷入犯罪活动，对此不少国家都对加强离岸金融市场监管予以高度关注。

1. 美国

2004 年 3 月，美国财政部新设恐怖主义和金融情报办公室（Office of Ter-
rorism and Financial Intelligence，TFI），其使命是切断恐怖分子的财源和其他
国家安全威胁。它有两大目标：其一，确认、干扰和捣毁支持恐怖分子、有组
织犯罪和大规模杀伤性武器（WMD）的扩散和其他国家安全威胁的金融网络。
这主要是通过经济制裁和依据《爱国者法》中的关键条款。其二，确认并解决
国内和国际金融体系中易被滥用的脆弱性。[1]《爱国者法》对三类维续往来账
户的外国银行施加了高标准的尽职调查要求：首先，在美国海外按"离岸银行
业执照"运营的外国银行；其次，在以美国为成员国的国际组织（如反洗钱金
融行动特别工作组）中，银行业执照之颁发被认定为不遵守国际反洗钱原则
或程序；最后，被财政部确认为有采取特别措施必要之银行业执照的颁发国。

2016 年 5 月，美国财政部通过了一项新的法规并在 2018 年生效。法规要
求金融机构识别空壳公司的实际所有人，以消除空壳公司通过指派经理人作
为实际所有人却隐藏了真实所有人身份的情形，通过鉴别资金实际所有人的
方式，加强对金融信息的监管。同年，美国财政部还出台了另一项新规，禁
止利用空壳公司购买特定地域，如迈阿密、曼哈顿的房产，保险公司须承担
鉴别直接购买（不使用贷款）高端房产的公司实际所有人的义务。

从美国对离岸金融的加强型监管能够看出，美国政府对符合离岸银行标
准的金融机构予以重点关注，并以禁止交易的方式切断了与离岸金融地中
"空壳公司"实施金融交易的可能性。美国政府希望通过加大对金融的监管力
度，提高金融信息透明度，识别资产实际所有人的方式以完善监管体制。同
时，美国还加强了国际上的反避税合作，与大多数缔约国都签署了关于税收
情报交换的协定。这些情报交换不仅包括纳税人姓名、住址、身份证号码等，
还包括关于跨国纳税人收入和费用细节的情报交换意见，防止利用转移定价
避税的情报交换，还有发生在通过地税或无税的第三国交易、由第三国支付
给双方国家中占有纳税人所得和利润等，以及位于第三国并属于上述纳税人
及关联公司的财产等。[2]美国对于海外避税的管理与惩治并不是完美无缺的，

---

〔1〕 ［美］海尔·斯科特、安娜·葛蓬：《国际金融：法律与监管》（下），刘俊译，法律出版社
2015 年版，第 568 页。

〔2〕 肖太寿：《中国国际避税治理问题研究》，中国市场出版社 2012 年版，第 102 页。

美国《反避税法》（Controlled Foreign Company Rules，CFC 规则）在实践中面临着一个主要问题，就是反避税条款往往规定居住国需要知道纳税人是否在离岸市场有资金，这需要建立在有效的信息沟通机制之上，而在实践中却常常缺失有效的信息交换机制。

但是，美国一方面对海外离岸金融地实施了非常严格的管理，另一方面却在自己本土建立了在岸避税天堂，如特拉华州、内华达州。时任美国总统特朗普称他自己就拥有 378 家特拉华公司。在美国在岸避税天堂内，政府允许提供保密的、低税的公司架构和资产保护信托架构，吸引外国投资者，也阻止美国人自己的钱流向离岸避税天堂。美国的在岸避税天堂，是否能够在实践中确实发挥阻止贪腐人员和资产入境的效果还有待观望。并且，美国政府加入 CRS，吸引离岸金融资产转移至美国境内，使其成为执行 CRS 中的重大漏洞。2010 年美国通过《外国账户税收遵从法案》（Foreign Account Tax Compliance Act，FATCA），要求外国金融机构（Foreign Financnal Institution，FFI）向美国国税局报告美国纳税人的账户信息，对于不配合的 FFI，就其来源于美国的所得征收 30% 的预提税作为处罚。《外国账户税收遵从法案》尽管也有涉及对海外居民银行账户信息交换的条款，但该法案所规定的交换内容并不公平。依据该法案规定的两种交换模式，第一种模式只是进行单边信息交换，美国政府并没有进行信息交换的义务；而在第二种模式中，美国也没有实现等同信息量的交换。例如，美国与德国的信息交换，美国只提供存款账户的信息交换，而不包括托管账户或其他具有现金价值的账户信息。

由此，我国在对外金融监管中，不仅要借鉴美国对传统的离岸金融地实施的严格调查标准，同样也要对美国这一超大经济体保持警惕，不能放松与美国在岸避税天堂的金融交易往来。对于税收信息交换的内容，鉴于中国现在还未与美国签订信息交换协定，对于在美银行信息账户的获取仍然是一大漏洞，只能通过个案中的司法协助的方式获取。同时，我国也需要积极推动与国际组织、区域组织及其他各国构建有效的信息共享与交换机制。

2. 开曼群岛

开曼群岛是世界闻名的离岸金融中心。为了避免成为洗钱中心，开曼群岛依靠国际监管和国内监管两套监管体制的运行，成为国际社会认可的拥有较高监管制度、反洗钱高标准的离岸金融市场。在国际监管方面，开曼群岛遵循巴塞尔委员会制定的最低标准，境内和跨境交易都接受巴塞尔委员会的国际监管。同时，开曼群岛对外国银行开设分行和子行提出了更为严格的监管要求，同时要求这些外资银行的分机构还须遵行其母国的法律规定。在国际合作中，开曼群岛证券委员会作为开曼群岛的反洗钱中央机关，负责与国外机构的合作沟通。对此，开曼群岛证券委员会制定了一项特别程序，专门用于与母国监管机构的沟通，以确保母国监管机构及时获得这些分机构在开曼群岛的相关信息。在国内监管方面，开曼群岛证券委员会作为中央监管机构，负责银行业的监管及反洗钱工作，具体为委员会要求所有银行每年提交一份报告，以评估该银行内部系统和监管措施。此外，委员会对银行相关事务拥有宽泛的调查权，例如有权要求银行出具记录以说明交易信息。[1]

开曼群岛虽为离岸金融中心，但依靠金融监管体系，成为透明度较高的离岸金融地。由此可见，金融监管体系的建设具有至关重要的作用。开曼群岛通过在国内、境内建立完备的金融监管机制，同时通过与外国对口主管机构或中央机构进行积极的信息交换，确保对海外金融信息及税收信息的掌握。

（四）积极建立双边、多边信息共享机制

制度化、系统化的实现需要常态化的机构，通过机构整合来划定监管职责。国际合作应该朝着制度化和系统化的方向前行，如欧盟委员会希望引入更为统一的法律规范，以实现对洗钱活动的法律监管，并通过欧盟的监管机构实现对洗钱更为有效的统一监管。[2]目前，我国已经与53个国家签订了金融情报交换协议，在一定程度上实现了对海外金融信息的掌握与了解。为能够搭建对跨境金融信息的全面监管，应进一步扩大对跨境交易及海外金融信息的掌握，建立双边、多边的金融信息共享常态化机制，笔者认为应从以下几点着手：其一，进一步加强国际合作，加强信息共享机制建设。我国应进一步加大金融情报交换协议的签订，特别是结合我国向外投资移民发展趋势，针对投资移民主要流向地，加强金融情报的交换，包括可疑交易记录、跨国现金交易，以及赌场、宝石和金属、现金交易记录等，可用于分析并发现洗钱和恐怖分子活动的融资行为。其二，加大区域合作力度。我国应利用与边

---

〔1〕 Dennis Campell, *International Banking Law & Regulation*, Westlaw, 2013, p. 302.

〔2〕 Relazione della Commissione al Parlamento Europeo e al Consiglio sulla valutazione di Recenti Presunti Casi di Riciclaggio di Denaro Concernenti Enti Creditizi dell'UE, available at https://eur-lex. europa. eu/ LexUriServ/LexUriServ. do? uri=COM：2019；0373；FIN；IT；PDF, last visited on 2020-4-10.

境国家紧密经贸活动的特点，实现区域金融机构的信息共享，以更好地实现对金融交易的监管及人员身份的识别。同时，配合"一带一路"倡议，做好与周边国家（地区）反洗钱的交流与合作。其三，依据国际组织规范的指引，推动反腐败国际刑事合作的发展。反洗钱金融行动特别工作组 2003 年《40 条建议》的解释规定："金融情报中心应能代表外国对口部门进行与金融交易分析相关的调查。这种调查至少应包括：其一，搜索其包括与可疑金融报告相关信息在内的数据库；其二，搜索其他能够直接或间接登陆的数据库，包括执法数据库、公共数据库、行政管理数据库、商业性质的可用数据库。"并且"各国不应引用要求金融机构保密的法律条款作为拒绝提供合作的理由"。对此，在反腐败国际合作中，我国主管机关应根据个案情形，采取不同的追逃追赃方式，积极收集、准备合格的证据材料，明确对方主管的金融机构，提出清晰明确的合作要求，提高合作效率。

第五章

全方位的国际刑事司法合作以打击非法投资移民

第一节　移民法的执法合作

投资移民构成其他违法犯罪的情形，主要是指投资移民申请者违反了移民流入国的一般性移民管理规定，或在移民流入国境内违反了其他的法律规定。

一、代表性国家的移民法程序性规定

（一）美国

隶属于国土安全部的美国移民和海关执法局和美国海关和边境保护局是美国移民法律的具体执行机构。

美国《移民与国籍法》授予移民官员的逮捕权力分为两类：一类是不需要逮捕令的逮捕，即移民官员有理由相信任何移民侨民在美国境内违反了法律或条例，并有逃跑的可能，有权在逮捕令下达之前实施逮捕。另一类则是有逮捕令的逮捕，在实施逮捕之后，移民官员应立即向其宣布出席驱逐出境听证会的权利和义务。实施逮捕之后，非美国公民若没有涉及刑事犯罪或者不是恐怖分子嫌疑人，美国移民和海关执法局有权作出如下决定：一是继续扣押至驱逐出境的程序开始；二是交纳不少于 1500 美元保证金并经国土安全部批准，符合国土安全部规定一定的条件后可以将其先予释放；三是有条件的假释。移民法律还授予移民官员有权根据原始逮捕令，在任何时间重新将其逮捕并重启驱逐程序。美国移民和海关执法局在对非美国公民实施逮捕之后且申请者通过上诉开启司法程序之前，须以书面形式通知当事人不再对其执行驱逐出境，除非有新的事实证据出现。

驱逐出境的命令是通过听证会作出的，听证会参与方包括：一是移民法

官。在移民法庭的运行中，移民法官同时代表公诉和裁判两种形象。二是服务顾问。代表美国政府出庭，承担检察官的起诉职责。三是由政府免费指派给非美国公民的移民服务顾问，作为非美国公民的辩护人，代表非美国公民的利益。四是指派的翻译，以保障非美国公民在移民法庭诉讼过程中的翻译权利。听证会应公开进行，除非法官出于保护证人的目的选择不公开进行。法官应保证当事人充分知悉其拥有的权利，以及是否通过合法适当程序放弃相应的权利。参与听证会的双方，即服务顾问和当事人都有权对证据进行检查，适用美国刑事诉讼程序的证据规则，但驱逐出境程序并不适用美国刑事诉讼程序证据规则。另外，联邦法规还对听证会证据事项作了补充性规定，只要是在听证会之前发现的证据，与驱逐出境存在事实联系或是相关性的，无论什么种类的证据，都可纳入法庭所采纳的证据范围。

1. 听证会程序性事项

首先，应通知当事人出席听证会。通知当事人意味着听证程序正式开始。美国《移民与国籍法》第239（a）（1）条明确列出，通知当事人的事项包括：驱逐出境程序的性质；作出驱逐出境决定的机构；与驱逐出境程序相关的法律条款以及当事人被指控违反的法律条款。同时，通知内容还包括驱逐出境的后续程序，当事人必须要向政府及时报告住所变更的义务，未履行义务的后果。当事人在驱逐出境程序中拥有相关权利，以及由当地政府免费提供的一系列援助服务。现在美国基本上通过电子邮件的方式通知当事人。在收到通知后，当事人必须立即将其住所和电话号码告知美国移民和海关执法局，以便能够收到书面的程序排期表。如果当事人缺席后续程序，移民局可以根据"清晰、明确且可以定罪"的证据链，通过缺席审判的方式宣布对其实施驱逐出境。当事人是由于意外情况无法出席程序的，可以在180天内重启驱逐出境的程序，否则当事人在10年内都无权启动任何救济程序。

2. 对驱逐令的法律救济

在移民法官发布驱逐令后，当事人能够先通过法律救济措施以维护自身权益。一般而言，当事人需在驱逐出境的听证会上提出具体的措施要求。由移民法官裁定当事人是否能够适用具体的救济措施，由当事人承担自我举证职责，以证明自己能够适用所要求的救济方式，如果合法，则由移民法官最终作出裁定。这些法律救济措施包括：一是自愿离境。当事人自愿离境多是出于将来能够再次合法进入美国境内的考虑，自愿离境将不会在当事人签证记录上留下不良记录。当事人应证明自己遵守联邦法律要求，有足够的资金足以承担离境费用。另外，根据《移民与国籍法》第240B（a）（1）条的规定，如果申请者犯有规定的恶性重罪或是恐怖分子，不需要等待驱逐出境的程序完成，即应要求其自动离境。二是取消驱逐令。具体分为只适用于永久居民与均可适用于永久居民和非永久居民两种类型。前者需要申请者获得合法永久居民身份不少于5年，以任何身份在美国境内连续居住不少于7年并且没有因为"恶性重罪行为"被定罪。后者为暂缓驱逐令，针对在美国已经长期居住的永久居民和非永久居民，在美国境内至少连续居住10年、拥有良好的道德品行且没有因任何违法犯罪行为或国家安全原因被处不予入境或驱逐令。申请者应证明其被驱逐将令属于美国公民或是拥有永久居民身份的配偶、父母和孩子陷入极端困难的境地。三是提出身份调整的要求。这也是非美国公民在收到驱逐令时经常使用的另一种救济方式。申请者须证明自己符合联邦法律规定，通过检查合法入境美国并合法拥有永久居民签证。最为重要的是，申请者应证明其马上能获得另一个合法签证。四是庇护申请。只有非永久居民才可以提出，如果非永久居民在听证会上提出庇护申请，只有当其符合难民条件时才能获得庇护。非永久居民必须在入境美国一年内提出庇护申请，除非其能够证明在规定时间之后才出现相关情形，需要提出庇护请求。五是暂缓驱逐。被驱逐人通过向其所在地区的移民办公室提交I-256申请，由地区移民办公室主任决定是否暂缓驱逐。一般而言，只有具有重新开启驱逐听证或重新审理的动议，或申请者已经上诉至联邦法庭才能适用。若地区办公室主任决定适用，应确定一定的条件及具体暂缓的时间。六是假释。当无法确定非美国公民是否能合法入境，移民法官可以选择对其假释，再做进一步调查。实践中假释已经作为前置性处理方法，适用于自愿离开美国但无法再拥有合法身份重新进入美国，即先对其适用假释，以使其将来能够再入境美国。七是注册登记。这是专门针对在1972年1月1日之前就进入美国的永久居民，并符合连续居住在美国境内、拥有良好的道德品行或其他符合入籍的条件。八是其他特殊人群的救济方式，适用于难民庇护的救济、对驱逐目的地为战区或自然灾害地区人员的暂时性保护措施等。

在驱逐出境的听证会结束后，当事人有权对听证会的结果进行上诉。美国《移民与国籍法》规定了对移民法官作出的决定可以提出行政上诉，而一些特殊的案件则可以依照行政命令进行司法复审。当事人通过提交I-328表格提出案件的行政上诉，要求重新开始听证会的程序或是重新审理，根据美国《移民与国籍法》第240（c）条的规定，重新开始听证会是基于发现了在听证会期间没有发现的新证据，必须要通过陈述新的事实且有证据支持才能够提出上诉。重新审理则要求驱逐出境的法令存在事实或法律错误。重审要求须在作出驱逐出境决定后的30天内提出，而重新开始听证会的要求须在作出驱逐出境决定后的90天内提出。行政上诉的范围和程序由联邦法规作出具体规定，上诉委员会由司法部监督，并由首席检察官任命。上诉期内驱逐出境的命令自动延期执行。为防止恶意利用上诉程序以拖延驱逐出境的命令，联邦法规专门针对恶意上诉行为作出了惩罚性规定。

美国《移民与国籍法》授权法院拥有对移民上诉委员会所作决定上诉的管辖权，即进行司法复审。《非法移民改革和移民责任法案》严格限制了能够提出司法复审的事由和案件范围，其规定拒绝提供任意的司法救济行为，基于犯罪行为作出的驱逐出境命令和监禁措施都不能够进行司法复审。司法实践中，负责移民法律的巡回法庭又增加了不予司法复审案件的类型，包括对驱逐出境命令是否具有管辖权的异议属于"不可复审"的案件范畴。美国《移民与国籍法》第242（b）条规定了可以进行司法复审的情形：其一，法庭须认为案件是根据驱逐令作出且没有采纳任何新的证据；其二，除非其他任何裁决人员都会作出与已有驱逐令不同的结论，否则行政命令认定具有最终性；其三，庇护或是拒绝非美国公民入境的驱逐令只有在明显违反法律的情况下才能进行复审。

美国《移民与国籍法》第106（a）（10）条专门授予了非美国公民在被扣押时有权通过人身保护令程序以对抗驱逐令，但1996年出台的《非法移民改革与移民责任法案》却作出了相反的规定，剥夺了非美国公民适用人身保护令的权利。2001年美国最高法院认定，非美国公民有权依据人身保护令提出司法复审，并提出美国国会并没有明确排除对人身保护令的司法管辖权。对此，美国国会作出回应，国会通过出台《真实身份证法案》认定，人身保护令不能作为司法程序以对抗驱逐出境的命令，但是可以允许提出司法复审作为法律救济方式。需要注意的是，司法复审必须是在穷尽所有法律救济方式之后才能够提出，除非是移民上诉委员会认为驱逐令是"不能被接受的"。复审要求应在驱逐令生效30天内提出，并且复审内容仅限于驱逐令本身，不涉及其他移民处理决定。

　　在驱逐出境命令发布后，移民法官须确保非美国公民在 90 天内被驱逐。90 天的期限从驱逐令最终生效，司法复审确认被驱逐人服刑完毕之日起算。如果被驱逐人原国籍国拒绝接收，或被驱逐人属于无国籍人，理论上是将其继续无期限地扣押在被关押地。但美国最高法院认为无限期关押显然侵犯了被扣押人正当程序的权利，因此设立了 6 个月的最高关押期。到期之后，只要被关押人员没有患有高度传染性疾病、将其释放会对美国对外政策造成负面影响，或可能会威胁美国国家安全这几种情形，都可在听证会后对其转为监管状态。在听证会上，被驱逐人员须证明自己将遵守法令并在可预见的将来不会再出现被驱逐的行为。

　　美国《移民与国籍法》第 262 条规定，未遵守移民登记要求，非美国公民在美停留超过 30 天及以上都须在入境 10 天内进行登记并输入指纹，否则将被处以最高达 1000 美元的罚金，并处或单处 6 个月的监禁。非美国公民应随身携带移民卡，否则将面临 100 美元的罚金及最高 30 天的监禁。在移民登记材料中作出虚假陈述属于轻罪，定罪后最高可处以 1000 美元的罚金及 6 个月刑期并驱逐出境。

　　美国《移民与国籍法》规定，申请者如果缺乏良好道德品行，可能会被拒绝申请永久公民身份。美国《移民与国籍法》对申请者加入美国国籍的要求是：其一，在美国以永久居民身份连续居住达 5 年；其二，以永久居民身份居住 5 年之外，还应至少在美国境内居住达 30 个月以上；其三，在申请加入美国国籍期间必须待在美国境内。5 年后由美国移民部门负责对申请人的材料进行实质性审核。审核的一个重要因素就是对申请人本人的审查，要求申请人具有"良好的道德品行"，如果在申请入籍前的 5 年期间犯下某些特定的罪行，这些罪行包括任何意图伤害他人的犯罪；任何涉及土地或政府的欺诈犯罪；两项或多项犯罪，结合刑罚 5 年或 5 年以上；违反管制药品法，如使用或贩卖非法药物；在过去 5 年中，曾在监狱中服刑 180 天以上或者申请者在入籍面试期间说谎，就不被认为具备"良好的道德品行"。"良好的道德品行"的具体表现行为是指申请者没有违法犯罪行为，对其提交的移民入籍归化材料没有虚假陈述，没有故意遗漏重要信息情况，否则都构成阻碍加入美国国籍的消极因素。美国移民局要求申请者在申请入籍时报备所犯过的任何罪行，包括已经从记录中撤除或年满 18 周岁前犯下的罪行。如果申请人没有向美国移民局告知这些罪行，则可能会被拒绝申请公民身份并且可能会被起诉。同时，这个审核还不仅仅是对提交移民申请之后的行为进行审查，依据美国《移民与国籍法》的规定，对行为人道德品质的审核还需延伸至提交申请的 5 年之前。当然，申请加入美国国籍还有一个必要条件，即申请人应掌握一定程度的英语读写说能力，并达到了解美国历史和政府的水平。

总之，在移民行为涉及违法犯罪时，适用的法律不仅是《移民与国籍法》，还包括美国《刑法典》，而对于移民违法犯罪的行为，罚金方面也包括了刑事罚金和民事罚金。在处以监禁刑后，只要是非美国公民都将适用驱逐出境程序。

（二）加拿大

加拿大《移民及难民保护法》规定，加拿大永久居民在下列情形下丧失永久居民身份：一是获得加拿大国籍；二是通过终审程序认定其未遵守《移民及难民保护法》第 28 条的规定；三是对其的驱逐令生效；四是难民申请或保护申请生效。加拿大短期居民丧失身份的情形包括：一是授权签证到期；二是移民局认定其未遵守《移民及难民保护法》的规定；三是短期居民签证被撤销。

在驱逐令生效后，外国公民应立即离开加拿大。驱逐令生效是指驱逐令发布之日且没有上诉权，或有上诉权时上诉日期已过，没有提出上诉，或提出上诉，上诉终审决定作出之日。

暂停执行驱逐令的情形包括：其一，驱逐令发布的对象正在司法诉讼程序中；其二，外国公民正在执行监禁刑，须等监禁刑执行完毕再实施驱逐；其三，移民上诉机构或其他任何有管辖权的法庭、移民部长发布暂缓执行令；其四，依据加拿大《移民及难民保护法》第 114 （1）（b）条规定发布的暂缓执行令。如果驱逐令一直未执行，被驱逐的外国公民已经获得了加拿大永久居民的身份，那么驱逐令失去效力。在驱逐令执行后，被驱逐的外国公民将不能再入境加拿大，除非其获得授权或有其他特殊情形。移民上诉部门在作出是否暂停驱逐令的决定时，应从人道主义及儿童角度考虑执行驱逐令的影响，移民上诉部门在暂缓执行驱逐令后，有权对暂停驱逐令附加其他条件，同时撤销移民部门原附加的条件，并且在任何时间内，有权重新开启执行驱逐令程序。如果移民上诉部门暂停的驱逐令是针对因严重犯罪或刑事犯罪原因被处不予入境的加拿大永久居民或外国公民，且其又因触犯《移民及难民保护法》第 36 （1）条规定被再次定罪，那么应直接撤销暂停效力且不准上诉。

加拿大对外国公民和永久居民实施关押包括如下三种情形，移民局委员会对逮捕行为依法进行核实，移民逮捕在加拿大法律体系中并不是一种惩罚措施，只有符合联邦法律规定时才能够适用[1]：一是需要逮捕令的逮捕，移民官员有理由怀疑外国公民和永久居民属于不予入境或不配合进一步检查，有可能威胁公共安全，或可能不参加驱逐听证会以及其他任何可能导致由加拿大移民部长签发的驱逐令的程序时，移民官员有权签发逮捕令实施逮捕和扣押。二是不需要逮捕令的逮捕可适用于：①移民官员有理由怀疑外国公民（不属于受保护人群）属于不予入境或不配合进一步检查，有可能威胁公共安全，或可能不参加驱逐听证会以及其他任何可能导致由加拿大移民部部长签发的驱逐令的程序时；②移民官员认为外国公民（不属于受保护人员）的身份依据《移民及难民保护法》规定，无论任何程序都不符合入境的规定，移民官员有权对其实施逮捕和扣押。三是入境逮捕。永久居民或外国公民在入境加拿大时，如果移民官员认为有必要对其进行进一步审查，或有理由怀疑其属于因为安全原因、违反人权或国际普遍权利、严重刑事犯罪、刑事犯罪或有组织犯罪不予入境的情形。

在移民局对逮捕后进行关押的第一次核实之前，若移民官员认为被关押原因已经消失，有权将其释放，同时若移民官员认为有必要可以规定一定的条件，如缴纳一定数额的保证金或提交保证书，确保被关押移民遵守所规定的条件。对到达加拿大之日超过 16 周岁的外国公民，须关押至难民申请或保护申请最终获得批准之日，或由移民局依据《移民及难民保护法》第 58 条作出释放决定，或由移民部长亲自对其作出释放决定。

在对永久居民或外国公民收押 48 小时之内，移民局必须对继续关押的决定进行复审，在复审后 7 日内，以及每一次复审作出后 30 天内，移民局都需对继续关押决定至少进行一次复审。在上述复审中，移民官员都应及时告知

---

〔1〕 根据加拿大《移民及难民保护法》第 55 条第 1 款（有逮捕令的逮捕和扣押）和第 55 条第 2 款（无逮捕令的逮捕和扣押）的规定，是否需要出具逮捕令主要是体现在适用对象的不同，针对外国公民或是加拿大永久居民，在出现不符合入境要求或是其他导致驱逐令的情形时，需要出具逮捕令才能够实施逮捕和扣押。而对于不属于受保护人群的外国公民，存在不符合入境要求或是其他导致驱逐令以及程序上不符合入境要求时，可以不出具逮捕令即有权实施逮捕和扣押。Immigration and Refugee Protection Act, Part 1 Immigration to Canada, Division 6 Detention and Release Section 55, avabile at https：//laws. justice. gc. ca/eng/acts/I-2. 5/page-1. html, last visited on 2019-9-10.

并带领永久居民和外国公民到场参加复审。如果关押是针对某一个指定的外国公民，移民局需在其收押 14 日之内对继续关押决定作出复审，并在 6 个月后对继续关押决定再次进行复审。复审时，移民官员应通知被关押人并带领其到场参加。

释放分为两种：一类为根据要求的释放，移民部长在收到某一指定外国公民的释放请求时，如果认为不存在逮捕令的情形，可以将其释放；另一类是移民部长认为关押理由已经不存在时，有权主动对某一指定的外国公民作出释放决定。释放的同时，也可以附加一定的条件。除以下几种情形，移民官员应将永久居民和外国公民释放：其一，威胁公共安全；其二，不配合进行进一步检查，或可能不参加驱逐听证会以及其他任何可能发布驱逐令的程序；其三，移民部长采取必要步骤对有理由怀疑存在安全原因、违反人权或国际普遍权利、严重刑事犯罪、刑事犯罪或有组织犯罪的情形进行调查；其四，移民部长认为被关押的外国公民属于指定性人员，而对其身份还在调查之中。

加拿大移民上诉部门负责管辖对移民部门的决定提出的上诉。有权提出上诉的案件包括：一是被拒绝的家庭签证。二是外国公民的签证及驱逐令。三是永久居民及受保护人员的驱逐令。四是依据加拿大《移民及难民保护法》第 28 条关于永久居民未履行责任的案件。五是移民部长对不予入境听证会结果提出的上诉。移民上诉部门批准上诉应该是提出上诉的决定有法律或事实错误，或者两项都出现错误；明显违背了正义；以受决定直接影响的儿童的利益为考量因素，对案件所有情形都应从人道主义角度出发。一旦移民上诉部门批准上诉，那么原始决定就不再有效，由上诉部门重新作出决定，或指定适当的人员重新审核。移民上诉部门不允许在上诉或暂停执行驱逐令时驳回上诉请求。上诉的特殊情形是指由移民部长针对永久居民或受保护人员提出的上诉，移民上诉部门认为符合上诉规定，且考虑到受驱逐令影响的儿童及从人道主义角度出发，并同时对案件的所有情况作出综合考量，以决定是否暂缓执行驱逐令或驳回上诉。驳回上诉后，应对处于加拿大境内的永久居民立即执行驱逐令。若移民上诉部门发现被执行驱逐令的外国公民仍滞留加拿大境内，而其驱逐令明显有违公平，可以重新开展上诉程序。如果移民部长认为上诉部门的决定应提交司法复审，那么本应针对被执行人的审查应暂停至作出最终复审决定，再依据《移民及难民保护法》相关规定进行审查。

司法复审由加拿大联邦法庭负责，这是独立于移民部门的司法程序。司法复审的对象包括移民部门作出的所有决定、命令、措施或疑问。司法复审须是在《移民及难民保护法》规定的所有法律救济措施都使用完毕后才能提出。当事人在加拿大境内的，应在 15 天内提出复审请求；在加拿大境外的，应在 60 天内提出请求。不能根据法庭的中间裁决[1]提出复审请求。一般情况下，法官收到复审后，应毫无拖延地立即开启复审程序，除非有特殊原因，可以顺延一段时间再展开复审程序。法官应确定复审庭审的时间和地点，并在 30 天之后 90 天之内开始庭审，除非当事人同意在早于 30 天之内开始庭审。

依照加拿大移民法规，并不是所有的移民决定都能够提出上诉，涉及以下情形所作出的决定不具有上诉权：其一，外国公民及其配偶或永久居民，因安全原因、违反人权和国际普遍权利、严重刑事犯罪或有组织犯罪被拒绝入境。"严重刑事犯罪"是指所犯罪行在加拿大至少会被判处 2 年以上监禁刑。其二，虚假陈述，因虚假陈述被拒绝入境的签证，除非是申请签证外国公民的配偶、普通法婚姻的配偶[2]、儿童作出的虚假陈述。

（三）澳大利亚

澳大利亚移民上诉法庭负责对签证被移民局撤销的案件进行复审，除非撤销决定是因品行原因由移民部长亲自作出。当移民局怀疑签证可能涉及虚假信息，行为人违反了签证规定的要求，或是商务技术签证持有人未能建立商业企业或是参与企业管理，或因品行原因签证可能被撤销，移民官员有权对签证持有者进行"疑问性扣押"，但这种扣押措施只有在签证持有人不配合调查的情况下才能实施，且扣押时间最长不得超过 4 小时。签证持有人会收到"取消签证"的通知，告知其移民局怀疑签证所提供的信息不正确，确保签证持有人有机会面对控诉，进行自我辩护，陈述签证不应被撤销的理由。事实上，澳大利亚移民局对于签证信息不正确或是提供虚假证件的情形，拥有十分广泛的调查权。无论申请者是故意还是疏忽导致签证中存在虚假信息，移民局都有权撤销签证。同时，澳大利亚移民法律还规定，一旦签证签发后，签证持有人就有责任就签证中任何错误或是不正确信息及时告知澳大利亚移

---

[1] 衡平法中的一种裁决，在诉讼进行中并非对全案作最终裁决，只是就某一方面的问题作出的一种裁决。

[2] 指未举行任何仪式而自愿结合的婚姻。

民局。

申请者可以通过司法途径对移民法庭作出的行政命令进行上诉。上诉体系包括移民再审法庭、难民再审法庭及行政上诉法庭。移民再审法庭管辖的上诉决定包括在澳大利亚境内申请签证被拒绝，作为澳大利亚公民的配偶、抚养人或是家庭紧密成员申请签证被拒绝，在澳大利亚境外申请签证被拒绝，在澳大利亚境内签证被取消，以及一些商务签证的抚养人及配偶。难民再审法庭负责拒绝或是撤销所申请的保护签证，以及根据《关于难民地位的公约》出于人权及同情发出难民签证，难民法庭对海外的难民签证没有管辖权。行政上诉法庭负责由于犯罪及品行问题而被拒绝签发或是撤销的保护签证，根据《关于难民地位的公约》第 1F、32 及 33 条，非澳大利亚公民因犯有某一类型的犯罪被驱逐、拒绝或是撤销其没有通过道德品行测试的签证，包括商务许可或签证。[1] 需要明确的是，这三个再审法庭都是进行事实审。对上述三个法庭所作的决定不服的，分别由联邦法官法庭、联邦法庭及高等法庭进行司法复审，司法复审不再对上述法庭认定的事实进行审查，只审查所适用法律是否正确。但是，根据澳大利亚移民法律的规定，如果移民局认为与公共利益有关，其有权推翻再审法庭所作出的对申请人更为有利的决定。那么，移民局须通过事实审的程序对申请人再次进行面试，移民局行使这一权力的范围十分有限，只有在"唯一且例外的情形时"，即与国际人权公约相关或其他，如基于强烈同情缘由的情形才可适用。

澳大利亚移民法中的非法移民包括：一是过期滞留者，有效签证过期后仍滞留于澳大利亚。二是未经授权入境者，如没有旅行证件入境澳大利亚或是通过虚假证件入境，对于未经授权入境者应关押于移民监禁处以便进行调查。申请者在此情形下只能申请暂时保护措施以免被驱逐。三是被撤销签证者。澳大利亚移民局在签证签发后，仍然保留对签证作出最终决定的权力。依据澳大利亚法律，签证被撤销的原因包括行为人没有通过道德品行测试或是违反了签证所规定的条件。道德品行原因由澳大利亚 1958 年《移民法》第500 条第 6 款作出规定，因没有通过道德品行测试导致签证被撤销，具体是指：①行为人有实际的犯罪记录（依本条第 7 款规定）。②行为人有或曾协

---

〔1〕 John Vrachnas et al., *Migration and Refugee Law: Principles and Practice in Australia*, *Third Edition*, Cambridge University Press, 2012, p. 318.

助、参与有理由怀疑的犯罪组织。③行为人曾经或实施了犯罪行为，行为人曾经或实施了缺乏良好品行的行为。④行为人被允许入境澳大利亚，但其有明显的风险：一是在澳大利亚境内参与犯罪；二是骚扰、调戏、羞辱或跟踪另一个在澳大利亚境内的人；三是诽谤澳大利亚社会分裂；四是煽动澳大利亚社会分裂；五是无论以何种方式造成澳大利亚社会分裂或有分裂的危险。⑤行为人已经通过道德品行测试，但是其有实际的犯罪记录，并被判处死刑、无期、1年以上监禁刑或无论是否故意犯罪，两次被判处共计10年以上监禁刑或因精神问题实施犯罪行为导致被关押。因道德品行原因导致签证被移民局撤销的决定不能上诉至法庭，但申请者可以申请由澳大利亚行政上诉法庭进行司法复审。

澳大利亚非法公民如果选择在澳大利亚非法滞留，一旦被移民官员逮捕将面临一系列的刑罚和惩罚。若其自愿选择离开澳大利亚，须证明其有能力安排离境的相关事项，如有钱购买机票。那么在这种情形下，允许依据澳大利亚《移民法》给予其"过桥签证"，同意其在一定时间内离境。根据澳大利亚《移民法》的规定，澳大利亚非法公民被扣押，包括关押于移民监禁处或监狱，直到重新获得合法签证或被驱逐出境。澳大利亚边境警察局负责移民关押的管理，共有四类关押场所：移民关押中心、移民住家、移民过渡性居住地以及其他可选择关押的场所。律师、移民代表、使领馆官员、宗教代表、志愿者以及被关押人社区和家庭成员都有权探访，被关押人支付关押期间的费用，但最终被授予难民身份的除外。对澳大利亚非法公民的扣押措施不能提出司法复审的请求，也是无期限的，只要移民官员有理由怀疑其没有有效签证，就有权发布逮捕令将其扣押。[1]《移民法》规定了两种性质不同的驱逐措施：其一，因安全原因被驱逐，适用于行为人获得澳大利亚永久居民至少10年，因犯罪被处至少12个月的监禁刑或威胁澳大利亚国家安全，以及一些其他的严重犯罪，如叛国、间谍；其二，澳大利亚移民局找到非法公民并将其驱逐出境，驱逐须是在穷尽所有获得签证的方式后才能够实施。

被驱逐人一般是回到其原国籍国，除非其提出要求去其他国家并能够负担相关费用。若被驱逐人无法负担相关费用，澳大利亚政府将先为其垫付。

---

〔1〕 Amy Nethery, Stephanie J. Silverman, *Immigration Detention the Migration of a Policy and Its Human Impact*, Routledge Press, 2015, p. 105.

行为人被驱逐后 12 个月内不能再申请澳大利亚签证，除非所有驱逐的情形消失。如被驱逐人在澳大利亚境内非法滞留超过 28 天，无论是否获得"过桥签证"，除非所有驱逐的情形消失，3 年内都不能再申请澳大利亚短期签证。如果被驱逐人属于前文第一种驱逐令的执行对象，则永久不能再入境澳大利亚。

二、非法移民遣返措施

非法移民遣返是引渡的重要替代措施。就投资移民而言，不少贪腐人员在获得移民流入国的签证、居留身份或护照申请时所使用的都是虚假证明材料，通过身份欺诈的方式获得移民身份。非法移民遣返是针对外逃人员非法获得移民身份，移民流入国将非法移民强制遣返至第三国或来源国的处罚措施。"红通人员"之一的郑泉官及开平支行案的余振东、许超凡都是从美国被强制遣返回国的。

根据具体案件中外逃人员的不同情形，非法移民遣返可以分为直接根据移民法进行遣返以及由于在当地也违反了法律，由当地司法机关对其提出诉讼，定罪服刑后再被强制遣返两种情形。非法移民直接被遣返一般是因外逃人员在移民申请中通过虚假申请材料获得移民身份。加强非法移民遣返合作，我国应重视外国法律关于证据证明力的规定，积极提供符合外国法律规定的有效证据。下文分别以梁泽宁、许超凡所涉案件进行说明：

梁泽宁，男，1965 年 5 月出生，深圳市田心实业股份有限公司（村集体企业）原董事长，涉嫌职务侵占罪、合同诈骗罪。2015 年 9 月，梁泽宁逃往新加坡。2015 年 11 月，深圳市公安局罗湖分局对梁泽宁立案侦查。2016 年 3 月，国际刑警组织对梁泽宁发布红色通缉令。新加坡执法部门将梁泽宁抓获，并决定依法予以遣返。〔1〕这次中新执法合作，是以法治思维和法治方式追逃追赃的成功实践。

根据新闻公开报道，梁泽宁采取合同诈骗、职务侵占等方式获取了上亿元赃款。除了挥霍、赌博，梁泽宁还通过"地下钱庄"把赃款转移到国外，并于 2015 年外逃。专案组结合正在办理的一起相关"地下钱庄"案件，梳理出了梁泽宁涉嫌在该国"洗钱"的线索，深挖梁泽宁涉嫌"洗钱"、提供虚

---

〔1〕《"红通人员"梁泽宁被新加坡执法部门遣返回中国》，载 http://www.xinhuanet.com//legal/2019-04/23/c_1124406242.htm，最后访问日期：2019 年 1 月 4 日。

假移民申请材料的犯罪证据，从资金交易、资产证明、虚假审计等方面，证实了其投资移民资金来源为非法所得和移民资格的"不合法性"。[1]

在这起追逃追赃案件中，从资金走向到递交投资移民签证申请的材料，都成为认定梁泽宁非法投资移民的最终证据。新加坡《移民法》第14条（对入境许可和证明撤销并宣布）第（2）款规定，在申请签证中基于任何虚假陈述或隐瞒事实的情形而发放的入境许可或证明都将被撤销。[2]中方一方面通过向新加坡方面提供梁泽宁移民申请中的虚假证明材料，以及资金链走向的完整证据材料，充分证明梁泽宁在进行移民申请时并没有如实提供本人信息，对事实情况进行了虚假陈述和伪造证据材料，新加坡方面接受了中方提交的证据材料并予以认可。另一方面，中方在劝返工作中充分发挥刑事政策的作用。在与新加坡方面进行紧密合作、制造巨大外部压力的同时，也给予了梁泽宁接受劝返回国的机会。事实上，面对移民签证被撤销、资金被冻结的困境，外逃人员趋利避害的心理往往会占据上风，同时中方采取措施瓦解了外逃人员的侥幸心理，让其放弃负隅抵抗的想法，主动接受劝返回国的结局。

异地服刑后被强制遣返。非法投资移民者被判定为撤销永久居民身份后，应根据所在国法律规定处以相应的惩罚措施，除了因触犯所在国刑法而被判处监禁刑之外，还将面临被驱逐出境的惩罚措施。移民遣返作为引渡的重要替代措施，在双方国家没有签订双边条约或存在其他法律障碍时发挥重要作用。

2018年7月11日，外逃美国17年之久的中国银行开平支行案主犯之一许超凡被强制遣返回国。2001年10月，震惊全国的中国银行开平支行案案发。中国银行广东开平支行原行长许超凡，伙同继任的两任行长余振东、许国俊涉嫌勾结贪污、挪用中国银行资金约4.85亿美元，并经中国香港地区、加拿大逃往美国。中国银行开平支行案被称为"新中国最大的银行贪污案"。

案发后，在中央纪委统一协调下，最高人民法院、最高人民检察院、外交部、公安部、司法部和广东省有关部门迅速行动，协调美方开展联合调查。2003年9月，许超凡在美落网。2014年中央追逃办成立伊始，就将许超凡案

---

〔1〕《冻结资金、精准追踪……中央追逃"战斗技巧"首度公开》，载http://fanfu.people.com.cn/GB/n1/2019/0704/c64371-31212675.html，最后访问日期：2019年8月17日。

〔2〕"Immigration Act", available at https://sso.agc.gov.sg/Act/IA1959#pr9-, last visited on 2019-1-4.

列为挂牌督办案件和中美追逃追赃合作重点案件，对许超凡的追逃追赃工作进入全面加速的快车道。中央追逃办加大打击力度，敦促美方对许超凡保持高压态势。2015 年 9 月，许超凡妻子邝婉芳被美方强制遣返回国。2018 年 6 月，许超凡被判发遣返令。许超凡案追逃工作长达 17 年之久，其最终被遣返，是我国在发达国家实现异地追诉、异地服刑后强制遣返重要职务犯罪逃犯的第一起成功案例，彰显了党中央全面从严治党的坚定决心，以及有逃必追、一追到底的鲜明立场和顽强意志，释放了追逃追赃工作驰而不息、久久为功的强烈信号。[1]

不同于上文中梁泽宁接受的移民法遣返，许超凡的洗钱、签证欺诈行为在美国同样构成犯罪，并被美国司法机关起诉，开启了司法程序。许超凡于 2003 年被美国警方羁押，因洗钱罪被判处 25 年有期徒刑。许超凡的妻子于 2015 年被美国强制遣返后，更是给他带来了巨大的心理压力，使其深深感受到了我国政府对反腐败国际追逃追赃的巨大压力和国际合作氛围，最终决定放弃上诉之路，接受强制遣返。我国司法机关在国际合作中提供了有效的证据材料，对许超凡的追逃追赃，依靠异地起诉、民事追赃等多重国际合作的开展实现了多管齐下、多策并举，逃往境外获得他国身份并不能够抹灭确凿的犯罪事实，最终实现强制遣返。

非法移民申请者在签证申请中提交虚假或不真实的材料，或隐匿身份或对资金来源合法性没有作出如实说明，又或是对婚姻状况等进行了虚假陈述构成身份欺诈。就移民流入国而言，诚实守法应当是接收移民的一项最为基本的要求。拒绝腐败分子入场，不仅因为其对身份和资金作出的虚假陈述会对移民流入国的法律制度造成侵害，还在于这是一国政府所应承担的职责。面对贪腐外逃人员利用投资移民获得身份的情形，如果非法投资移民人员还未取得流入国永久居留身份，我国司法机关应当立即吊销其旅行证件，同时将非法投资移民人员在我国犯罪的证明材料提交给有关国家机关，以防止其获得该国的长期、永久居留身份，而后通过遣返非法移民的方式将其递解回国。若非法投资移民已经获得移民流入国永久居民身份，在此情形下，我国办案机关应当充分收集外逃人员在办理投资移民申请中的虚假证明材料，推

---

〔1〕　郭兴：《历时 17 年 追逃从未停歇——许超凡被强制遣返背后》，载 http://www.xinhuanet.com//legal/2018-07/11/c_1123111841.htm，最后访问日期：2018 年 9 月 4 日。

动其被请求国主管机关吊销移民身份或护照。

值得注意的是，各国对移民欺诈中使用虚假证据材料的规定不尽相同：其一，不同国家法律对虚假材料的定义不尽相同，虚假材料的概念涵盖了与事实相反的材料，即对事实作出虚假陈述及故意隐瞒真实情况。针对被请求国移民法对虚假材料的准确定义，请求国应集中精准地准备证据材料。其二，是否要求申请人具有主观故意。美国法律规定只要事实存在虚假的材料或陈述就认定其为非法入境者，无论行为人是否有故意的意图都将面临被剥夺永久居民身份以及其他一系列的处罚和刑罚。菲律宾法律规定，申请材料中有任何虚假的材料，无论申请人是否故意，都会成为撤销投资移民签证处罚的依据。有些国家则规定，申请人使用虚假材料，必须要有主观故意，以排除因疏忽导致的错误或是中介、律师在申请人不知情的情况下使用虚假材料。例如，俄罗斯法律规定，移民申请人使用虚假材料是指行为人应具有故意的主观意图，不包括行为人在不知情的情形下错误使用不真实的材料。申请人只有故意使用虚假材料进行签证或护照申请，才构成俄罗斯法律规定的刑事犯罪。其三，虚假材料是否直接存在于申请提交的材料中，是否包括申请人在申请签证过程中可能出现的作出虚假陈述的情形。大部分国家都对签证申请中使用虚假材料持绝对否定的态度，格林纳达《投资移民身份法》规定，申请人在签证申请中提供了虚假信息或获得公民身份后，在身份登记时进行虚假陈述、欺诈或故意隐瞒重大事实，都将面临被剥夺国籍的处罚。有些国家对虚假材料的规定仅限于提交申请公民身份的表格中，在签证申请过程中的虚假材料则可能不会面临吊销身份的处罚。例如多米尼克《投资移民法》第 5 条规定，申请人在护照申请表格中使用虚假材料，不应被授予公民身份。申请人在公民身份登记中进行虚假陈述或欺诈或故意隐瞒重大事实，或对多米尼克有叛国或煽动叛乱的行为，将被剥夺国籍。其四，对证明材料的认识对获取投资移民身份或护照起到了关键性的作用。加拿大《移民及难民保护法》规定，入境加拿大的永久居民或外国公民通过直接或间接的虚假陈述或提供虚假签证材料，导致或可能导致签证官作出错误的决定，都将面临拒绝授予签证、不予入境或驱逐出境的处罚。其五，少数国家规定，申请人在签证申请中使用不真实的材料，可能会面临被剥夺投资移民身份的处罚，即通过移民欺诈获得身份并不绝对意味着被剥夺移民身份的处罚。多米尼克《投资移民法》第 4 条规定，如果申请人作出虚假陈述或故意隐瞒信息，只是可能会被拒绝签证。而如果申请人已经获得了公民身份，而后被发现公民身份是通过虚假或不正确或故意删除一些实质性材料所获得的，可能会面临被剥夺身份的处罚。以上这两种在签证申请中涉及虚假和故意隐瞒真实状况的处罚都只是有被拒绝签证和剥夺身份的可能性，并不是绝对性的处罚。

第二节　刑事司法合作

反腐败是全世界共同达成的价值观。只要贪腐证据确凿，没有任何国家应成为犯罪分子的避罪天堂。中国把反腐败国际追逃追赃鲜明地摆到国际社会的聚光灯下，占据了国际道义制高点，获得了广泛支持。[1]

对我国向外投资移民的数据进行分析后发现，投资移民，特别是贪腐人员利用投资移民渠道外逃的案例，移民流入国从原先的美国、加拿大、澳大利亚为主要目标国，逐渐转变为移民法律还不十分健全的小国，特别是加勒比地区国家，以及近些年盛行通过购买房产或国债获得居留身份的欧洲地区国家。因此，关注到向外投资移民地理特征的变化及腐败犯罪和投资移民之间的联系，我国需要进一步完善国内法律监管制度，对人和资金实现有效的监管，引导正常投资移民合法合理转移资产，阻却贪腐人员利用投资移民向外转移非法资产，切断其外逃之路，建立起常态化、日常性的防逃机制。同时，在国际层面，我国应依靠紧密的国际刑事合作，构建反腐败国际长效合作机制，特别是通过区域合作，对重点国家、重点地区加强国际刑事合作，幻灭贪腐人员的外逃心理。

一、引渡

引渡，通过引渡将外逃的犯罪嫌疑人或被告人缉捕回国是国际刑事司法协助的传统方式。引渡的适用不需要被引渡人的同意，但是须遵循如下几项基本原则：一是双重犯罪原则。双重犯罪原则是引渡的基础之一，被引渡人的行为须依据双方国家法律规定都构成刑事犯罪，排除依据一方国家法律构成犯罪而依据另一国家法律不构成犯罪的情形。二是政治犯、军事犯不引渡。

---

〔1〕《电视专题片〈红色通缉〉第一集〈引领〉》，载 http://www.sohu.com/a/288062212_120024222，最后访问日期：2019年2月6日。

这是从人权保障的角度出发，避免因政治和意识形态问题使得被引渡人回到原国籍国可能会受到非人道、不合法的待遇。三是本国国民不引渡。一国从保护本国国民角度出发，拒绝将本国国民引渡至其他司法辖区接受调查审判。适用这一原则需要达到两项条件：①请求方的追诉活动针对的是被请求国的国民；②受刑事追诉的该国民并不处于请求国境内。[1]但从近些年国际法的发展来看，本国国民不引渡原则出现了弱化趋势，在一定条件下，也有可能将本国国民引渡至他国。四是禁止双重危险原则。即"一事不再理"，一个犯罪事实已经开始刑事诉讼或作出刑事裁决则不能再由另一个国家开启刑事诉讼程序或作出裁决。[2]

双重犯罪原则是引渡法中的一项重要原则。双重犯罪原则的设定正是基于对人权保障的考虑。由于引渡涉及对人身权利的限制，被请求国需要采取相应的强制性措施，如逮捕、羁押，才能将被引渡人交付引渡。若没有双重犯罪原则，在引渡请求所指的行为依据被请求国法律不构成任何犯罪的情形下仍进行引渡程序，这对被请求国的司法权威同样会造成负面影响。因为引渡是国际刑事司法协助的典型代表，需要双方国家共同投入司法资源，进行密切的司法合作才能够最终实现引渡，对过于轻微的犯罪进行引渡合作难免有浪费司法资源的可能性。因此，双重犯罪原则所指向的行为，除了依据双方国家国内法构成犯罪之外，还需要达到刑罚的附加条件，即具有一定的严重性。

但是，双重犯罪原则对引渡请求行为的审查只是形式上的法律审查，被请求国司法机关并非真正拥有对引渡请求的行为进行审判的司法权力，这种法律审查之所以称为形式审，是因为被请求国司法机关只要认为引渡请求行为依据被请求国法律在形式要件上构成犯罪即可，而不对引渡请求中是否附有证据、证据的证明力、是否对最终定罪形成证据链等问题进行审查。

引渡，是国际追逃中的一种重要方式，也是一国承担国际责任的方式。拒绝腐败人员入境，拒绝本国成为避罪天堂已经成为世界各国的共识。通过《联合国反腐败公约》《联合国打击跨国有组织犯罪公约》等一系列国际公约，国际社会已经达成共识——腐败犯罪不属于政治犯罪，成员方应履行相应的国际义务，对腐败犯罪行为与犯罪人员予以打击。针对贪腐人员利用投

---

〔1〕 黄风：《国际刑事司法合作的规则与实践》，北京大学出版社 2008 年版，第 120 页。

〔2〕 杨超：《卡舒吉事件之国际法视角》，载《中国审判》2018 年第 20 期。

资移民转移非法资产、隐匿身份，将资产洗白，试图在其他国家逃避法律惩处的情形，各国更加需要加强国际刑事合作，抓捕、惩处外逃的贪腐人员。

我国对外逃贪腐人员的引渡工作一度难以开展，不仅有法律障碍的原因，也包括政治影响、国际地位问题。就法律障碍而言，首先，不少国家奉行条约前置主义，签订双边引渡条约是开展引渡活动的基础。鉴于与我国签订双边引渡条约的国家数量还不算很多，特别是一些外逃的重点国家，如美国和加拿大，都还未签订双边条约，使得引渡活动往往无法启动。其次，引渡可能会历经漫长的诉讼程序。由于引渡具有强制性，不需要被引渡人的同意，所以引渡程序中给予了被引渡人充分的权利保障，确保其有上诉途径，以防止对人权造成侵害。然而，我国有些贪腐人员利用人权话题，试图通过在境外冗长的诉讼程序，利用对我国法律程序的不当抨击，拖延在国外的滞留时间。最后，引渡与死刑相互排斥。由于我国《刑法》规定，贪腐人员所判刑罚可能涉及死刑，加上不少西方国家对我国法制状况还较为陌生，一度给不少贪腐人员的引渡程序就此画上句号。

近年来我国不断提高在国际社会中的地位，逐渐扩大了我国的影响力。截至 2014 年 12 月 28 日，我国已和 36 个国家签订了双边引渡条约。2018 年，我国通过《中华人民共和国和保加利亚共和国引渡条约》，将"红通人员"姚锦旗从保加利亚引渡回国，成功实现了首次从欧盟国家引渡犯罪嫌疑人。成功的引渡案件说明，将外逃的贪腐人员予以引渡符合双边法律与社会利益，符合双边引渡条约规定。以往引渡失败的案件，从法律角度来看，很大程度上正是因为我方所提交的证据材料不能被对方法域所认可，提供的引渡请求支持材料不符合对方基本的证据规则，随意性明显，只有间接证据而缺乏有力的直接证据。因此，我国应加强对对方法律制度与证据标准的研究与理解是非常重要的。同时，加大对外签订双边引渡条约的力度，形成更为有力的反腐败追逃追赃法律框架；善用国际公约，在国际公约的框架下通过个案形式，打破条约前置的限制，推动引渡合作。

同时，在引渡可能使得国际追逃追赃陷于困境时，我国要善用其他国际刑事司法合作的方式。加勒比地区国家在近些年通过投资移民计划大量发放护照。由于这些国家多奉行宽松的监管姿态，对投资资金和人员背景没有达到严格尽职调查的要求，其投资移民护照政策吸引了越来越多的申请者。这些国家政府公布的数据显示，近年来申请投资移民的数量显著上升。在中国，加勒比地区国家的投资移民也获得了很高的关注度，在《2015 中国投资移民白皮书》中，同为加勒比地区国家的安提瓜和巴布达、圣基茨和尼维斯都排进了中国投资移民目的国的前十位。由于加勒比地区的部分小国还尚未和中国签订双边引渡条约，针对这些国家，我国应考虑通过第三国的影响和帮助，以其他刑事司法合作的方式，推动对外逃人员的追逃与追赃。此外，我国也积极推动区域合作的构建，如我国已经和加勒比地区开展了反腐败合作机制建设。这种针对性的区域合作，既能有效推动追逃追赃工作，也能扩大我国在国际社会的影响力。

二、缉捕

"百名红通人员"第 45 号吴权深外逃前是广州市新塘镇大墩村党支部书记。2008—2009 年，吴权深在该村村民公寓等工程项目建设过程中，涉嫌利用负责工程项目全面管理的职务便利为工程承包人提供帮助，并先后多次收受巨额贿赂，涉案金额共计千万余元。2012 年 3 月，为逃避法律责任追究，吴权深从横琴口岸仓皇潜逃出境，目的地是几内亚比绍。2012 年 4 月，根据广东省增城市人民检察院移送意见，广州市公安局增城分局以涉嫌非国家工作人员受贿罪对其立案查处。检察机关依法对其批准逮捕，公安机关随即通过国际刑警组织对其发布红色通缉令，要求相关国家和地区对外逃人员吴权深予以缉捕。

通过侦查发现，早在 2011 年 10 月，吴权深就申请了中国澳门地区临时居住资格，并开始申办澳门永久居民身份。追逃人员决定采取"两步走"的战略：先依法注销吴权深的国内护照和港澳通行证；接着通过国际刑警组织渠道，向澳门警方通报有关情况，并将吴权深的红色通缉令、犯罪证据以及同案嫌疑人的刑事判决书、检察机关的批准逮捕决定书等法律文书及时提交给澳门相关方面，推动注销其澳门临时身份。由于吴权深涉及刑事案件且被中国内地司法机关通缉，澳门方面按照相关法律规定，在履行相关程序后，取消了吴权深的临时居留申请。吴权深临时居留资格被取消后，就没有了留在澳门的正当性，澳门警方按照法律规定将其驱逐出境。[1]

---

〔1〕《村支书贪污千万 获澳门临时居留权后仍被驱逐出境》，载 http://news. 163. com/17/0625/11/CNPAFH870001899N. html，最后访问日期：2019 年 3 月 5 日。

缉捕是建立在双方密切合作的基础之上，缉捕也逐渐成为国际追逃追赃中的一种重要方式：一方面，缉捕活动建立在我国不断提高自身在国际社会中的法治地位的基础之上；另一方面，成功合法的缉捕也能再次提升我国法治社会的正面形象。缉捕往往需要我国执法机关在异国进行联合执法，这对我国执法机关遵循国外法律制度提出了更高的标准。在境外追逃中，特别是在采取劝返措施的时候，如果可能我们一定要通知对方国家，在征得相关国家的同意，至少是在默许的前提下（必要时在对方国家的"监控"下），开展针对外逃人员的劝返工作，以免引起外交争端，给追逃带来不必要的麻烦。[1]

有效缉捕还需要我国司法和执法机关向对方提供有效线索与证据材料，包括涉及移民欺诈，或与移民犯罪相关的洗钱犯罪线索，最终使得外逃人员被撤销合法身份。各国在开展缉捕活动时，有合作协议时应依照协议；缺乏合作协议时，依照司法互信准则，共同协商达成合作方案，并严格依照方案内容行动。

三、劝返（自首）

劝返是指一国司法机关或其他部门对外逃他国的犯罪嫌疑人采取劝说的方式促使其回国接受追诉。截至 2018 年 12 月，"百名红通人员"已到案人数达到 56 人，其中 41 人是通过劝返自首的方式到案。这一数据充分体现出劝返已经成为我国在国际追逃追赃工作中的重要方法。

劝返就行为本质而言，是自首的特殊表现形式。国内司法执法机关通过劝说，让外逃人员自愿作出回国的选择。劝返本身并没有法律强制力。在劝返过程中，我国司法机关要尤其注意不能违反追逃国家或地区的法律。有效劝返需要依靠国内外的双重压力，而这种压力的施加须确保是在法治框架之下。2015 年 10 月 18 日，在对英国进行国事访问前夕，习近平总书记接受了路透社采访并指出："中国是一个法治国家，无论是在国内惩治腐败，还是开展反腐败国际合作，都依法办事，坚持以事实为依据、以法律为准绳。"[2]

〔1〕 张磊：《从"百名红通人员"归案看我国境外追逃的发展》，载《北京师范大学学报（社会科学版）》2017 年第 3 期。

〔2〕 李志强：《坚持党的领导 总书记在国际上是怎么讲的》，载新华网：http://www.xinhuanet.com/politics/2016-02/16/c_128724591.htm，最后访问日期：2018 年 5 月 9 日。

任标, 1973 年 5 月 13 日出生于中国江苏无锡江阴, 通过投资移民获得了圣基茨和尼维斯的护照。2014 年 1 月 23 日, 任标因涉嫌骗取贷款、伪造金融票证犯罪非法出境, 被江苏省江阴市公安局立案, 辗转外逃至圣基茨和尼维斯。2014 年 5 月 26 日, 国际刑警组织对其发布红色通缉令。2017 年 7 月 29 日, 任标从安提瓜和巴布达回国投案自首。[1]对任标的成功劝返, 一方面, 依靠追逃人员从法律、政策与心理角度对其讲解与劝说; 另一方面, 从国内切断其经济来源使其外逃生活难以维持。在各方面的压力之下, 任标决定投案。[2]

在携家人外逃期间, 任标一家辗转数地, 终于在距离外逃 6 个月后到达圣基茨和尼维斯。由于圣基茨和尼维斯是一个典型的加勒比岛国, 以旅游业为支柱, 任标出逃时尽管有一定的资金准备, 但不足以支撑长期生活。圣基茨和尼维斯的商品几乎全靠海外进口, 又是旅游国家, 房租、物价等各种消费非常高昂, 如果一家人想保持一定的生活质量, 他的资金并不充足。[3]为保证一家人在圣基茨和尼维斯当地的正常生活, 任标开始与国内联系以求获得资金。专案组首先动用一切资源切断了国内与任标的资金往来。任标在感受到追逃的压力后, 开始产生回国的想法。

通过对任标成功劝返的案例能够看出, 尽管外逃人员利用有些国家对投资移民审查不严, 欠缺对资金来源合法性的审核而获得了他国护照。但是, 无论外逃人员目的国位于何地, 是否与我国建交, 只要其在申请投资移民过程中实施了身份欺诈、转移非法资产等违法犯罪行为, 都不会影响最终被追逃回国的结局。

随着我国国际追逃追赃工作的进一步深入开展, 劝返在实践中体现为引渡等传统国际刑事司法合作的替代方案。在任标案件中, 追逃人员通过灵活的劝返方式, 最终成功劝返任标回国自首。劝返在当前的追逃追赃过程中起到了非常重要的作用, 特别是针对已经获得外国身份或永久居留权的人员,

---

[1] 《"百名红通" 92 号嫌犯任标今晨回国投案自首, 涉骗贷等罪》, 载澎湃: https://www.the-paper.cn/newsDetail_forward_1745972, 最后访问日期: 2018 年 5 月 18 日。

[2] 高语阳:《媒体揭红通人员被迫投案背后 曾有工作人员 8 次赴境外面谈劝返》, 载 https://baijiahao.baidu.com/s? id=1603711536252361792&wfr=spider&for=pc, 最后访问日期: 2019 年 3 月 8 日。

[3] 《〈红色通缉〉第四集 〈携手〉》, 载 http://news.ifeng.com/c/7jREMMKbNS4, 最后访问日期: 2019 年 3 月 8 日。

因其已经取得移民身份有权获得当地政府的法律保护。因此，若通过普通移民法律程序，外逃人员可能会选择穷尽境外所有可利用的法律资源，通过漫长的诉讼过程以逃避追逃。最终结局很可能会是追逃追赃工作耗费大量的时间和资源却无法取得较好的效果。

笔者认为，劝返工作主要着手点如下：

首先，劝返应严格依照法律规范进行，寻找合作的法律基础。面临复杂的国际追逃追赃形势，在欠缺双边建交关系与双边条约的情形下，推动反腐败国际追逃追赃工作应着眼于合法性，严格依照法律规定，在法律框架下进行。这一法律框架既包括国际公约，也涵盖了我国法律制度及他国法律制度。在涉及境外的劝返工作中，我们既要充分尊重他国法律规范，不做任何违背他国法律规定的行为；又要牢记我国执法人员在境外无执法权。对外逃人员作出的量刑承诺应依照我国《刑法》对基本罪行的规定，并确保外逃人员接受劝返，回到国内接受法律审判，仍然享有充分的基本权利保障。

其次，劝返也应依据政策进行，劝返既需要符合法律规定，也是对被劝返人员的心理攻坚战。因此，劝返尤其应对被劝返人员的家庭、背景等各方面进行充分了解，向被劝返人员充分告知宽严相济的刑事政策，也同时向其表明滞留在国外并不可能逃避法律的惩处。

再次，劝返应给予被劝返人员一定的心理压力，这一压力来源包括切断经济来源，挤压外逃人员生存空间。事实上，如果双方国家没有建交，开展国际刑事司法合作缺乏前提性条件，从而面临巨大的困难。针对这一情形，劝返需要更多地从经济、心理方面着手，通过冻结涉案资产，做通心理工作等，从经济、舆论、政治影响等各方面进行施压，挤压外逃人员在外生存空间。"百名红通人员"第 79 号储士林，被切断经济来源后在加拿大举步维艰，最终选择回国自首。对被劝返人员涉案资产的有效冻结，不仅涉及尚在我国境内的非法资产，还包括对已经转移至海外的非法资产的冻结。这需要我国金融监管机构对可疑金融交易信息进行分析，收集并整理由外逃人员转移至境外的非法资产的完整资金链走向，并向外逃人员已获得移民身份的国家提供其涉嫌犯罪，特别是通过洗钱、欺诈获得移民身份的线索，通过双方司法机关的合作共同对非法资产实现冻结。

最后，需要特别强调的是，劝返不意味着运动式开展追逃追赃。我国在成立国家监察委员会后，由国家监察委员会统领国际追逃追赃工作，是为了更好地整合资源，针对每一个外逃人员制定追逃追赃策略，提高劝返、遣返成功的可能性。推动国际反腐败追逃追赃工作，应将国际追逃追赃与国内防逃相互配套，确立防逃与追逃相结合的常态化工作机制。

四、异地追诉

异地追诉是指在难以开展引渡合作的情况下，追逃国协助逃犯发现地国依照本国法律对在逃人员提起诉讼，使其在发现地国接受审判和服刑。异地追诉也是从不同角度和层面开展国际刑事司法协助的一种表现形式。

异地追诉的特征如下：一是适用于引渡、遣返、劝返等其他国际刑事司法协助方式无法进行，导致国际刑事司法合作面临一定困难的情形；二是由我国司法机关向对方司法机关提供被追逃人员违法犯罪的证据；三是由对方司法机关在当地提起刑事诉讼。异地追诉也被认为是一种"曲线救国"的方式，既然双方无法开展有效的司法合作，就在当地提出刑事诉讼。在开平支行案中，对几名外逃美国的嫌疑人，中国与美国开展了历时数年的国际刑事司法合作，开创了双方司法合作中的多项"首例"之举。2009 年，许超凡和许国俊被美国法院以洗钱、诈骗、伪造护照和签证等罪名，分别判处 25 年和 22 年监禁。中方正是通过异地追诉，向美方提供了此案的有力证据，使得两人被美国法庭成功定罪。

截至 2018 年 12 月，中国已经与 77 个国家签署了 120 项涉及追逃追赃的条约，初步建立了覆盖全球各大洲主要国家的追逃追赃条约网络。现阶段，我国国际刑事司法协助活动的不断扩展及国际反腐败追逃追赃的深入开展，向我国的追逃追赃工作提出了新的要求。我国司法机关应更加善于通过各种方式方法对外逃人员和资产展开追逃和追赃。依据目前公布的资料，"百名红通人员"中仅有一人是通过异地追诉方式追究其责任的，这说明了异地追诉方式在现阶段只是我国司法机关的一种备选方案。但要看到，被当地司法机关作出有罪判决的人员，哪怕已经获得移民身份，依据移民法的规定，基本都会面临被驱逐出境的结局，最终也将面临被遣返回国的处罚措施。因此，尽管异地追诉从表面来看，一时无法将外逃人员追回国，但只要能够成功地在对方法域进行刑事诉讼，同样也能实现对外逃人员的法律制裁。

通过异地追诉的方式进行国际追逃追赃应当注意如下几方面：其一，对法律规范的技术性要求更高，我国司法机关完全依照对方法域刑事诉讼规范准备的证据材料才能被认可，不同于引渡中对方主管机关对犯罪证据材料进行的是形式审查，而不是法律审查。因此，我国在提交证据材料之前要对对方的法律制度、证据规则有充分的了解。其二，对所要追诉的罪名要有明确的指向性，不能太过模糊，避免只是提出一个类别性的罪名，导致证据材料无法被对方司法体系接受。其三，考虑到我国"百名红通人员"大部分都与经济犯罪相关，其中也涉及不少国有企业的案件，因此，我国应鼓励国有企业作为受害人，在对方法域作为被害人出庭，直接向法庭出具证据，将更有利于刑事诉讼程序的推进。其四，涉及虚假投资移民案件的情形，异地追诉中对证据的收集应当是全方位地展开，包括但不限于对虚假签证、身份材料的收集，对资金链走向证据材料的收集，从而多角度、多层面地对外逃人员的违法犯罪证据进行收集。

五、缺席审判

缺席审判是我国 2018 年修订的《刑事诉讼法》专门增加的一个特别程序。我国新设立的缺席审判程序是为了进一步推进反腐败追逃追赃工作，对外逃腐败分子形成严密法网。缺席审判制度的建立做到了既严厉打击贪污受贿的腐败犯罪，又充分保护诉权，尤其是辩护权；既严格控制缺席审判的范围，又严格规定缺席审判的程序。[1]

对反腐败国际追逃追赃工作而言，适用刑事缺席审判程序需要注意以下几点：一是适用缺席审判程序所要求的逃匿状态比较狭窄，仅限于"犯罪嫌疑人、被告人在境外"的情况，这里所说的"在境外"既指藏匿境外，也包括在境外有着公开、合法居所的情况，但排除在境内逃匿的情况，因而如果没有确切的证据证明犯罪嫌疑人、被告人实际处于我国领域之外，则不能对该人提起刑事缺席审判程序；[2]二是缺席审判同样应当遵循刑事诉讼证明标准，不能因为被告人缺席导致权利受到克减，以免对被告人的法定权利产生影响。尤其应避免因缺席审判没有保障被告人的诉讼基本权利，导致对后续的国际追逃追赃工作产生不利影响；三是依据我国《刑事诉讼法》规定，缺席审判是一个独立的刑事诉讼程序，在犯罪嫌疑人或被告人到案后，将启动

---

〔1〕　樊崇义：《2018 年〈刑事诉讼法〉最新修改解读》，载《中国法律评论》2018 年第 6 期。

〔2〕　黄风：《刑事缺席审判与特别没收程序关系辨析》，载《法律适用》2018 年第 23 期。

新的刑事诉讼程序。这就表明我国对外逃人员的审判严格依照法律，给予其权利救济的保障。在外逃人员到案之后，重新开展诉讼程序，落实对诉讼权利，如辩护权、上诉权等相关权利的保障。对外逃贪腐人员通过投资移民获得他国永久居留权或护照的情形，笔者认为，缺席审判的适用应慎重，要考虑到外逃人员已经获得他国身份这一因素，降低外逃人员利用缺席审判程序对抗我国司法体系并在境外打"人权保障"牌的可能性。

六、资产追缴

在反腐败工作中，追赃与追逃同样重要。反腐败决不能仅限于对贪腐人员的抓捕，甚至从某种角度而言，对非法资产的追缴是断绝贪腐人员外逃的侥幸想法的根源。无论贪腐人员逃至何处，无论资产如何转移，实现对资产的追缴能够使贪腐人员即使人在海外也无生存之经济保障，无立足之根本。

在境外资产追缴的问题上，《联合国反腐败公约》规定了五种资产追回方式，其中与国际刑事司法合作关系最为密切的是"没收事宜的国际合作"。这种合作可以表现为两种形态：一种形态是被请求国将外国的没收请求提交本国主管机关，由后者依据本国法律作出没收裁决并予以执行；另一种形态是被请求国对外国主管机关作出的没收裁决予以承认和执行。[1]我国《刑事诉讼法》中规定的违法所得特别没收程序适用于犯罪嫌疑人、被告人逃匿、死亡的案件，是一种专门针对财产的诉讼，与犯罪嫌疑人、被告人需要被定罪的状态剥离。

在审理"百名红通人员"第2号李华波的贪污案时，江西省上饶市中级人民法院在李华波外逃期间适用特别没收程序对其违法所得作出没收裁决，随后将此没收裁决提请新加坡法院承认和执行。2015年11月12日，新加坡法院宣布：根据新加坡《刑事司法协助法》第30条，将中华人民共和国江西省上饶市中级人民法院于2015年3月3日针对李华波违法所得财产作出的没收裁决予以登记。2016年6月29日，新加坡法院裁定：执行经新加坡法院登记的上饶市中级人民法院没收裁决，对李华波转移到新加坡的2000余万元违

---

〔1〕 赵丽，王坤：《警方打击地下钱庄行动揭贪官转移赃款路径 反洗钱需强化"投资移民"资金监管》，载《法制日报》2016年1月13日，第5版。

法所得予以没收，并将没收的资产返还给财产受害方江西省鄱阳县。[1]对李华波案件适用特别没收程序，体现了我国在国际刑事合作中对追赃工作的重视与推动。

在国际追逃追赃工作中适用特别没收程序需要注意如下几方面：一是特别没收程序所要解决的是财物问题，虽然它被设置在刑事诉讼中，却不涉及对被告人刑事责任的认定，仅仅审查申请没收的财产是否属于违法所得及其他涉案财产。[2]因此，对财产的证明应适用民事诉讼证明规则。二是针对贪腐人员逃匿的案件，适用特别没收程序应考虑降低对腐败财产追踪和扣押的证明责任，检察官不应承担所获得的财产与犯有某一确定腐败罪行之间的明确联系的证明责任。三是在具体追赃的个案运用中，违法所得没收程序还需考虑到被转移资产所在国的法律制度，依靠严格的法律程序与证明标准，形成能够被资产所在国司法机关认可的判决。新加坡《刑事司法协助法》第29条规定，执行外国的没收判决，首先需要确定执行没收的财产位于新加坡或是有理由相信位于新加坡的财产能够满足执行外国没收令的条件，然后对外国没收令进行登记。外国没收令应当具终审性。同时，新加坡法律还规定，如果是通过缺席审判的方式作出了没收裁决，那么应该在程序上给予被告人足够的权利保障，给予其足够的时间进行自我辩护。[3]适用特别没收程序，依照我国法律规定有6个月的公告期，嫌疑人、被告人的近亲属和其他利害关系人有权申请参加诉讼，也可以委托诉讼代理人参加诉讼。同时，我国向新加坡方面提交的其他证据证明了李华波用于新加坡投资移民的资金是来源于贪污的公款，而不是其所宣称的生意盈利。因此，我国在适用特别没收程序时，考虑到了财产所在地方承认与执行外国判决的法律规定，确保我国适用特别没收程序能够得到新加坡方面的认可，符合新加坡法律对执行外国没收令的要求。

有效的国际追逃追赃需要多种手段并用。李华波所涉案件是我国反腐败国际追逃追赃案件中第一起由中国检察机关侦查人员在境外刑事法庭出庭作

---

〔1〕　陈雷：《特别没收程序与国际追赃工作实务》，中国方正出版社2018年版，第188~195页。

〔2〕　参见最高人民法院、最高人民检察院《关于适用犯罪嫌疑人、被告人逃匿、死亡案件违法所得没收程序若干问题的规定》第15、16条。

〔3〕　"Mutual Assistance in Criminal Matters Act", available at https://sso.agc.gov.sg/Act/MACMA2000#pr29-, last visited on 2019-1-20.

证的案件，也是第一起运用违法所得没收程序追缴境外赃款的案件。在该案中，侦查人员同时运用了异地追诉、资产追缴、移民遣返等多种措施，充分表明了我国在国际追逃追赃中越来越熟悉国际法律规则，注重被请求国的法律制度，在法律框架内推动合作，在熟悉并尊重他国法律制度的基础上有效地进行国际刑事司法合作解决问题。同时，反腐败国际追逃追赃的案例实践证明，反腐败和保护人权并不冲突。

"百名红通人员"第5号闫永明，曾为通化金马药业集团有限公司董事长，因涉嫌职务侵占犯罪，被吉林省通化市公安局立案，于2001年11月逃亡新西兰。2016年8月，闫永明与新西兰警方达成协议，他将缴纳破纪录的4300万纽元罚金，折合约2亿元人民币，与当局就涉及洗钱的民事调查进行和解。2016年11月12日，潜逃海外15年之久的闫永明回国投案自首。2017年1月12日，闫永明在庭审后返回新西兰。2017年5月10日，新西兰奥克兰地区法院对闫永明在新西兰所犯洗钱罪进行宣判，判处闫永明5个月家庭监禁，附加6个月缓刑监管。[1]

2005年，中国与新西兰开展司法合作，提供了闫永明以虚假身份入籍新西兰的证据，请求进行非法移民遣返。但诉讼持续到2012年，当地法院判决闫永明的新西兰身份有效，意味着遣返这条路被堵死。随后，中国提供证据证明闫永明带到新西兰的移民资金是违法所得，推动新西兰以洗钱罪起诉闫永明。2014年，新西兰警方向法院申请，向闫永明发出了全球资产冻结令。新西兰法庭最终判决闫永明洗钱罪成立，他的资产被全部没收，并交纳巨额罚金，折合人民币约2亿元，其中1.3亿元赃款返还给中国。[2]

在闫永明的案件中，我国司法机关所提供的证据能够有效证明闫永明依据新西兰法律也构成犯罪，他的资金属于赃款，并梳理出资金链的清晰走向。同时在这一案件中，中国政府也与新西兰司法机关进行了密切合作，新方多次到中国吉林取证；对其资产进行冻结，化解了他试图利用外国司法程序与我国追逃机关的对抗。

---

〔1〕《闫永明（"百名红通人员"第5号）》，载https://baike.baidu.com/item/%E9%97%AB%E6%B0%B8%E6%98%8E/17366523? fr=aladdin，最后访问日期：2018年5月9日。

〔2〕《红色通缉——第一、二、三集文字版》，载http://www.doc88.com/p-9052545897524.html，最后访问日期：2019年2月18日。

　　资产分享问题是国际刑事司法合作中一个十分具有争议的焦点。《联合国反腐败公约》第 57 条第 3 款规定，贪污公共资金或对所贪污公共资金的洗钱行为，应当基于请求缔约国的生效判决，将没收财产返还给请求缔约国。第 57 条第 5 款同时作出了一项例外性规定，即在适当的情况下，缔约国可以特别考虑就所没收财产的最后处分逐案订立协定或可以共同接受的安排，承认了在双方达成一致的情形下，进行资产分享的可能性。

　　以美国为代表的国家对资产分享的观点是以在合作中的贡献为标准进行分享，并且要求在资产返还后应对资产进行妥善管理，避免再次成为贪腐犯罪的对象。我国对资产分享的观点也经历了一个逐渐转变的过程。从贪腐犯罪的资产应当追缴回国到《中华人民共和国国际刑事司法协助法》第 49、54 条对资产分享作出的规定，即可依据合作双方协商进行，确定分享的数额或比例。笔者认为，对涉贪腐类犯罪资产的分享操作应当作出更为细化的程序性规定：首先，确立对资产分享的原则性规定，即双方平等协商，达成一致后进行分享。其次，对资产范围的确定。在转移出境的资产出现升值情形，即犯罪收益有利益收益时，应将增长利益部分同样纳入分享范围，确定增值数额，对资产采取相关的保全措施。最后，对资产分享主管机关的认定。《中华人民共和国监察法》（以下简称《监察法》）明确规定国家监察委员会作为国际合作中打击腐败案件的主管部门，因此其应作为我国与外国主管机关进行资产分享的机构。但在国内，国家监察委员会应与其他主管机关，包括最高人民法院、最高人民检察院、司法部、公安部及中国人民银行共同商定可能进行资产分享的数额与比例范围。

第六章

投资移民法律制度评价标准及我国完善国内防逃机制的相关建议

第一节 投资移民法律制度的评价标准

通过对各国投资移民法律制度及移民法律体系的研究和分析，能够看出投资移民是全球经济发展所需的。通过财富在世界范围内的合理流动，能够更好地达到平衡经济差距、促进经济发展的目的。投资移民制度本身并不是一项不合理或违法的因素，对投资移民制度开展研究是为了更好地完善改进这一制度，实现投资移民制度的可持续发展，落实投资移民对资产的合法转移，加强投资移民对经济的推动力。这一经济推动力不仅能够促进移民目的国的经济发展，还可能对移民移出国有一定的推动力。

因此，结合各国投资移民法律制度及相关国际组织对投资移民项目的关注与评价，笔者认为，评断一国投资移民制度是否合理与完善，需要从下述几方面进行考虑。

一、与投资资金相关的法定审查

（一）投资移民项目是否将投资资金来源合法性作为强制性要求

投资移民的基础正是投资资金的投入。实践中，不少国家都出现了投资移民资金涉嫌腐败或其他犯罪活动的案例，而出现这些案件的主要原因正是主管当局未将投资移民资金来源合法性作为强制性说明要求，如塞浦路斯、马耳他、德国。有些国家尽管对投资资金来源合法性说明作出了强制性要求，也仍然出现了不少投资移民项目被犯罪人员所利用的案例，如美国的 EB-5 投资移民签证。

根据公开资料，至少三名"百名红通人员"是通过 EB-5 投资移民签证获得美国绿卡的。当然，在国际组织的监督与推动及各国国内政党与社会公众的督促与关注中，越来越多的国家政府意识到对投资移民资金来源合法性作出强制性规定的重要性，因而不断对投资移民政策作出调整。例如，加拿大联邦政府因还未探索出对投资移民进行良好审核与监管的手段，暂停了联邦投资移民项目；格林纳达政府提高了对投资移民项目资金的审核力度。需要注意的是，将投资资金来源合法性说明作为法律强制性要求只是基础性的，更为关键的是需要在实践中落实对资金来源的审核，对证明材料的审查需要专业人员的介入，而不能仅仅依靠普通签证官员对投资资金来源的合法性作出判定。

（二）对转款途径与方式作出明确的法定要求

对投资移民资金转账方式的审核是一项重要内容，"百名红通人员"第3号乔建军就是通过地下钱庄对冲转账的方式将大量资产转移出境，在多个设立投资移民政策的国家购置房产。从这一点能够看出，很多国家对投资移民资金转账要求仅限于资金的有效汇入及资金汇入的金融机构符合本国法律规定，缺失了应符合转出国法律的相关规定。对此，新西兰的投资移民法律是一个较为成熟的体系，新西兰法律明确规定了转账的途径与方式，只接受直接汇款，并且汇款应当同时符合汇出国与汇入国的法律规定。对此，笔者建议对资金转账方式应作出明确规定：其一，确认移民申请人本人是资金的合法所有者，实现对身份的识别；其二，投资移民资金应当通过直接转款方式，特别是应当排除如通过刷取信用卡的方式进行转账。

（三）投资移民项目是否具有进行避税的高度可能性

OECD对投资移民项目的评价表明，国际社会对居民税收的认定是以90天居住时间为标准。部分国家的投资移民项目正是通过发放投资移民护照的形式，使得申请者成为表面程度的居民，[1] 从而实施变相逃税。这些申请人根本没有在移民目的国居住满183天，却能获得永久居留权或国籍，从而向其母国或原国籍国隐瞒了真实税收来源。并且，这些申请者往往利用了发放护照国家是离岸金融地的特征，最终达到隐匿其真实财富的目的。对此，投

---

〔1〕 Pedro Goncalves, "OECD Blacklists 21 Countries Running High-Risk Golden Passport Schemes", available at https://www. internationalinvestment. net/internationalinvestment/news/3505833/oecd-blacklists-21-countries-running-risk-golden-passport-schemes, last visited on 2018-5-6.

资移民项目应保证申请人对当地经济的实际推动力，应有措施能够保证申请人在当地实施商业活动，达到一定的居住时间，成为移民目的国的真实居民，而不是依靠投资移民政策进行逃税。

二、与申请人身份信息相关的法定审查

在投资移民签证的要求中是否对申请人的背景身份提出强制性的审查要求，比如申请者是否具备成功经商背景，应当成为判断投资移民法律制度是否完善的一个重要标准。有些国家如日本，将投资移民与技术性移民归为同一类别移民，这说明其对投资移民申请者有一定的技能要求。事实上，投资移民很大程度上也是需要通过发挥自己的经商才能实现对经济发展的推动。因此，投资移民制度应强调对申请人背景的审核，将其作为一项基础性的强制要求，以排除贪腐人员及其他犯罪人员试图通过满足投资移民的资金要求来掩盖其缺乏商业技能的情形。

对申请人背景身份的审查不仅包括对申请人商业背景的要求，还应当包括对申请人背景进行全面的尽职调查。例如，印度尼西亚政府倾向于在一定情形下不仅仅依靠投资移民申请人的签证材料对申请人进行审核，还考虑对申请人的社交媒体进行查阅，从而能够更为全面地对申请人进行审查。澳大利亚政府尽管有移民计分系统，但是对于持有高额投资资金的移民者，如重大投资者和卓越投资者，不要求其通过计分系统的核查。加勒比地区国家的做法普遍是政府将申请人材料通过国际组织，如国际刑警组织的数据库进行对比，以确认申请人是否有犯罪记录。除此之外，政府没有再组织专业人员参与对申请人的背景调查。从现有案例来看，这种调查只能查到申请人是否有过刑事犯罪，无从对申请人的真实背景进行有效鉴别。当然，这种调查方式与加勒比地区的投资移民政策有很大关系。在加勒比地区，申请者通过购买房产和现金捐赠基本就可以实现投资移民。加勒比地区并未将申请人的经商能力设定为一个必要条件。显然，加勒比地区这种投资移民制度是有所欠缺的，其在实践中受到了很大的冲击。美国政府认为圣基茨和尼维斯投资移民项目被金融犯罪组织所利用，对此成立专门工作组开展调查；中国"百名红通人员"中也有依靠购买房产获得了圣基茨和尼维斯的护照。

政府应当发挥能动性，加强对申请人背景身份的调查核实：一是应当设定一定的硬性要求，即申请人应拥有一定时间段成功的、具体的经商经历。

二是应当排除投资移民作为背景调查例外性规定的情形，这也能从另一个角度加强对投资资金来源合法性的证明。三是对投资移民申请者身份背景的调查还应作出一项强制性要求，即申请人必须通过移民目的国主管机构的面谈与面签，而不能仅仅依靠提交材料就获得投资移民签证或居留身份，甚至是护照。四是移民接收国在对投资移民申请者进行背景身份调查中，发现申请者可能涉嫌移民欺诈或提交虚假的身份材料时，移民接收国在发出拒绝签证或对申请人进行面谈，进一步核实身份材料真实性的同时，还应向移民来源国进行通报。

三、投资移民项目的审核机制构建

（一）对投资移民审核是否建立专业化审核制度与监管体系

对投资移民商业活动的有效监督，应当建立对投资移民商业活动的有效评价机制。但是，建立长效考核机制并不容易，澳大利亚政府就曾表示，对投资移民的长期监管十分困难，因为政府发现在一定时期之后，就难以识别部分投资资金的真实去向。[1]因此，笔者的建议是投资移民应当严格与有期限的居留权相挂钩，只有投资移民申请者实施了有效的商业活动，才能允许其合法居住，除非投资移民申请者通过移民法律转化了移民身份，否则不应允许投资移民申请者获得永久居留或是公民护照。

（二）投资移民项目的透明指数

透明指数是指政府应当公开投资移民审核程序及相关的数据，包括申请人的身份信息，以防止不正当影响力交易参与其中。葡萄牙"黄金居留"投资移民签证、匈牙利国债投资移民、英国 Tier 1 投资移民签证的审核程序不够透明，对申请人的身份信息没有及时向社会公众公开，导致国内政府的腐败行为或其他犯罪参与其中。由此，政府应当通过立法，明确规定公开投资移民的审核程序与相关信息。定期公开投资移民相关数据与信息，接受社会监督，同时也有利于移民移出国及时掌握相关信息。

（三）投资移民的审核是否独立客观，不受政治因素的影响

对投资移民签证的审核与发放应当有独立的、专业的机构参与其中，避

---

〔1〕　Stefan Postles, "Department of Immigration and Border Protection's Lack of Preparedness on Organized Crime", available at https://www. thesaturdaypaper. com. au/news/immigration/2016/09/24/department-immigration-and-border-protections-lack-preparedness, last visited on 2018-5-3.

免不当政治因素的干扰。例如，新加坡政府在 2014 年对投资移民政策进行修订时引入专业化机构对经营投资移民项目的公司进行评级，保证评价的客观性与专业性，防止因政府不当的介入导致评级无法有效反映客观性。

（四）主管机构是否建立了合作协同的监管机制

投资移民涉及多方面信息，需要各个部门共同合作，才能及时有效地对投资者的经商活动进行反馈。例如，巴西、俄罗斯在对投资移民的审核中都依靠多个政府主管部门，如国税局、移民局、国家安全部门等，协调整合资源对投资移民进行管理与审核，以预防性措施为主，防止涉腐败及犯罪资产通过投资移民的方式流入境内。对移民的金融信息、交易信息进行有效采集与保存，在政府各部门之间建立畅通的合作机制与信息共享平台，从源头上降低投资移民被犯罪活动利用的可能性。

四、对投资移民的移民管理制度建设

（一）通过投资移民是否能够直接获得永久居留或护照

事实上，投资移民的目的是为了能够推动国家与地区的经济发展。2018年，奥地利政府出台的投资移民政策受到欧盟的点名批评，原因之一在于奥地利政府允许通过投资移民获得永久居民身份，欧盟认为在没有配套严格监管措施的情形下，就对投资移民申请者直接颁发永久居民身份，鉴于欧盟内部的高度流动自由性，可能会给整个欧盟地区带来不良影响。投资移民应当注重投资行为的实效性，在没有进行有效考核就授予永久居民身份或护照的情形下，快速入籍的方式显然是有负面影响的。并且，投资移民制度还应当对申请人在移民目的国的实际居住时间作出明确规定，以保证申请人有足够的时间在目的国开展商业活动。对此，笔者的建议是在程序上进行优化，突出政府的有效管理，投资移民至少应当是经过一段较长时间的商业经营活动，并且保证在移民目的国境内进行有效商业活动，将有效商业活动与居留身份完全挂钩。

（二）考察投资移民与本国移民及其他法律制度的衔接程度，是否处在监管真空地带

事实上，尽管美国的法律制度相对完善，但 EB-5 投资移民中的"区域中心"项目正处于一个监管相对空白的尴尬状态：一方面，美国国内的一些不法人员利用了移民信息的不对称，在美国海外进行 EB-5"区域中心"项目

的虚假宣传，以骗取投资资金。另一方面，不法人员也是看到了美国政府对"区域中心"监管的相对放松，利用监管漏洞进行移民欺诈。在这类案件中，移民申请者既扮演了受害者的角色又构成了犯罪行为，有些申请者与美国国内的中介实施共谋欺诈以获得绿卡，而有些受害者则完全不知情，最终面临的则是损失了资金又未能获得美国居留权的结局。因此，考察投资移民制度，需要对是否有完整有效的整套监管体制作出判断，投资移民的每一个环节与阶段、每一个配套项目是否都建立了完善的监管制度。

（三）一国基本法治环境

将一国反洗钱指数、反腐败指数、银行信息公开、税收信息协议的签订状况等因素考虑在内，综合判定一国的基本法治环境，有针对性地对向外投资移民加强监管，如阿根廷的房产交易仍常常通过现金交易形式完成。若某国本身法治环境与政府清廉度都不算很高，那么该国的投资移民项目就有很大的可能性被洗钱所利用。对此，笔者建议应考虑对整体法治较落后国家及清廉指数较低的国家进行标注，通过建立动态名单体系对标注的国家予以特别关注；针对投资移民人数、规定的变化，及时更新名单，对各国投资移民及发展作出有区分的一般关注与重点关注。

（四）是否承认双重国籍

尽管双重国籍并不是一个单纯的投资移民问题，但因不少国家专门通过投资移民渠道建立了能够快速获取国籍的方式，现实中不少犯罪分子正是利用了投资移民的便利性，利用多重身份实施犯罪并实现跨境流动，给追踪与抓捕工作带来一定难度。因此，针对承认双重国籍的国家，笔者认为应考虑通过建立相应的信息沟通机制与平台，及时实现信息互通。

（五）投资移民制度是否成为本国经济可持续发展的推动力

投资移民制度只有与本国经济形成长期良性互动才能够实现可持续性发展。国际货币基金组织通过对投资移民项目的考查认为，投资移民资金流入对房地产业发展的带动力最强，如加勒比地区的圣基茨和尼维斯，该国 2013 年投资移民收入占到 GDP 的 13%，房地产业从四年的衰退期中复苏。[1]根据反洗钱金融行动特别工作组的统计，2011—2013 年，全球被没收的犯罪资产

---

〔1〕　Judith Gold, Ahmed EL-Ashram, "A Passport of Convenience", available at https://www.imf.org/external/pubs/ft/fandd/2015/12/gold.htm, last visited on 2018-3-19.

中有 30% 为房地产。海外高端房产很可能已经沦为部分人的洗钱工具。对于这些经济总量本身较小的国家而言，依靠投资移民资金带来经济繁荣的同时也会包含诸多问题。如果上述国家过度依赖投资移民外来资金，一旦投资移民政策发生变化，或其他国家的投资移民政策或法律制度发生变化，将会面临资金突然断流的局面，致使该国经济结构非常脆弱，反而给经济发展带来严重的负面影响。因此，投资移民政策应与国家的长期经济效果相结合，不能只注重短期内资金的流入。

（六）对投资移民欺诈的法律处罚

对于通过虚假或不真实申请材料获得投资移民身份的移民者，笔者建议应明确规定对其科以吊销移民身份的处罚。

第二节 针对虚假投资移民，织密国内防逃机制

投资移民属于移民群体中的一类，从国际社会的整体移民视角来看，投资移民人数只占整体移民人数的一小部分。但由于投资移民代表的是相对高素质、高财富的人群，所涉及的社会财富数量不容小觑，因此越来越多的国家开始重视投资移民政策，或新出台法律引入投资移民，或通过立法技术手段加强对投资移民的监管。面对投资移民的蓬勃发展与全球化一体化时代互相推动的趋势，国际社会普遍认为，投资移民政策对经济的推动只有形成良性循环才有利于一国发展。各国际组织都对投资移民予以高度关注，例如 OECD 通过观察各国的投资移民政策，结合法律、经济、税收对投资移民政策进行衡量，将 21 个国家和地区可能涉及高风险避税、洗钱相关的投资移民政策列入黑名单，[1] 要求这些国家尽快加强对投资移民政策的监管。包括欧盟在内，不少国际组织开始认同一国的投资移民制度在诸多方面都与其他国家息息相关，投资移民已经不再是一个纯粹的国内立法问题，需要从金融安全角度、公民身份角度等各方面加强监管，防止投资移民被犯罪活动所利用，发挥投资移民制度的正面效应。因此，加强对投资移民的监管，从法律技术

---

〔1〕 "Residence/Citizenship by Investment Schemes", available at https://www.oecd.org/tax/automatic-exchange/crs-implementation-and-assistance/residence-citizenship-by-investment/, last visited on 2018-5-29.

性的角度出台更为理性、可持续的投资移民政策成了主流呼声。

就我国整体发展而言，过多移出性投资移民的出现，不仅可能造成大量财富流失，在投资移民申请者获得移民流入国永久居民身份后，则成为我国非境内居民，在我国境内的个人纳税额将大幅度降低乃至影响国家税收。现阶段，我国移出性投资移民大多表现为"移民不移钱"的形式，投资移民者在获得移民流入国永久居民身份后往往都以外商身份重新回到国内经商，鉴于我国目前实行的内外商不同的待遇措施，又能进一步享受外商税收优惠，无疑给我国经济的良性发展带来不良影响。特别是涉及贪腐人员利用投资移民政策外逃并向境外转移大笔赃款更是给我国法律制度带来了负面影响。党的十八大以来，党中央将国际追逃追赃纳入反腐败总体战略布局，表明了我国对贪腐犯罪的打击决心，绝不允许贪腐人员肆意外逃，将境外作为避罪天堂，逃避法律制裁。

我国目前处于移民移出型的阶段，应正确理性地对待我国向外投资移民的问题，以完善监管和法律制度。因此，笔者认为应分析投资移民法律与政策的发展特征，在国内形成合理有效监管的法律制度，针对投资移民目的国的发展变化，研究不同国家的法律与政策，做好基础性与重点性的预防措施与监管手段：一方面，防止贪腐人员通过投资移民渠道外逃和转移赃款；另一方面，应完善我国的监管体系，包括推动我国建立更好的投资移民政策，吸引更为优质的外国投资移民者前来。

一、加强国内监管部门合作机制

当前，我国反腐败工作已取得压倒性胜利，《监察法》的出台及国家监察委员会的成立整合了包括国家监察委员会、最高人民法院、最高人民检察院、司法部、公安部、外交部、中国人民银行在内的国家反腐败资源。我国反腐败工作仍处于关键阶段，面对新时期与腐败犯罪的斗争，更加迫切地需要各个部门共同完成对腐败行为的预防和打击，协调各领域资源，形成打击腐败犯罪的立体网络。

我国不断加强打击腐败犯罪，推动国际追逃追赃法律框架的构建。我国2018年《监察法》使得国家监察委员会走上了打击腐败犯罪国际司法合作的台前位置。《中华人民共和国国际刑事司法协助法》的出台标志着我国国际刑事司法合作迈入了一个新的时代。同时，2018年修订的《刑事诉讼法》新增了缺席审判制度、特别没收程序。这一系列的新增法律与修订，都给我国反腐败国际追逃追赃工作提供了坚实的法律基础。我国在完善相关法律规范的同时，也应与国际公约更新与修订保持一致，实现国际公约与国内法律的对接，有利于开展国际刑事司法合作。我们应当做到既熟悉外国投资移民政策及司法制度，又不断完善我国的相关法律监管制度，实现"里外配合"，通过防逃机制的建立，阻断贪腐人员的外逃之路。

基于投资移民被贪腐人员利用，转移资产并外逃的案例，本书将重点关注如何构建金融情报中心，通过税收信息情报提高对海外居民税收信息的掌握程度；依靠共享信息平台与沟通机制，更为顺畅地实现信息沟通，确保信息的时效性。

（一）进一步加强金融部门之间的合作

2003 年 4 月 25 日，中国银行业监督管理委员会（以下简称"银监会"）成立，中国人民银行原有对于商业银行的绝大部分监管权力转移至银监会。而根据《中华人民共和国中国人民银行法》第 4 条第 1 款第 10 项的规定，中国人民银行"指导、部署金融业反洗钱工作，负责反洗钱的资金监测"。两个机构同时对反洗钱工作进行监管，导致两者的职责和功能存在交叉和重叠，实践中存在"协而不力"的现象。那么，加强金融机构、非金融机构以及执法机关之间的合作力度，实现信息共享是提高监管力度的关键：首先，应打破"信息孤岛"，这不仅指避免不同执法部门之间信息无法共享的现状，还包括在金融机构，如银行内部因制度设置使得上下级与不同地域之间出现的信息覆盖盲点。其次，健全异常外汇资金跨境违规流动的监测预警机制，从异常跨境资金的来源、流动方式和流向等各方面进行监控，防范异常资金变相流动风险，限制涉汇主体无真实贸易背景的收付汇行为，最大程度减少异常跨境资金带来的风险。[1]最后，由于目前我国金融监管机构对海外金融及税收掌握信息不对称且还存在漏洞，无法将国际社会、离岸金融市场的信息与我国境内银行信息进行联系，使得信息有效性无法充分发挥。因此，进一步完善我国金融情报中心建设，加强国际信息沟通与协调有着重要意义。实际上，如美国，作为反洗钱法律较为健全的国家，一方面对海外账户信息掌握

---

〔1〕 倪素芳等：《新疆异常和违规外汇资金跨境流动的重要渠道与环节探究》，载《金融发展评论》2014 年第 3 期。

积极主动权，并不断更新法律以确保有法律支撑；另一方面十分重视与国际及区域组织的合作与沟通，以有效打击利用离岸金融市场进行的金融犯罪活动。

（二）税务部门与反腐败主管机关的合作

重视税收信息情报在打击腐败犯罪中的作用，是在当前局面下应对腐败行为的不断更新变化所需要提升的意识。提高税收信息情报作用与提高税收信息透明度，一方面有利于在国内建立包括税收、金融在内的整体监管体系；另一方面促进国际公约与国内法律的衔接，符合 OECD 推行的税收信息透明度标准。2009 年，OECD 倡导各成员国建立与其法律体系相适应的法律和行政体系，有利于税务机关通过日常活动报告可疑的外国贿赂，如澳大利亚1997 年《税务收入财产法》第 26 部分第 52 条作出的严禁通过免税额行贿外国官员的规定。[1]个人税收信息情报已经在反腐败工作中发挥越来越重要的作用，特别是我国一些贪腐人员利用离岸金融地发行的投资移民项目，将资产转至境外，获得境外居民身份，成为移民目的国的"表面"税收居民，从而隐瞒了真实财富。

加强税务机关与反腐败主管机关之间的合作，形成常态化的合作机制。对腐败行为及犯罪的预防、打击、惩处，包括反腐败追逃追赃工作都需要政府及社会整体体系的运行才能够发挥至最优效力。因此，推动税务机关与反腐败主管机关形成紧密合作具有十分重要的意义。我国应提高对税收信息情报重要性的认识，并确保税收信息情报能够顺利地转化为法律认可的证据，这不仅有利于反腐败工作的开展，也能够在法律框架下建立税收情报共享机制。

《中华人民共和国税收征收管理法》（以下简称《税收征收管理法》）第54 条第 6 款规定，税务机关在调查税收违法案件时，经设区的市、自治州以上税务局（分局）局长批准，可以查询案件涉嫌人员的储蓄存款。税务机关查询所获得的资料，不得用于税收以外的用途。由于相关法律法规尚未赋予税务机关在反腐败法律框架下的具体职责，这对税务机关参与反腐败犯罪案件的调查造成了困难。税务机关无法参与反腐败犯罪案件的调查工作，其在

---

〔1〕　Michael Head, Scott Mann, Simon Kozlina, *Transnational Governance*, Ashgate Press, 2011, p. 124.

税收征管和稽查中收集的涉税信息仅可用于税收违法案件调查，局限了税收信息的使用范围，加大了打击反腐败犯罪的难度。目前，我国反腐败斗争已取得压倒性成果，但反腐败斗争形势依然严峻，必须及时针对花样更新的腐败行为作出针对性的应对与调整。反腐败执法机关应当与税务机关建立有效的信息共享机制。事实上，不仅仅是我国，税务机关与反腐败主管机关之间的税收信息情报共享欠缺法律的支撑是多数国家普遍存在的问题。这种障碍具体表现为欠缺税务机关与反腐败主管部门之间共享税收信息情报的法律规定，或是对共享范围规定得过于狭隘，又或是税收信息情报无法作为有效的证据在刑事诉讼程序中使用，从而使税收信息情报的效用大为降低。因此，税务机关与反腐败主管机构共同提升对税收信息重要性的认识是十分重要的，应在法律框架下建立税收信息共享机制，及时共享涉案信息，共同打击腐败犯罪。

构建税务部门与纪律检查委员会、国家监察委员会等反腐败案件主管机关的合作机制，构建打击腐败犯罪的多维立体体系，调动各领域资源，巩固反腐败斗争成果，具体措施可分为以下几个方面：

第一，明确税务机关在反腐败法律框架下的具体职责。提升税收信息的作用，需要完善我国的反腐败法律框架，促进税法与现行反腐败法律法规的有效衔接，全面提升包括收入、资产、金融交易、储蓄账户资产变动等税收信息的收集和整理工作，逐步建立包括税收、金融在内的整体监管体系，运用税收信息精准打击腐败犯罪，巩固反腐败斗争成果。

笔者认为，相关部门应当尽快修订现行法律法规，明确税务机关在反腐败法律框架下的具体职责。对相关法律的修订应包括以下几方面：首先，将逃税罪纳入《刑法》中洗钱罪的上游犯罪范围，以减少反腐败国际合作的法律障碍，避免出现因逃税罪不属于洗钱上游犯罪而无法对外逃人员提出诉讼请求的局面，也能确保国内金融机构负有向税务机关提供信息的强制性义务。其次，完善《税收征收管理法》的相关规定。进一步明确税务机关在打击腐败犯罪中的具体职责，完善对税收信息情报共享的规定，并建立双方的合作机制。《税收征收管理法》是目前我国税务机关执法的核心法律，却没有对税务机关在税收检查过程中发现的可能涉及腐败犯罪行为的信息与反腐败主管部门及时沟通并共享的规定。目前，我国只有基于反腐败主管机关在侦查或调查过程中发现问题，向税务机关提出协助要求的法律规定。建立并加强税务机关与反腐败主管机关之间的合作，提升税收信息情报在反腐败工作中的作用，都亟须完善法律基础。由于我国国内法目前还缺少对两个主管机关之间税收信息情报共享及合作的规定，这也是妨碍国际合作的障碍之一。对《税收征收管理法》的修订应考虑税务机关在税收检查中发现可能涉及腐败案件的税收信息的，应及时以书面形式通知反腐败主管机关，协助反腐败主管机关查处腐败案件、打击腐败犯罪。同时，鉴于目前税务机关只依法享有对居民储蓄账户信息的检查权，可考虑进一步扩大税收检查的范围。税务机关依法获取的税收信息除储蓄账户存款信息之外，还应包括汇款、债券、股票、基金份额、房产等财产信息。通过扩大税务机关对涉税信息的检查范围，更好地发挥税务机关在打击反腐败犯罪当中的作用，堵塞监管漏洞。

　　第二，建立税务机关与反腐败主管机关的常态化合作机制，促进信息共享，协力完成对腐败行为及犯罪的预防、打击、惩处和追赃等工作，巩固反腐败斗争成果，杜绝腐败行为的发生。首先，建立税务机关与反腐败主管机关的沟通合作机制。相关部门可以通过联合工作组、负责人联席会议等多种工作形态，以中央层面为引导，在各省（自治区、直辖市）建立税务机关与反腐败主管机关的沟通合作机制，充分发挥行政执法与司法执法的整体合作效用，实现以合作促成效的目的。联合工作组可以针对特定案件设立，也可以长期设立，集中专业化资源侦查和打击腐败犯罪。负责人联席会议则可以考虑定期进行，探讨合作方向，交流合作问题，定期评估合作内容，巩固合作成果。其次，形成税务机关与反腐败主管机关的信息共享机制。目前，不少国家已经通过出台法律法规的方式对税务机关与反腐败主管机关的合作机制和信息共享作出明确规定，旨在促进跨部门交流合作与信息共享。格鲁吉亚法律规定税务机关具有向反腐败主管机关报告税收信息的法定义务，但这一法定义务附有一定的限制性条件，如税收信息和刑事调查具有关联的情形。葡萄牙法律规定税务机关可以向检察官提供个人税收信息。若检察官就与某个刑事案件相关的税收信息提出请求，则税务机关必须提供相关信息。[1]税

---

〔1〕 OECD and The World Bank Joint-Report, "Improving Co-operation between Tax Authorities and Anti-corruption Authorities in Combating Tax Crime and Corruption", available at http://59.80.44.45/www.oecd.org/tax/crime/improving-co-operation-between-tax-authorities-and-anti-corruption-authorities-in-combating-tax-crime-and-corruption.pdf., last visited on 2019-3-29.

务机关与反腐败主管机关信息共享机制的建立需注意以下几点：①明确信息共享的范围和方式。税务机关和反腐败主管机关可以通过建立合作备忘录的方式确定信息交换的具体范围（如个人收入信息、财产信息、金融交易信息）、交换方式、交换频率，同时对交换信息的目的和用途进行一定的限制，避免滥用税收信息侵犯纳税人隐私。世界范围内广泛使用的信息共享方式主要有反腐败主管机关直接获取信息、强制性同步交换、特定信息自动交换、须通过请求交换等。《监察法》第 4 条第 3 款规定，监察机关在工作中需要协助的，有关机关和单位应当根据监察机关的要求依法予以协助。笔者认为，鉴于税收信息包含的内容较多，对税收信息实行无差别或特定性的自动性交换对打击腐败犯罪的效果并不明显，反而可能降低反腐败主管机关的工作效率。因此，笔者建议设立以反腐败主管机关请求为主、以税务机关主动交换所发现的可疑情报为辅的信息共享方式，以与我国《监察法》的规定保持一致。②保证信息共享的及时性。能否对税收信息进行及时的交换和共享是影响税收信息效用的重要因素之一，如若相关部门未能及时掌握信息主体的变化，难以及时对涉案人员采取限制措施，将增大打击腐败犯罪及开展追赃工作的难度。税务机关应当充分发挥主观能动性，及时向反腐败主管机关反馈可能涉及贪腐案件的税收信息，为反腐败主管机关精准打击腐败犯罪提供便利。税务部门可以积极拓展信息共享的来源和渠道，打通税务机关与房产交易管理部门、出入境管理部门等反腐败相关职能部门之间的信息沟通渠道，提升税收信息的使用效率，形成整体化的反腐败信息共享机制。同时，相关部门在出台政策措施前，应当对政策措施的实施效果和附加影响进行充分评估，尽量避免出台可能阻碍税收信息及时共享的限制性规定，精简程序性事项，提升税收信息的共享效率。最后，定期开展税收信息专项培训。在日常税务稽查中，任何与纳税人的经营范围、金融交易记录、个人金融信息相关的税收信息出现异常变动或有大额资金往来，都有可能涉及腐败。税务人员必须充分认识和了解税收信息的重要性，准确识别异常信息，及时反馈可能涉及腐败案件的重要税收信息。OECD 发布的《税务稽查和检查人员认识贿赂和腐败指导手册》（Bribery and Corruption Awareness Handbook for Tax Examiners and Tax Auditors，以下简称《指导手册》），是税务人员识别腐败信息培训的重要资源。《指导手册》认为，大额且频繁的账户资金往来、对某项商品或服务的不合理支出、模糊且空白的合同条款都有可能涉及腐败犯罪，税务人员在税务稽查中应当注意发现和识别可疑税收信息，防范腐败犯罪。税务机关可以 OECD《指导手册》为基础，结合我国国情，编制我国税务机关通用的识别腐败案件信息培训手册，并定期组织培训，帮助税务人员了解和掌握税收信息与腐败犯罪之间的重要关联。

税务机关也可以和反腐败主管机关加强合作，相互学习对方在税务稽查和反腐败案件侦查中的实践经验，共同解决可能面临的违法犯罪问题。

（三）加强纪委、监委与公安部门之间的信息共享

在国家监察委员会及中央追逃办成立后，我国进一步整合资源，协调各部门对贪腐人员外逃的预防与打击，在此过程中，做好出入境管理工作成为一个重要环节。在对"百名红通人员"的追逃中已有案例显示，出入境管理发挥了重要作用，通过对出入境人员的对比，发现了出逃后又秘密回国的被通缉人员。因此，为确保纪委监委与公安部门信息共享的畅通，应考虑通过工作组的形式对接信息，纪委监委在重点口岸（如北京、上海）直接派驻人员，保证信息的及时性与联动性。同时，相关部门应加大对护照证件的甄别检查，防止贪腐人员可能通过上交虚假护照材料以企图外逃。

（四）应实现出入境管理部门与其他监管部门的高效协同合作

建立出入境管理信息网络平台与金融机构的信息共享，发挥部门联动性。需要强调的是，《监察法》的出台已经提高了出入境管理部门与纪委监委之间的合作，合作机制还应朝向常态化、日常化机制前行：其一，提高信息共享机制。《中华人民共和国出境入境管理法》第 5 条规定，国家建立统一的出境入境管理信息平台，实现有关管理部门信息共享。因此，笔者建议应尽快做到人口身份信息和出入境信息全国联网、数据共享，加强纪委监委和公安部门的信息对接。其二，对重点人员及其家属实施标注，对不同签证类别实施分类管理与关注。当重点官员的主要家属持（投资）移民类签证出入境时，有关管理部门应启动预警机制，由出入境管理部门与纪委监委实现信息对接。其三，限制出境措施的应用。《监察法》第 30 条规定，监察机关为防止被调查人及相关人员逃匿境外，经省级以上监察机关批准，可以对被调查人及相关人员采取限制出境措施。《监察法》第 52 条第 3 项规定，由国家监察委员会负责，协调各部门，查询、监控涉嫌职务犯罪的公职人员及其相关人员进出国（境）和跨境资金流动情况，在调查案件过程中设置防逃程序。因此，在国家监察委员会统一协调下的涉贪腐人员调查中，笔者认为应考虑将配偶

与子女纳入"相关人员"的范畴，扩大出入境管理的监测范围。在移民流入国未能充分落实对移民申请者的监管措施时，就需要在本国形成更为严密的监督管理体系，对多次前往特定目的国的人员，特别是公职人员的家属建立信息备案机制。

二、重视对中介行业的监管

不可忽视的是，对中介行业的监管也是形成立体型监管网络的一个重要部分。提高监管力度及惩处措施，规范中介行为也是防止贪腐人员利用投资移民外逃的方法之一，防止中介提供洗钱或充当地下钱庄转移不法资产。

自2018年11月10日开始，历时10年的移民中介牌照彻底在全国范围内放开，至此，私人公司不再需要公安部门颁发的移民中介执照就能够经营移民中介业务。但是，放开中介准入制度并不意味着放松监管，而是通过市场竞争的自然规律，自动淘汰不合格的中介公司，我国所实施的是"宽进入严监管"原则。加强对中介行业的监管，笔者认为应考虑从以下几方面进行：其一，对中介公司的信息实行全国信息联网，通过联网信息对中介活动实施实时监管。其二，对中介公司中的个人行为与公司绝对挂钩，一旦个人出现了中介服务中的违法违规行为，公司也将受到相应的惩处措施。同时，个人一旦在中介服务中出现了帮助服务对象伪造材料的情形，除依法进行处罚之外，还应实施终身禁入制，不得再从事移民中介服务。其三，引导中介行业的健康发展，通过公司合规性加强公司内部管理。对中介公司建立行业评级机制。其四，在中介行业中推行"了解你的客户"要求，中介公司应当履行有效尽职调查的义务，对客户尽职调查的资料应当留存备案。

三、完善国内金融监管法律规范的建议

在国内法层面，国内法律的修订与完善应进一步接轨国际公约和相关国际组织的文件，通过借鉴国际社会的最新立法，有效保证对离岸金融市场的监管及新型金融犯罪的打击。当然，完善国内法律也不仅指刑事法律需要作出调整，金融监管本身就是一项综合性的治理工作，需要协调多方资源与力量，在法律转换方面也就需要对反洗钱相关的法律法规都进行修订和完善。

学术界对于离岸金融市场的界定标准分为两类：第一类界定标准强调交易主体的非居民性以及交易货币的离岸性；第二类界定标准突破地域概念，

强调金融循环的内部性。20 世纪 80 年代，伴随着国际银行设施的建立，离岸金融市场的"岸"不再简单地被看作是国境，而是指国内金融循环体系。此时，相对宽松的监管体系、税收制度以及"非居民"成为鉴别离岸市场的关键要素。[1]本书的研究正是针对第一类离岸金融市场，即作为"非居民"的贪腐人员，利用宽松金融监管和税收制度进行非法资产转移。离岸金融中心的出现对全球金融社会而言，无疑是一把双刃剑：一方面，其宽松的金融制度、快速的转移速度，一定程度上为全球金融社会的发展提供了助力；但另一方面，离岸金融中心因其众所周知的隐匿性，以及松懈的金融监管，使得如"了解你的客户""可疑交易报告""资金流向监控""受益人身份调查"等传统洗钱监控手段难以发挥作用，使得离岸金融中心往往与洗钱犯罪紧密联系。

　　无疑，正因为离岸金融中心这些特征，不少贪腐及外逃人员都对离岸金融中心产生了"浓厚兴趣"。贪腐人员利用在离岸金融中心设立账号或"空壳公司"将非法资产转移至境外，再通过投资移民方式获得外国护照或永久居留身份，给我国的法律制度和金融安全都造成了极大的负面影响。例如，"百名红通人员"第 7 号四川移动公司数据部原总经理、无线音乐运营中心原总经理李向东，涉嫌受贿犯罪。李向东不仅涉嫌在其负责主管的四川移动公司音乐内容管理 MCP 项目招投标上"暗度陈仓"，由利益关系人接手此项目并暗中持股，还让该关系人为其在中国香港地区开设两个离岸公司账户。相关司法文书显示，2013 年李向东在出逃之前仅通过这两个离岸公司账户共存入、转入近 398 万港元、近 160.6 万美元、40 万加元、16 万欧元；转出 15.5 万欧元、49 万港元、35 万美元。[2]通过离岸金融地转移资产已经成为贪腐人员越来越倾向于选择的一种方式，特别是一些离岸金融地同时推行投资移民获得永久居留或护照的政策，使得不少贪腐人员都对这些离岸金融地有了极大的"兴趣"，如"百名红通人员"第 92 号任标通过投资移民获得了圣基茨和尼维斯的护照。

---

〔1〕　蔡伊鸽等：《上海自贸区离岸金融中心路径选择及风险防范》，载《现代管理科学》2017 年第 2 期。

〔2〕　《揭中移动高管李向东洗钱通道：离岸公司账户走账》，载 C114 通信网：http://www.c114.com.cn/news/118/a896787.html，最后访问日期：2018 年 3 月 11 日。

因此，我国应当完善相关法律制度，加强金融体系的监管力度，加强国际合作关系，通过国内法律制约与国际司法合作两个层面，构建好对贪腐人员的围堵防逃体系。具体而言，我国的相关法律修订可考虑以下几点：一是进一步扩大洗钱的上游犯罪，特别是加强对自洗钱人的打击。例如，"百名红通人员"第 7 号李向东通过设立离岸公司进行资产转移和洗钱，因洗钱作为上游犯罪，被其他罪行吸收，无法单独通过洗钱对其控诉，从而限制了国际合作的范围。二是《中华人民共和国反洗钱法》强化对重点人群的监测，如联合国毒品和犯罪问题办公室针对大陆法系国家于 2009 年修订了示范性立法，对没有出现的人、具洗钱高风险以及政治敏感人员进行了专项规定，对于既有客户被认定为政治敏感人员，应立即向其主管上级报告，或只有获得上级同意才能与政治敏感人物建立金融服务关系，之后应当用尽所有方法确认政治敏感人员资金或其他财产的来源，并且还应进一步增强监测，以防洗钱或是其他犯罪行为。目前，我国反洗钱法和相关规定只有对外国政要开设账户的规定，对国内公职人员还欠缺相关规定，应考虑加强对公职人员及其近亲属的监测，有效预防贪腐人员进行非法资产转移。三是扩大承担反洗钱义务的行业范围，应考虑将珠宝业、艺术品业等经常可能发生大额交易的行业也纳入反洗钱工作体系，进一步扩大且细化反洗钱工作的覆盖范围。四是出台重点监测的"黑名单"，对特定国家或地区，如对来自于避税型离岸金融市场银行、公司的交易给予特别关注，对这些国家和地区的账户审查和交易实施强化标准。"黑名单"的建设是一项长期性工作，名单中需要予以特别关注的国家和地区可以考虑以列举式的方式，参考国际组织公布的"不合作名单"，如 OECD 针对避税国家发布了一份不合作国家和地区的名单，但是OECD 并不禁止与这些国家和地区的银行及公司往来，而是要求其提高交易的透明度，并通过交换信息形成紧密的合作关系以降低洗钱等金融犯罪的风险。五是完善法律实施细则。例如，当前银行制定的针对跨境人民币结算的法规，对于人民币贸易支付结算工具、结算的业务流程等具体环节尚未详细提及，这也造成银行贸易结算支付部分制度上的缺失。[1]2009 年年底，国家外汇管理局《关于进一步完善个人结售汇业务管理的通知》对个人分拆行为的规定，

---

[1] 龚黛薇：《防范银行国际业务中的洗钱风险》，载《中国城乡金融报》2016 年 11 月 29 日，第 A03 版。

应进一步明确个人分拆行为的具体表现，如规定中所指"连续多日"的购汇、汇款行为，明确"多日"的具体时间。六是由于目前境内居民境外投资未能纳入境外投资管理范畴，不利于境外投资主管部门及时掌握境内居民个人境外投资流量及规模。建议逐步将投资移民纳入移民财产转移框架，通过在部分发达地区先行试点的方式逐步推进，同时可以采取限额管理，例如设定人均一年投资移民额度为 50 万美元，后续根据年度外汇收支形势，外汇局可以视情况调高或调减限额。[1]七是目前我国《金融机构客户身份识别和客户身份资料及交易记录保存管理办法》第 18、19 条对高风险人群的资金来源和用途、经济状况等作出规定，但欠缺涉及离岸金融市场中"空壳公司"的专项规定，现实中"空壳公司"正是贪腐人员进行财产转移的重要渠道。因此，建议根据反洗钱金融行动特别工作组新《40 条建议》第 25 条对"空壳公司特别注意"的条款，修订我国相关法律规定，在职能上赋予监管机构相关职责，在技术手段上通过对资金线索的监测与回溯，增加金融机构对离岸金融市场信息的监控和甄别，即甄别空壳公司和空壳银行，有效预防贪腐人员进行非法资产转移。八是《联合国反腐败公约》以及反洗钱金融行动特别工作组新《40 条建议》等国际反洗钱法律文献，都一致要求各国采取必要的措施提高私营公司和经营实体的透明度，通过立法的方法形成识别公司实体实际管理和所有权人的制度性措施，对此，我国也应通过法律完善，进一步提高对私营公司和实体所有人的透明度要求。九是注重对新技术的金融信息监测，加强对电子货币的监控。美国议会在 2018 年通过关于 FinCEN（美国财政部下设机构金融犯罪执法局）的改进法案，要求其广泛开展同外国金融情报机构等的合作，阻止比特币等虚拟货币被恐怖组织用于洗钱或其他非法活动。[2] 2018 年，中国人民银行、银保监会、证监会联合发布《互联网金融从业机构反洗钱和反恐怖融资管理办法（试行）》（以下简称《管理办法》）。《管理办法》第 10 条第 5 款规定，客户属于外国政要、国际组织的高级管理人员及其特定关系人的，从业机构应当采取更为严格的客户身份识别措施。笔者认为，针对涉腐败线索的监测，在《管理办法》后期完善中应考虑扩大适用对象，对于外国国有企业高级管理人员、大型跨国公司高级管理人员，以及国

---

〔1〕　周惠：《境内个人境外投资的"疏"与"堵"》，载《现代金融》2018 年第 1 期。
〔2〕　尹向明等：《美国金融犯罪治理经验及启示》，载《武汉金融》2019 年第 5 期。

内公职人员和特定关系人都应适用更为严格的审查标准。参考埃格蒙特集团（Egmont Group）发布涉及腐败行为的交易指征，对于可能涉及贪腐罪行的电子货币交易，即公职人员、国有企业人员及其近亲属进行的大额电子货币交易行为，也应进行标注，与相关主管机构及时沟通，并积极与外国金融主管机构沟通合作。

参考文献

一、著作类

1. 黄风:《刑事没收与资产追缴》,中国民主法制出版社 2019 年版。

2. 黄风:《国际刑事司法合作的规则与实践》,北京大学出版社 2008 年版。

3. 黄风等:《国际刑法学》,中国人民大学出版社 2007 年版。

4. 黄风主编:《中国境外追逃追赃:经验与反思》,中国政法大学出版社 2016 年版。

5. 黄风执行主编:《国际刑事司法协助国内法规则概览》,中国方正出版社 2012 年版。

6. 赵秉志主编:《欧盟刑事司法协助研究暨相关文献中英文本》,中国人民公安大学出版社 2003 年版。

7. 朱文奇:《国际刑事诉讼法》,商务印书馆 2014 年版。

8. 朱文奇:《国际刑法》,中国人民大学出版社 2007 年版。

9. 庞冬梅:《俄罗斯远东地区移民犯罪研究:以 1990—2007 年俄罗斯远东地区华人犯罪为主要研究视角》,法律出版社 2017 年版。

10. 张磊:《反腐败零容忍与境外追逃》,法律出版社 2017 年版。

11. 燕彬:《认识 FATCA 和 CRS:涉税信息交换与全球资产透明全指引》,法律出版社 2018 年版。

12. 陈雷:《特别没收程序与国际追赃工作实务》,中国方正出版社 2018 年版。

13. 杨兴国:《职务犯罪国际追逃追赃实务》,中国检察出版社 2017 年版。

14. 陈浩然:《反洗钱法律文献比较与解析》,复旦大学出版社 2013 年版。

15. 翟悦:《境外追逃追赃国际警务合作机制研究》,东南大学出版社 2016 年版。

16. 肖军:《境外追逃追赃国际合作研究》,法律出版社 2016 年版。

17. 成文良:《刑事司法协助》,法律出版社 2003 年版。

18. 王进喜:《美国〈联邦证据规则(2011 年重塑版)〉条解》,中国法制出版社 2012 年版。

19. 王冀平、单海鹏:《全球化背景下的国际移民问题及其经济影响》,中国社会科学出版社 2018 年版。

20. 庞丽华：《中国国际人口迁移研究》，山东大学出版社 2018 年版。

21. 吕旭明等：《赴美国移民投资税务与财产披露实务指南：美国信托、跨境资产传承》（第 3 版），法律出版社 2016 年版。

22. 朱东芹等：《多元视角下的海外华侨华人社会发展》，社会科学文献出版社 2018 年版。

23. 王春光：《移民空间的建构：巴黎温州人跟踪研究》，社会科学文献出版社 2017 年版。

24. 郝鲁怡：《欧盟国际移民法律制度研究》，人民出版社 2011 年版。

25. 文峰：《欧盟非法移民治理研究》，暨南大学出版社 2012 年版。

26. 翁里：《国际移民法学》，浙江大学出版社 2010 年版。

27. 马金旗等：《国际移民法律制度比较研究》，中国人民公安大学出版社 2004 年版。

28. 丁赛尔：《外国人入境工作管理：法律和制度选择》，法律出版社 2014 年版。

29. 解彬：《境外追赃刑事法律问题研究》，中国政法大学出版社 2016 年版。

30. 茆晓君、李伟编著：《出入境管理法律制度》，厦门大学出版社 2017 年版。

31. 刘国福、刘宗坤主编：《出入境管理法与国际移民》，法律出版社 2013 年版。

32. 刘国福、王辉耀主编：《技术移民法立法与引进海外人才》，机械工业出版社 2012 年版。

33. 杨宇冠主编：《联合国人权公约机构与经典要义》，中国人民公安大学出版社 2005 年版。

34. 李其荣主编：《国际移民与海外华人研究》，中国社会科学出版社 2017 年版。

35. 郭智慧主编：《投资美国：中国人投资美国成功指南》，机械工业出版社 2014 年版。

36. 杜金富主编：《部分国家（地区）反洗钱/反恐融资规定选编》，中国金融出版社 2013 年版。

37. G20 反腐败追逃追赃研究中心编：《中华人民共和国反腐败追逃追赃条约法规汇编》，中国政法大学出版社 2017 年版。

38. 四川省社会科学院课题组、四川省廉政建设研究中心编：《国外境外预防腐败体制机制研究》，四川人民出版社 2018 年版。

39. 李秋芳、孙壮志主编：《反腐败体制机制国际比较研究》，中国社会科学出版社 2015 年版。

40. 郭建安等主编：《国外反洗钱法律法规汇编》，法律出版社 2004 年版。

41. 喻晓平：《金融监管体制的国际比较研究》，西南财经大学出版社 2018 年版。

42. 中国人民银行天津分行和南开大学联合课题组：《跨境资金流动及本外币协同监管体系构建研究》，中国金融出版社 2018 年版。

43. 杨大勇：《英格兰银行与金融监管（1694—2000）》，中国社会科学出版社 2018 年版。

44. 韩龙：《金融法与国际金融法前沿问题》，清华大学出版社 2018 年版。

45. 苗文龙等编著：《洗钱风险管理导论》，经济科学出版社 2017 年版。

46. 高增安：《宏观审慎管理视角的国家系统性洗钱风险与反洗钱研究》，科学出版社 2017 年版。

47. 高海红等：《二十国集团与全球经济治理》，中国社会科学出版社 2016 年版。

48. 巴曙松等：《离岸金融市场发展研究——国际趋势与中国路径》，北京大学出版社 2008 年版。

49. ［英］史蒂芬·普拉特：《资本犯罪：金融业为何容易滋生犯罪》，赵晓英、张静娟译，中国人民大学出版社 2017 年版。

50. ［美］王可必：《投资者通往美国绿卡之路：投资移民 EB-5 签证计划》，法律出版社 2015 年版。

51. ［美］加里·S. 贝克尔、黛安娜·科伊尔：《移民的挑战：一个经济学的视角》，徐春华译，中国人民大学出版社 2017 年版。

52. ［荷］Richard Plender：《国际移民法》，翁里、徐公社译，中国人民公安大学出版社 2006 年版。

53. ［意］马西安·达罗主编：《全球金融犯罪：恐怖主义、洗钱与离岸金融中心》，周凯等译，西南财经大学出版社 2007 年版。

54. Ayodele Gansallo, Judith Bernstein–Baker, *Understanding Immigration Law and Practice*, Wolters Kluwer Press, 2017.

55. Marko Nikolić, *International Criminal Law and Procedure*, Delve Publishing, 2017.

56. Laura Devine (General Editor), *Business Immigration a Global Guide from Practical Law*, Second Edition, Thomson Reuters Press, 2016.

57. Roger White, *Cultural Difference and Economic Globalization*: *Effects on Trade*, *Foreign Direct Investment and Migration*, Routledge Press, 2016.

58. Alison Harvey, Zoe Harper, *A Guide to the Immigration Act 2016*, Bloomsbury Publishing, 2017.

59. V. Gerard Comizi, *International Banking Law*, West Academic Publishing, 2016.

60. Austin Sarat, Patricia Ewick (Editor), *The Handbook of Law and Society*, Wiley–Blackwell Press, 2015.

61. Amy Nethery, Stephanie J. Silverman, *Immigration Detention*: *The Migration of a Policy and Its Human Impact*, Routledge Press, 2015.

62. Satvinder Singh Juss, *The Ashgate Research Companion to Migration Law*, *Theory and Policy*, Ashgate Press, 2013.

63. Ian A. Macdonald, Ronan Toal, *Immigration Law and Practice in the United Kingdom*, LexisNexis Press, 2014.

64. Brian Opeskin, Richard Perrchoud, Jillyanne Redpath-Cross (Editors), *Foundations of International Migration Law*, Cambridge Press, 2012.

65. Hiroshi Motomura, *Immigration Outside the Law*, Oxford University Press, 2014.

66. Daurer V. , Tax *Treaties and Developing Countries*, Wolters Kluwer Press, 2014.

67. Karin de Vries, *Integration at the Border: The Dutch Act on Integration Abroad and International Immigration Law*, Hart Publishing, 2013.

68. Maria Isabel Medina, *Migration Law in the United States*, Kluwer Law International Press, 2016.

69. John Vrachnas et al. , *Migration and Refugee Law: Principles and Practice in Australia*, *Third Edition*, Cambridge University Press, 2012.

70. Ricard Zapata-Barrero, *Diversity Management in Spain: New Dimensions, New Challenges*, Manchester University Press, 2013.

71. L. Richard Fischer, *The Law of Financial Privacy*, Lexis Nexis, 2013.

72. Ida. Staffans, *Evidence in European Asylum Procedures*, Martinus Nijhoff Publishers, 2012.

73. Sonia Morano-Foadi, Micaela Malena, *Integration for Third country Nationals in the European Union: The Equality Challenge*, Edward Elgar Press, 2012.

74. David Weissbrodt, Laura Danielson, *Immigration Law and Procedure in a Nutshell*, 6th Edition, West Academic Publishing, 2011.

75. Elspeth Guild, Paul Minderhoud, *Immigration and Criminal Law in the European Union: The Legal Measures and Social Consequences of Criminal Law in Member States on Trafficking and Smuggling in Human Beings*, Martinus Nijhoff Publishers, 2006.

76. Elliott Young, *Alien Nation: Chinese Migration in the Americas from the Coolie Era Through World War II*, The University of North Carolina Press, 2014.

77. Manoj Kumar Sinha, *Business and Human Rights*, Sage Publications India, 2013.

78. Julie A. Dowling, Jonathan Xavier Inda, *Governing Immigration Through Crime: A Reader*, Stanford University Press, 2013.

79. Mae M. Ngai, Jon Gjerde, *Major Problems in American Immigration History: Documents and Essays*, Cengage Learning Press, 2013.

80. S. Caroline Taylor, Daniel Joseph Torpy, Dilip K. Das, *Policing Global Movement: Tourism, Migration, Human Trafficking, and Terrorism*, CRC Press, 2013.

81. Alexander Rust, Eric Fort, *Exchange of Information and Bank Secrecy*, Wolters Kluwer Law & Business Press, 2012.

82. Panagiotis Delimatsis, Nils Herger, *Financial Regulation at the Crossroads: Implications for Supervision, Institutional Design and Trade*, Wolters Kluwer Law & Business Press, 2011.

83. Giandonato Caggiano，*Scritti sul Diritto Europeo dell' Immigrazione*，G. Giapplichelli，2016.

84. Emanuela Zanrosso，*Diritto dell'Immigrazione*，*Manuale Pratico in Materia di Ingresso e Condizione Degli Stranieri in Italia*，Simone，2016.

85. Enrico Mezzetti（a cura di），*Diritto Penale Internazionale*，I. G. Giapplichelli，2010.

86. Enrico Mezzetti（a cura di），*Diritto Penale Internazionale*，II. G. Giapplichelli，2010.

二、期刊类

1. 陈庆安：《我国限制出境措施问题研究》，载《政治与法律》2018 年第 9 期。

2. 钟恺琳：《投资移民澳大利亚政策大盘点》，载《房地产导刊》2014 年第 12 期。

3. 晋泉：《剖析 2005 年德国新移民法》，载《出国与就业》2005 年第 5 期。

4. 王祎：《2015 年俄罗斯移民政策变化与在俄中国公民概况》，载《华侨华人历史研究》2016 年第 1 期。

5. 吴健、朱非墨：《〈金融账户涉税信息自动交换标准〉——国内金融机构合规新要求》，载《金融会计》2016 年第 7 期。

6. 朱晓丹：《〈金融账户信息自动交换标准〉对避税天堂的影响——以中国香港〈2016 年税务（修订）条例草案〉为例》，载《国际税收》2016 年第 4 期。

7. 徐妍：《"一带一路"税收争端解决机制法律问题研究》，载《社会科学战线》2018 年第 8 期。

8. 吴月刚：《CRS 全球信息交换与影响和信息共享与跨部门合作》，载《经济师》2017 年第 10 期。

9. 李立娟：《反避税监管再出新招》，载《法人》2017 年第 6 期。

10. 陈虎：《刍议 OECD 应对"规避 CRS 方案"措施》，载《税务研究》2018 年第 6 期。

11. 中国人民银行南昌中心支行课题组：《反洗钱与反逃税联动机制》，载《中国金融》2016 年第 21 期。

12. 董蕾、王向东：《高净值人群境外投资税收问题研究》，载《国际税收》2018 年第 1 期。

13. 许多奇、廉洁：《国际税收情报交换中的纳税人信息权保护》，载《税务研究》2018 年第 5 期。

14. 王清友、郭上上：《离岸公司的国际避税手段与法律分析》，载《中国律师》2009 年第 5 期。

15. 朱莹、刘笋：《离岸公司国际避税问题研究》，载《湖北社会科学》2012 年第 1 期。

16. ［南非］克莱格·韦斯特：《落实 BEPS 行动计划和 CRS 及其对国内法修订的影响——南非国际税收改革现状》，李纯璞译，载《国际税收》2017 年第 8 期。

17. 杨肖：《税收透明度与情报交换的发展和应对》，载《国际税收》2017 年第 11 期。

18. 戴德茂：《FATF 国际合作审查机制演变及对我国的启示》，载《福建金融》2014 年第 9 期。

19. 白婕、薛耀文：《不同洗钱模式归类及其监测研究》，载《海南金融》2014 年第 4 期。

20. 吴崇攀、王佳：《第三方支付跨境业务洗钱风险分析及对策》，载《海南金融》2015 年第 10 期。

21. 单昱铭、陆航：《对建立打击地下钱庄跨境洗钱新机制的思考》，载《黑龙江金融》2015 年第 6 期。

22. 常兵兵、娄建：《多角度观察：银行涉嫌洗钱》，载《杭州金融研修学院学报》2014 年第 9 期。

23. 高婧：《反洗钱信息共享的国际比较与借鉴》，载《国际金融研究》2013 年第 4 期。

24. 孙陵霞等：《反洗钱预防政策的实施效果及其国际比较》，载《财经科学》2016 年第 7 期。

25. 马莎：《个人跨境国际收支申报解析》，载《中国外汇》2016 年第 17 期。

26. 骆传刚等：《个人外汇分拆行为查处的难点及建议》，载《黑龙江金融》2016 年第 5 期。

27. 李彩虹、贺旸：《个人外汇分拆监管实践及国际借鉴——基于美国大额分拆监管法律视角》，载《武汉金融》2017 年第 8 期。

28. 李艳萍：《互联网支付业务反洗钱监管问题探讨》，载《征信》2015 年第 6 期。

29. 林安民：《两岸打击跨境洗钱犯罪之合作困境》，载《上海金融》2014 年第 6 期。

30. 许福生：《论两岸共同打击跨境洗钱犯罪与司法互助协议问题》，载《海峡法学》2014 年第 3 期。

31. 徐岱、杨猛：《论我国金融机构反洗钱对恐怖主义犯罪的预控与规制》，载《社会科学战线》2018 年第 6 期。

32. 叶葆华、袁达松：《论自由贸易区试验下的反洗钱监管法制》，载《河南警察学院学报》2014 年第 6 期。

33. 李南、邢思雅：《人民币跨境流通对反洗钱的影响及相关对策研究》，载《学术论坛》2010 年第 12 期。

34. 王雷：《如何加强对反洗钱与反恐怖融资的监管——新加坡对银行业反洗钱与反恐怖融资监管及其启示》，载《银行家》2015 年第 9 期。

35. 梅德祥：《世界流入中国的洗钱规模研究》，载《经济与管理研究》2015 年第 9 期。

36. 陈菲菲：《私人银行业如何反洗钱——来自新加坡的经验》，载《财会学习》2014 年第 10 期。

37. 苏玉峰：《我国互联网金融系统性风险的特点、形成和监管研究》，载《改革与战略》

2017 年第 5 期。

38. 朱军：《我国自贸区发展中反洗钱监管的挑战与思考》，载《中国刑警学院学报》2017年第 1 期。

39. 倪素芳等：《新疆异常和违规外汇资金跨境流动的重要渠道与环节探究》，载《金融发展评论》2014 年第 3 期。

40. 王永：《异常跨境资金流动挑战反洗钱——以新疆塔城地区为例》，载《中国金融》2011 年第 2 期。

41. 严立新、李刚：《有效遏制地下钱庄洗钱问题的策略研究》，载《上海金融》2017 年第9 期。

42. 彭博：《支付机构跨境支付对外汇管理提出新挑战》，载《金融经济》2015 年第 10 期。

43. 王玉强、李文艳：《中俄边境地区反洗钱监管的难点与对策》，载《黑龙江金融》2015年第 8 期。

44. 刘俊奇、安英俭：《资本项目开放下中国跨境洗钱的新趋势及监管对策》，载《新金融》2017 年第 2 期。

45. 宗晓丽等：《钻石贸易洗钱与恐怖融资：方式、监管及工作建议》，载《金融发展研究》2014 年第 3 期。

46. 张尧：《从"猎狐 2014"专项行动看我国境外追逃工作的困境与措施》，载《湖北警官学院学报》2015 年第 2 期。

47. 张磊：《从高山案看我国境外追逃的法律问题——兼与赖昌星案比较》，载《吉林大学社会科学学报》2014 年第 1 期。

48. 郝鲁怡：《非法移民及其遣返法律制度研究》，载《河北法学》2013 年第 11 期。

49. 尤小文：《加拿大遣返非法移民程序简介及改进我国追捕在加逃犯工作的思考》，载《公安研究》2013 年第 4 期。

50. 黄风：《加拿大引渡制度简介》，载《中国司法》2006 年第 8 期。

51. 俞波涛：《劝返外逃经济犯罪嫌疑人之法治化路径》，载《人民检察》2015 年第 8 期。

52. 袁娟、徐维：《试论世界主要国家移民管理的发展趋势》，载《第四届移民法论坛：出境入境管理法、中国和世界论文集》2012 年。

53. 彭新林、商浩文：《我国反腐追逃中的移民法遣返措施初探》，载《四川警察学院学报》2012 年第 4 期。

54. 胡荣：《我国在亚太地区反腐追逃的基本途径、法律困境及其对策》，载《山东警察学院学报》2016 年第 4 期。

55. 赵秉志、商浩文：《运用移民遣返措施追捕外逃涉腐犯罪嫌疑人之路径与难点》，载《江西社会科学》2014 年第 2 期。

56. 黄炎：《中国与加拿大跨境追赃法律制度研究》，载《时代法学》2016 年第 1 期。

57. 柳玉臻：《华人移居加拿大：政策、表现和趋势》，载《广东外语外贸大学学报》2016 年第 5 期。

58. 廖萌：《基于利益导向移民理论的加拿大投资移民政策演变及趋势》，载《浙江树人大学学报（人文社会科学）》2015 年第 5 期。

59. 何萍：《加拿大反洗钱机制及对我国的启示》，载《经济刑法》2008 年第 2 期。

60. 王新：《加拿大反洗钱刑事立法之研究和借鉴》，载《江苏社会科学》2008 年第 6 期。

61. 苗月霞：《加拿大为何叫停投资移民》，载《国际人才交流》2014 年第 3 期。

62. 陈玉峰：《投资移民折戟加拿大》，载《法人》2014 年第 7 期。

63. 李冬来：《巴塞尔委员会及巴塞尔协议》，载《国际资料信息》2007 年第 5 期。

64. 辛颖：《打赢离岸公司监管战》，载《法人》2014 年第 10 期。

65. 周惠：《境内个人境外投资的"疏"与"堵"》，载《现代金融》2018 年第 1 期。

66. 孙超：《境内居民境外购买房产政策亟待完善》，载《内蒙古金融研究》2013 年第 7 期。

67. 盛雯雯：《离岸金融市场监管的国际经验研究》，载《中国经贸导刊》2016 年第 23 期。

68. 何帅：《离岸金融制度创新的法律思考》，载《中国商论》2017 年第 22 期。

69. 国家开发银行《格林纳达国家发展战略及总体设计》课题组、陈博：《离岸金融中心的定位、特色及建设——以格林纳达为案例》，载《当代经济》2017 年第 18 期。

70. 吕斌：《离岸资产监管再探路》，载《法人》2014 年第 10 期。

71. 王达：《美国主导下的现行国际金融监管框架：演进、缺陷与重构》，载《国际金融研究》2013 年第 10 期。

72. 季峤：《浅析内保外贷频繁履约问题》，载《吉林金融研究》2017 年第 7 期。

73. 肖岳：《如何切断资产跨境转移后路》，载《法人》2014 年第 10 期。

74. 蔡伊鸽等：《上海自贸区离岸金融中心路径选择及风险防范》，载《现代管理科学》2017 年第 2 期。

75. 高荣伟：《FATCA：美国打击海外避税利器》，载《时代金融》2014 年第 31 期。

76. 翁里、田冬：《北美投资移民立法之启迪》，载《行政与法》2008 年第 1 期。

77. 李文浩、胡章灿：《美国、加拿大金融情报中心特点及对我国的启示》，载《南方金融》2010 年第 1 期。

78. 李永升、李云飞：《美国打击洗钱犯罪国际战略演变研究》，载《重庆理工大学学报（社会科学）》2014 年第 2 期。

79. 杨波：《美国反洗钱制裁对我国金融机构的影响及对策建议》，载《金融发展评论》2015 年第 3 期。

80. 黄伟：《美国金融自由化的"特朗普"式革命》，载《检察风云》2017 年第 1 期。

81. 于剑：《美国投资移民风险与趋势分析》，载《福建论坛（人文社会科学版）》2012 年第 3 期。

82. 陈卫东等：《美国在岸离岸金融市场制度创新与借鉴》，载《国际金融研究》2015 年第 6 期。

83. 廖小健：《我国对美投资移民及发展趋势研究》，载《广州社会主义学院学报》2011 年第 2 期。

84. 王新：《追溯美国反洗钱立法之发展》，载《比较法研究》2009 年第 2 期。

85. 王新：《论英国反洗钱立法对我国的借鉴》，载《甘肃政法学院学报》2012 年第 4 期。

86. 中国人民银行清远市中心支行课题组、李建玲：《英国房地产业反洗钱监管的经验借鉴》，载《青海金融》2017 年第 1 期。

87. 戎刚：《2015 年投资移民新观察》，载《大众理财顾问》2015 年第 4 期。

88. 路阳：《当前中国富裕阶层的海外移民浅析》，载《东南亚研究》2016 年第 3 期。

89. 夏志琼：《海外投资移民攻略》，载《金融博览（财富）》2011 年第 11 期。

90. 伊淼：《海外移民新途径》，载《中国房地产金融》2014 年第 7 期。

91. 刘国福：《外国人在中国永久居留制度批判性思考》，载《公安学刊》2007 年第 6 期

92. 翁里、万晓：《欧洲购房移民的法律问题》，载《上海政法学院学报（法治论丛）》2015 年第 3 期。

93. 董春丽：《2014 年移民市场大盘点》，载《大众理财顾问》2015 年第 1 期。

94. 李晓欧：《新加坡〈国家洗钱风险评估报告〉对破解我国跨境反洗钱难题的启示》，载《国际商务（对外经济贸易大学学报）》2017 年第 2 期。

95. 侯昊男：《新加坡第四轮反洗钱评估情况分析及对我国互评工作的建议》，载《吉林金融研究》2017 年第 1 期。

96. 于娉：《新加坡银行业反洗钱实践与经验借鉴》，载《金融纵横》2016 年第 11 期。

97. 赵昌：《从官方统计资料看国际移民政策对澳大利亚人口问题的调控作用——兼论中国国际移民政策体系的建构》，载《人口与发展》2016 年第 5 期。

98. 郭鑫鑫：《发达国家移民政策中的人才筛选及启示》，载《北京劳动保障职业学院学报》2014 年第 4 期。

99. 黄海客：《关注我国新的移民潮》，载《金融经济·市场版》2010 年第 10 期。

100. 李明欢：《国际移民的定义与类别——兼论中国移民问题》，载《华侨华人历史研究》2009 年第 2 期。

101. 潘俊武：《论英国移民法改革对中国移民法建设的启示》，载《河北法学》2010 年第 1 期。

102. 周姮：《快速通往不列颠——英国投资移民政策解析》，载《房地产导刊》2014 年第 10 期。

103. Jennifer Fitzgerald, David Leblang, Jessica C. Teets, "Defying the Law of Gravity", *World*

Politics，66，No. 3，July 2014.

三、报纸类

1. 姜业庆：《高净值人群投资青睐加勒比海》，载《中国经济时报》2018 年 5 月 8 日，第 A03 版。

2. 曾纯敏：《加拿大萨省推出 25 万加币投资移民计划》，载《深圳商报》2017 年 8 月 3 日，第 B05 版。

3. 郑渝川：《如何防范金融犯罪》，载《中国证券报》2017 年 6 月 3 日，第 A08 版。

4. 魏鹏：《维护金融核心利益完善跨境反洗钱监管》，载《上海证券报》2017 年 5 月 3 日，第 9 版。

5. 周佳：《美投资移民政策"冰风暴"》，载《第一财经日报》2017 年 1 月 20 日，第 A01 版。

6. 蒋劲劲、李广军：《严控换汇海外购房 房企海外开发新挑战待破解》，载《南方日报》2017 年 1 月 13 日，第 B01 版。

7. 龚黛薇：《防范银行国际业务中的洗钱风险》，载《中国城乡金融报》2016 年 11 月 29 日，第 A03 版。

8. 缪绮：《赴美澳投资移民 九成来自中国》，载《第一财经日报》2016 年 9 月 29 日，第 A04 版。

9. 陈杰、郑艺佳：《加拿大魁北克投资移民项目重开》，载《北京商报》2016 年 5 月 31 日，第 4 版。

10. 曹维盟：《全球化与国际移民》，载《中国社会科学报》2016 年 5 月 18 日，第 008 版。

11. 赵丽、王坤：《警方打击地下钱庄行动揭贪官转移赃款路径 反洗钱需强化"投资移民"资金监管》，载《法制日报》2016 年 1 月 13 日，第 5 版。

12. 叶前：《2000 多亿元如何从地下钱庄进出》，载《光明日报》2016 年 1 月 12 日，第 5 版。

13. 周琰：《全力狙击地下钱庄 维护金融系统安全》，载《金融时报》2015 年 9 月 19 日，第 5 版。

14. 王晓：《澳大利亚投资移民新政落地：有钱不一定就能任性 澳贸委：主动申请并不被接受》，载《21 世纪经济报道》2015 年 7 月 23 日，第 11 版。

15. 袁诚：《个人境外直接投资"迫近"》，载《新金融观察》2015 年 3 月 16 日，第 31 版。

16. 孟珂：《姜吉隆：打造投资移民服务全链条》，载《人民日报（海外版）》2015 年 10 月 8 日，第 8 版。

17. 张乔：《传统移民国政策收紧 投资移民如何应对？》，载《人民日报（海外版）》2015

年 1 月 12 日，第 8 版。

18. 陈建：《加强国际反避税合作是大势所趋》，载《经济日报》2014 年 12 月 2 日，第 5 版。

19. 白阳：《英国金融反腐动真格》，载《人民日报》2014 年 12 月 22 日，第 22 版。

20. 叶名怡：《避税天堂开曼群岛拟行法律改革》，载《法制日报》2013 年 1 月 29 日，第 11 版。

21. 冯雅男：《外资行海外平台陷洗钱危机》，载《中国经营报》2012 年 7 月 30 日，第 17 版。

22. 林妍：《引入第三方监管，圆你 EB-5 投资移民美国梦》，载《中国经济导报》2010 年 11 月 27 日，第 B07 版。

四、研究报告类

1. 汇加移民、胡润百富：《2014 中国投资移民白皮书》。
2. 汇加移民、胡润百富：《2015 中国投资移民白皮书》。
3. 汇加移民、胡润百富：《2016 中国投资移民白皮书》。
4. 汇加移民、胡润百富：《2017 中国投资移民白皮书》。
5. 汇加移民、胡润百富：《2018 中国投资移民白皮书》。

6. United Nations Economic & Social Affairs, *International Migration Report* 2015.

7. OECD and The World Bank Joint-Report, *Improving Co-operation between Tax Authorities and Anti-corruption Authorities in Combating Tax Crime and Corruption*, 2018.

8. OECD, *Foreign Direct Investment Corruption and the OECD Anti-Bribery Convention*, 2017.

9. OECD, *Strengthening Co-cooperation with Countries of Origin*, May 2016.

10. OECD, *Automatic Exchange of Information*, 2012.

11. The G20/OECD, *Tackling Offshore Tax Evasion*, June 2012.

12. FATF, *The Use of the FATA Recommendations to Combat Corruption*, October 2013.

13. International Monetary Fund, *St. Kitts and Nevis*, *IMF Country Report No. 16/250*, July 2016.

14. Estonian Police and Border Guard Board, *Corruption Crime Bureau Overview* 2016-2017.

15. International Monetary Fund, *Too Much of a Good Thing? Prudent Management of Inflows under Economic Citizenship Programs*, May 2015.

16. International Monetary Fund, *The Eastern Caribbean Economic and Currency Union*, 2013.

17. Minority Rights Group International, *Migration in the Caribbean: Haiti, the Dominican Republic and Beyond*, July 2003.

18. Global Financial Integrity, *Financial Flows from China and the Role of Trade Misinvoicing*,

October 2012.

19. Global Financial Integrity, *Privately Held Non-Resident Deposits in Secrecy Jurisdictions*, March 2010.

20. The Law Library of Congress, Global Legal Research Center, *Germany: The Development of Migration and Citizenship Law in Postwar Germany*, March 2017.

21. The Law Library of Congress, Global Legal Research Center, *Family Reunification Laws in Selected Jurisdictions*, July 2014.

22. The Law Library of Congress, Global Legal Research Center, *Investor Visas*, August 2013.

23. Migration Policy Institute, *Emigration Trends and Policies in China Movement of the Wealthy and Highly Skilled*, February 2016.

24. Migration Policy Institute, *Selling Visas and Citizenship, Policy Questions from the Global Boom in Investor Immigration*, October 2014.

25. Migration Policy Institute, *Immigration Enforcement in the United States*, January 2013.

26. Investment Migration Council, *Wealth Influx, Wealth Exodus: Investment Migration from China to Portugal*, 2018.

27. Investment Migration Council, Transparency International Hungary, *In Whose Interest? Shadows over the Hungarian Residency Bond Program*, November 2016.

28. Legal Information Center for Human Rights, *New Immigrants in Estonia, Latvia and Lithuania*, 2010.

29. The Parliament of the Commonwealth of Australia, *Report of the Inquiry into the Business Innovation and Investment Programme*, March 2015.

30. Australian Government Department of Immigration and Citizenship, 2012-13 *Migration Program Report*.

31. Malta Office of the Regulator, *Fifth Annual Report on the Individual Investor Programme of the Government of Malta* (1st July 2017-30th June 2018), November 2018.

五、学位论文类

1. 刘天姿:《全球金融治理中的软法问题研究》,武汉大学 2011 年博士学位论文。

2. 马雪莲:《离岸公司国际避税的法律规制研究》,天津财经大学 2013 年硕士学位论文。

3. 周美辰:《返程投资法律监管问题研究》,华东政法大学 2015 年硕士学位论文。

4. 丁亮:《离岸公司的法律监管研究》,湖南大学 2010 年硕士学位论文。

5. 赵以:《离岸银行内部构架监管法律制度研究》,重庆大学 2016 年硕士学位论文。

6. 宋瑞:《完善离岸公司法律监管问题研究》,四川省社会科学院 2015 年硕士学位论文。

7. 李常瑜:《中国新移民的基本特征研究——以欧洲和北美的中国新移民为例》,山东大学 2013 年硕士学位论文。

六、法规类

1. 黄风译:《意大利反腐败法》,中国方正出版社 2013 年版。

2. 张磊等译:《英国 2002 年犯罪收益追缴法》,中国政法大学出版社 2010 年版。

3. 黄伯青等译:《英国国际刑事合作法》,中国政法大学出版社 2008 年版。

4. 联系新加坡:《全球商业投资者计划》。

5. Irish Naturalization and Immigration Service, *Immigrant Investor Programme*, January 2018 Guidelines.

6. United Nations Office on Drugs and Crime, International Monetary Fund, *Model Legislation on Money Laundering and Financing of Terrorism*, December 2005.

7. United Nations, *United Nations Model Tax Convention Update*, October 2010.

8. Sweden, *The Extradition for Criminal Offences Act*(1957).

9. *Grenada Citizenship by Investment Act* 15(2013).

10. Canada, *Immigration and Refugee Protection Act S. C.* 2001, *c.* 27.

11. Cyprus Ministry of Interior, *Cyprus Investment Programme*, July 2018.

12. Spain Council of Ministers, *Law to Support Entrepreneurs and Their Internationalization*, May 2013.

13. Greek, *Codification of Legislation on the Entry, Residence and Social Integration of the Third Country Nationals on Greek Territory*, *Law* 3386/2005.

致 谢

　　提笔致谢，心生更多的是愧疚。投资移民法律制度与反腐败追逃追赃的研究是我自进入 G20 反腐败追逃追赃研究中心以来就开始的一项研究工作。由于研究前期对投资移民这样一个全新的领域感觉十分陌生，研究工作一度感觉不得要领。而这项研究工作的开始与我的孩子僖僖的出生又几乎是同一时间，在数个新角色的转换中，我也没有做好事业与工作的平衡，更多的时间与精力都在僖僖的哭哭笑笑，或坐或爬，学会走路随即又生了病等数之不清的成长琐事大事之中流逝。因此，这本专著的完成比预计要晚不少时间，深感愧疚。由于各国法律制度更新速度很快，有些国家关于投资移民政策的具体内容与规定在书稿整理修订与交付出版期间可能会出现一定的变化，因此存在一定的滞后问题，我在此表示歉意并承担责任。进入 2019 年，书稿终于大体完成，也算是给自己这两年的研究工作交出了一份小结。在进行研究工作的这两年间，我对投资移民法律制度从完全陌生到逐渐了解，再到明白应当如何打开研究的视角，有些许自己的摸索与思考，更多的是要感谢我的恩师黄风教授的耐心指引。黄老师自我读博入他门下，给予我的教诲与帮助无言以表。黄老师以他渊博的学识带领我走进了国际刑事司法的大门，以他儒雅大气的为人以及行事中对原则的坚持教会了我在成长道路中除了做学问之外还有其他更为重要的事。在投资移民法律制度的研究工作中，黄老师常用醍醐灌顶的点拨使我继续坚持研究的道路，也对我因孩子年幼使得工作进程一度进展缓慢给予了莫大的宽容和理解。我的研究工作能够顺利进行，还要感谢北师大刑事科学研究院及 G20 反腐败追逃追赃研究中心各位老师对我的帮助和支持，感谢你们对我的指导、关心与帮助。感谢中国政法大学出版社的编辑老师们，他们给我的书稿提出了宝贵且专业的修改意见，也正是编辑老师们耐心且细致的工作态度，让我的书稿终能完成出版。我也要感谢我的博士同学与好友们，特别是那些或天天或不时抽空与我在互怼中共同成长的好友，尽管我们相距遥远，但你们的支持让我在辛苦的工作中愈加有了坚持的毅力和在嬉笑中不断发掘出科研的乐趣。书稿的最终完成也要感谢我的家人，我的父母，特别是我的母亲。是她从千里之远的家乡到北京来帮我照看儇儇，并照料家里的生活，让我有了更多的时间能够安心投入工作，无后顾之忧。提笔想感谢的人很多，只是抱歉无法一一道来。生活在继续，研究工作也在继续，对投资移民法律制度的研究，我也才刚刚涉足。正如书稿中数次强调的观点，对投资移民法律制度的研究并不是单纯地给他国法律制度纠错，研究也并不是限于投资移民项目本身的实操度，重要的是对投资移民法律制度本身的研究与分析。我也将在今后的工作中继续关注于此，并希望研究能够在我国反腐败国际追逃追赃的司法实践中切实发挥作用。致谢的最后，是经历疫情之后的感思，经此一疫，让我们对生活有了新的认识与感知，面对生活，面向未来，更应珍惜生活，希望每一天能有所值，好好努力，期望生活顺遂而往。

杨 超

2020 年 10 月 18 日